Herald

日本ヘラルド映画の仕事

伝説の宣伝術と宣材デザイン

HERALD

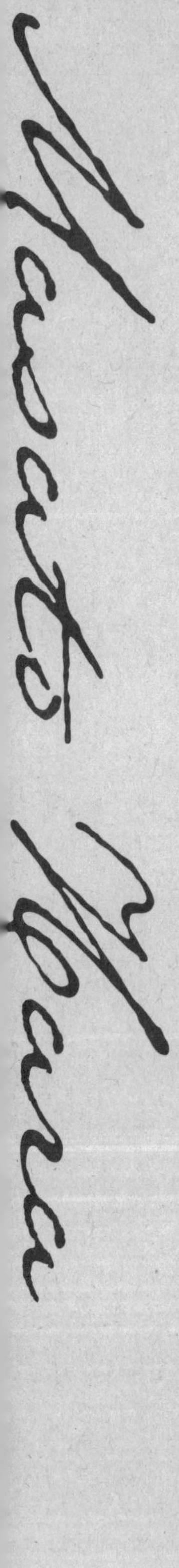

『日本ヘラルド映画の仕事』によせて

原正人

谷川さんの大変なご努力によって、素敵な本がここに誕生した。

ほとんど半世紀に及ぶヘラルドの歴史を、その多彩な作品群でたどってくれたこの労作は、我々ヘラルドで育った人間たちの青春の証しであり、それぞれの歩んだ軌跡そのものといってもよい。

面白い会社だった。しんどかったけれど、楽しい仕事だった。

今思えば、それも皆“古川勝巳”という人間に魅せられ、惹き寄せられた人々が繰り広げたマジックの中の出来事だったように私には思えてくる。

後発・弱小の会社が、そのハンデを逆手にとって挑戦し続けたあの頃、あの作品たち———

皆一所懸命だった。勝負作だけでなく、ひとつひとつ作品ごとに何とか知恵をしぼってお客様に届ける。どんな作品にもきっと良いところがあると信じて……。

その頃、「With Loving Care」という言葉を教えられた。外国産のメロンをマスクメロンという芸術品にまで高めた日本人の職人芸を称えた言葉だという。教えてくれたのは、日系二世の先輩だった。

作った人の想いと心を受け継いで、大切に観客に届ける、それが弱小配給会社としてのヘラルドの矜持だった。

万年映画青年で、お客様第一主義の人でもあった古川さんは、「志だけじゃメシは食えんでよ」と言う一方、質にこだわりながら志半ばで倒産に至った独立プロの「映画は観客の心を打ってなんぼ」の精神も深く理解していた。ヘラルドの心意気の根底には、両者のハイブリッドがあったのだと思っている。

ヘラルドの記録と記憶が、語り継がれることを願って……！

2016年　85歳の冬に

原正人（はらまさと）
1931年埼玉県熊谷生まれ。独立映画で宣伝に従事。1958年にヘラルド映画入社。宣伝部長として1963年の『地下室のメロディー』、1971年の『小さな恋のメロディ』、1974年の『エマニエル夫人』、1980年の『地獄の黙示録』などをヒットさせる。1981年にヘラルド・エースを設立、邦画制作に乗り出し、1983年の大島渚監督作品『戦場のメリークリスマス』、1984年の篠田正浩監督作品『瀬戸内少年野球団』、1985年の黒澤明監督作品『乱』などを手掛ける。1998年、アスミック・エース代表。2000年に小泉堯史監督作品『雨あがる』、2010年に森田芳光監督作品『武士の家計簿』などを製作。現在は同社特別顧問。

'84 12 15

私のヘラルド体験
『瀬戸内少年野球団』の場合

篠田正浩（映画監督）

1983年のある時、ヘラルドの原正人から電話があった。作詞家の阿久悠が自作の小説『瀬戸内少年野球団』で映画を作りたいという。それも篠田正浩に頼みたいと。原は直接篠田に話してみてはと助言をしたばかりだがどうすると。私の娘は阿久悠作詞・都倉俊一作曲の「ＵＦＯ」に夢中になって躍っていたころで、私は「津軽海峡冬景色」の題名に惹かれていた。拙作の『心中天網島』（1969）で脚本を書いてくれた詩人の冨岡多恵子が、阿久悠の作詞は流行歌の領域を超えていると賛辞していたのが甦った。

私は初めて阿久悠と電話で声を交わした。私は未読だからと読後に逢うことになった。近松門左衛門の古典や遠藤周作の『沈黙』などを手掛けた私は、瀬戸内の陽光が輝くなかで子供の歓声が聞こえるような世界とは無縁ではという疑念が湧いていた。それから映画製作に入るまでの紆余曲折は長い物語になる。だが私には瀬戸内（せとうち）という題名に平家物語の哀調を感じたことと、プロデューサーが原正人であることに引きつけられたのだ。

原正人はヘラルド映画の宣伝担当として業界を騒がせていた。洋画配給の「ヘラルド映画」は名古屋の繁華街である大須観音で映画興行で産を為した古川爲三郎の資金によって成立したのである。息子の古川勝巳は学生の身でありながら父爲三郎に映画興行を任された。青年勝巳は昭和モダニズムの洗礼を浴びた世代で、自分の会社が前衛的な洋画を提供することで日本映画への刺激を与え、邦画の国際社会へのデビューの夢を抱いていた。「ヘラルド」は先触れ、伝令、あるいは先覚者の意味である。戦後になるとどっと洋画が氾濫するやその社名に恥じず、ミケランジェロ・アントニオーニやパウロ・パゾリーニなど、世界の映画市場を支配してきたハリウッドに対抗して革新的な主題と手法で衝撃を与えたイタリア映画の作品群を配給するという離れ技をやってのけた。そのスタッフである原正人については、業界で絶対コケるとされたパゾリーニの『アポロンの地獄』（1969年公開　原題は『Edipo re オイディプス王』）を封切るとき、興行に失敗したら銀座を逆立ちして歩いてみせると公言したという噂が流れていた。この噂はヒットしてから作られたのではないかと私は疑っているが、タイトル改変から営業宣伝に至る原正人の独創的な企画力や情

熱は「ヘラルド映画」を創建した古川勝巳の仕事を目の当たりしてきて培われたものであろう。
『瀬戸内少年野球団』が完成した試写会のパーティで、古川勝巳氏は『くたばれヤンキース』かと思ったら『二十四の瞳』でしたね、と喜んでくれた。名古屋でのキャンペーン試写会では伝説の古川爲三郎氏と同席する栄にも浴したのである。

しかし、この時「ヘラルド映画」は黒澤明の『乱』の製作で難航の極限に追い詰められていたのだが、社員は外部に不安のかけらもみせなかった。黒澤の生涯を賭した映画をバックアップすることに社主の古川勝巳が誇りとしていることを誰もが知っていたからである。

歳月が流れて 2016 年のある日。

名古屋に所用があり、その合間をぬって大須観音の門前町に足を踏み入れた。平日にもかかわらず観音様の境内は開運を願う参詣客の足音が絶えることはなかった。この賑わいを目のあたりにした古川爲三郎は、この土地で映画興行したら多額の日銭が入ると悟ったのだ。大正十年（1921）に開館した「太陽館」や昭和七年（1932）の洋画専門館の「大勝館」が何処にあったのか、商店街の誰に尋ねても不明であった。老舗の店主のひとりの、無くなった映画館の後は喫茶店になったはずだという言葉が手掛かりになった。ヘラルドの社史によれば、古川親子は大須観音での映画興行に飽き足らず、名古屋の中心街である広小路に進出して洋画劇場や資生堂パーラーをオープンさせ、洋菓子工場まで経営したという。しかし、「ヘラルド」の映画館は大須の町から消えてしまった。

まるで東京の浅草を思わせる昔ながらの商店街を歩いていると、ひときわ瀟洒な洋風喫茶店シャポーブラン（「白い帽子」の意味か）が目に入った。通りに面したガラス張りの喫茶店は自家製の洋菓子が並べられていた。この店こそ古川勝巳の昭和モダニズムの記念碑に違いあるまいと、私は勝手に想像しながら立ちすくんでいた。

篠田正浩（しのだまさひろ）
1931年岐阜県岐阜市生まれ。早稲田大学で駅伝の走者を務めたのち、松竹に入社。1960年の『恋の片道切符』で監督デビュー。1966 年にフリーになり、1967 年に表現社を設立。1969 年の『心中天網島』、1974 年の『卑弥呼』、1977 年の『はなれ瞽女おりん』などを経て、1981 年の『悪霊島』、1984 年の『瀬戸内少年野球団』、1986 年の『槍の権三』などで商業的にも成功を収める。1990 年の『少年時代』では第 14 回日本アカデミー賞の作品賞・監督賞を受賞。その後も 1995 年の『写楽』、1997 年の『瀬戸内ムーンライト・セレナーデ』、1999 年の『梟の城』、2003 年の『スパイ・ゾルゲ』などの話題作を発表している。

瀬戸内少年野球

13本の映画を見てくれた日本の皆様へ

日本ヘラルド映画社が、日本で配給した『地下室のメロディー』と12本の映画を何度も見て下さった、日本人男性、女性の皆様へ想いを込めて。

アラン・ドロン
（俳優／映画プロデューサー）

アラン・ドロン
（Alain Delon）
1935年パリ郊外のオー＝ド＝セーヌ県ソー生まれ。10代で第一次インドシナ戦争に従軍し、除隊後の1957年、カンヌ国際映画祭に遊びに行ってハリウッドのエージェントにスカウトされるもこれを断り、知人の紹介でイヴ・アレグレ監督の『女が事件にからむ時』で俳優デビュー。ルネ・クレマン監督の『太陽がいっぱい』（1959年）、ルキノ・ヴィスコンティ監督の『若者のすべて』（1960年）などで世界の巨匠に起用され、1963年の『地下室のメロディー』での成功後、ハリウッドへ渡った。帰国後の1967年に出演した『サムライ』で新境地を開き、翌1968年の『さらば友よ』、『太陽が知っている』などでその人気は絶頂となり、現在も現役の俳優である。

Mes meilleures pensées
pour tous les Japonais et Japonaises
qui ont eu l'occasion de voir "Mélodie en sous sol"
et les 12 autres films distribués par "Nippon Herald Films Inc"

45年来の友人として

デイヴィッド・パットナム（映画プロデューサー）

私の友人である原さんの手助けがなかったとしたら、映画製作者としての私のキャリア、そして後に映画監督となるアラン・パーカーのキャリアは、おそらくはその最初の作品をもって終わりを遂げていたに違いない。

アランが脚本を書き、私がプロデュースした『小さな恋のメロディ』の製作資金を何とか掻き集めた我々は、米国での批評でこそ褒められたものの、英国での興行成績はつつましやかなものでしかなく、我々の作品が大失敗に終わる運命にあるという現実に直面していた。

しっぽを巻いたアランと私は、この業界で我々が知っている最良の方策としての「広告」に立ち返ることにした。そして、そのお陰で原さんがこの作品を見ることになり、彼は作品に可能性を見出してくれたのだ。彼は物語や演技、音楽などの中の何かを見極め、これは成功すると確信した。そして、彼は「成功」以上の事を成し遂げた。──大ヒットさせたのだ！

彼とヘラルド映画の宣伝チームはマーケティングとプロモーションの様々な側面に細部まで行き届いた目配せをしてくれ、『小さな恋のメロディ』を若い観客たちに見出させ、社会現象に他ならないところにまで導いてくれたのだ。

その結果、私は日本に招待され、公開後の取材などを受けたのだが、最も鮮明な記憶というのは、原さんと宣伝部のチームに都内で『小さな恋のメロディ』を上映している劇場に案内されたことだ。映画はもう上映が開始されていて、ロビーは奇妙なほど静かだった。我々は二重のドアを開けて中へ入ろうとしたが、開けたドアからは何十人もの人が外へはじき出されて我々に覆いかぶさった。私は劇場内がすし詰め状態になっていたことを悟った。あまりにぎっしりと人が詰まっていて、たった一人の余分な観客──つまり私──さえ中に入る事が出来なかったのだ！

原さんと宣伝部チームのお陰で、私は「大ヒット作」のプロデューサーになる事が出来たのだ。経験豊富で信頼されている配給業者としての彼が自分の判断を信じてくれたからこそのことだ。

その時以来、私は自分の事を、たまたま自分自身で映画のプロデュースをした配給業者、あるいはマーケティングの人間なのだと位置付けている。適切な環境さえ整っていれば、配給業者の役割というものはプロデューサーや脚本家、あるいは映画製作におけるその他の関連する人々と同じ位にクリエイティヴでいられる、ということを実感するに至ったのだ。

原さんは単に私の商業的な人生に大きな影響を与えたのみならず、あらゆる形での彼の映画愛を通じて、「シネアスト」や「映画愛好者」という肩書が監督、プロデューサー、批評家、技術者、脚本家、そして映画配給業者のすべてに対して適用可能なのだということを教えてくれた。

今日私が最も誇りに思っている英国映画界での役割は「映画配給業者協会会長」なのだが、おそらくは、その理由はヘラルド映画、そして原さんとの仕事にあるのだろう。

アラン・パーカーと私自身の立場を代表して、原さんとヘラルドの宣伝チームに対して心からの感謝の意を表したい。本当につつましやかだった出発点から我々のキャリアを導いてくれ、そのことによって、望むらくは世界中の何百万人もの映画観客に喜びと満足とをもたらす上での、きっかけを与えてくれたことを。

デイヴィッド・パットナム

（David Puttnam）

1941年生まれ。ロンドンのサウスゲイトで育つ。1971年の『小さな恋のメロディ』で映画プロデューサーとしてデビュー、後にハリウッドに進出して1978年の『ミッドナイト・エクスプレス』で成功を収め、英国に戻り1981年の『炎のランナー』でアカデミー作品賞受賞。その後も1984年の『キリング・フィールド』、1986年の『ミッション』などで国際的に高い評価を得る。1986年から1987年まではコロンビア映画CEOを務める。1985年の第1回東京国際映画祭で審査委員長を務めたほか、2007年の第20回東京国際映画祭では黒澤明賞を受賞した。1983年に大英帝国勲章を授与され、1997年にはパットナム卿となる。

『エマニエル夫人』を並外れた成功に導いた日本ヘラルド映画

イヴ・ルッセ＝ルアール（映画プロデューサー）

『エマニエル夫人』の日本における、そして世界的な成功について取り上げた、NHKで放映されたドキュメンタリー番組（『アナザー・ストーリーズ』）を、喜びとともに興味深く拝見しました。この作品は、私がプロデュースした最初の長編映画で、一つの幸運ではありましたが、同時に私のキャリアのイメージを限定してしまった感があります。私は他にも多くの作品を製作し、別の成功も体験し、それ以外にも様々なことをしていました……、若さの特権です。

この作品のタイトルロールには私の名前が載っていないので、技術スタッフや俳優たちが、成功作ではなくても、タイトルロールや宣伝ポスターに名前を出すことは彼らの仕事を証明するのだからと、その位置や文字のロゴについて、よく言い争いをしていることを思うと、ますます面白いですね。私はわざと、『エマニエル夫人』のタイトルロールに名前を入れなかったのです、というのは作品が失敗すれば誰も私を探さないだろうけれど、もし、成功すれば私を探しに来るだろうと想像したのです。

そして、あなたたちは、私を探し出してくれました！資金と優秀な人材を探していた時に、私の共同プロデューサーが、海外向けセールスマンのフェリックス・ド・ヴィダスを紹介してくれました。彼は業界では知られていて、キャリアも長く、抜け目のないタイプです。海外向け配給は常に夢を売るものですが、誰もそれを信じません！彼は、私に海外販売契約金の前金を払ってくれました。大きな額ではないけれど、私の抱えていた制作費を補うのに必要でした。

彼は、映画をフラットで、日本とイタリアに販売したので、映画の成功を信じていないのか、もしくは私への前金をできるだけ早く回収しようとしているのだ、と思いました。でも、結果は？この映画を買った日本ヘラルドのバイヤーは、この作品のヒットとフレンチ・タッチの魅力を信じたのです。

不思議なことに、1974年6月末にこの映画が（パリで）公開されるとすぐに私は、日本との契約金を受け取りました。パリでの公開を待ってから販売する方がいいのですが、たぶん、フェリックス・ド・ヴィダスは、すでに契約金を手にしていたのでしょうか。

彼を擁護すれば、ボックスオフィスで高い興行成績をあげることが予想できないジャンルの映画を（本国）公開前に販売するのは容易ではありません。そんなことができると信じていたのは、私くらいでしょう。

自然な成り行きで、私は日本に行き、配給会社を訪問しました。映画が公開される他の全ての国でも同じことをしていますが、2回行った国もあるし、世界一周をしていますよ。将来的には、仲介なしに自分の映画を販売しようと決めていました。

日本ヘラルドの重役たちとの会合はパーフェクトで、ハネムーンの気分でした。その歓待ぶりと、全てのフロアの数多い管理職やスタッフたちの軍隊のような組織力に魅了されました。古川勝巳社長と、すでにカンヌ映画祭でお会いした子息、博三氏とも知り合いました。

私にとって日本ヘラルド映画は、その地位と国内トップの座を目指す熱意において、アメリカの大手配給会社と比肩できる存在であり、そのマーケティング手法や封切りのかなり前から企業や非営利団体などで前売り券を販売する方法に驚嘆しました。というのも、そのようなやり方はフランスでは、限られたイベントや演劇などをのぞいては全く行われないものだったからです。

当然ながら、日本滞在中に、日本ヘラルド映画に対する尊敬と信頼の念が徐々に高まって行き、『エマニエル夫人』の次回作および私の他の映画も、同社に配給を任せることを決めました。実を言えば、日本ヘラルド映画のスタッフも同じことを望んでいました。というのも『エマニエル夫人』の成功は並外れたものだったからです。特別ボーナスが社員全員に支払われたとさえ、聞きました。それで、『続エマニエル夫人』を第一作だけでは不十分だった利益を得るために販売しました。そして、何よりも、同社と信頼関係が成り立ちました。もう４２年も前のことですが、宣伝部長の原正人氏との出会いも、とても素晴らしい思い出です。

『続エマニエル夫人』の日本への輸出に際して、重大な問題が発生しました、というのは、検閲の際にはポルノ映画ではないと認められたのに、ポルノに対するフランスの新しい法律に触れたのです。文化相の政治的行為に過ぎない決定に異議を唱えるため、私はフランスでのこの映画の公開を拒否し、司法によって私の正しさを証明するべく、行政裁判所で国を訴えました。また、海外に、とりわけ封切り日が決まっていた日本で公開するための検印を取得しなければなりませんでした。緊急事態でしたが、フランス行政は急いではくれません。日本ヘラルドはパリに製作部長の秋山茂氏を送り込みました。

一ヶ月の間、彼は新展開がないかを確認するために、毎日事務所に来ました。彼にとって、これは作品の日本公開のために真摯に対応する日本ヘラルド映画の名誉と責任に関わる問題なのだ、と感じました。法的判断の結果に絶望し、私たちはスーツケースを買いました。この映画のインターネガを運ぶため、そして、勇気ある秋山氏がセーヌ川に身を投げることを避けるために。このようにして、シルビア・クリステルのシンプルな肖像と「私を知っているつもり？あなたは私の半分しか知らない」という台詞の添えられたエレガントなポスターで知られる、『続エマニエル夫人』が出来たのです。

日本ヘラルド映画とのコラボレーションで、私は日本に一目惚れし、以後十数回、来日しています。議員に選出された時には、ごく自然に、外務委員会に所属し、日仏友好議員連盟の議長になりました。その時期には日仏間の関係を良好にするために文化・科学・教育の分野におけるイニシアティブの促進を目的とする、日仏笹川財団の理事会メンバーになるように依頼されました。これは情熱をかき立てられる仕事で、２年おきに日本で会議を開き、２年おきに日本のメンバーがフランスに来ました。とりわけ、私たちは様々なプロジェクトの完遂を促進し、それは、日仏双方の側にとって文明に対して開かれた精神を持ち、異文化を尊重する情熱的な人間が出会う機会となりました。

この私たちの生きる時代に、ただただ、力づけられる活動です。

イヴ・ルッセ＝ルアール
（Yves Rousset-Rouard）
1940年生まれ。フランスのマルセイユで育つ。広告畑で働いた後に1974年の『エマニエル夫人』で映画プロデューサーとしてデビューし、翌1975年の『続エマニエル夫人』、1977年の『さよならエマニエル夫人』、1979年の『人間模様』などで1970年代のフランスを代表するプロデューサーとして成功を収める。1979年には『リトル・ロマンス』でハリウッドでも成功をおさめた。1976年の短編映画『Jean Thomas』では監督としてもデビューしている。後に政界に進出し、フランスの下院議員を務めたほか、南仏プロヴァンスのメネルブ市長を務める。日本の笹川日仏財団の理事も務めた。

『クレオパトラ』余話

手塚治虫（漫画家／アニメーション作家）

ヘラルドさんもウチも、同じような独立業者。一本一本だいじにつくり、だいじに売っている。いうことはありません。『千夜一夜物語』がヒットしたので、次に『金瓶梅』をとヘラルドが言ってきたんですが、あれはアクションがなくて難しいけれど、小島功氏のイメージで行こうと思っていました。ところが北海道での『千夜一夜物語』のプレミアショーへ行く車の中で、ヘラルドの社長がいきなり『クレオパトラ』はどうかと言い出して決まったんです。

あれは僕の大変なミスでして、もっと幻想的な話かと思っていたら、実在の人物の話なので動かしがたいものがあって史実に忠実な脚本になってしまったんですね。アニメ化するのは難しく、まったくのフィクションにして、オリジナルにしなかったのが失敗ですね。小島氏の美術というので僕が意識したのもあって、彼のムードはしゃれっ気のあるオチ、という感じに徹したのもまずかったですね。タイムリーなギャグばかりで、そのあと使えないようなものだったしね。編集し直して短くしようと思ったんですが、間にあわなくて、これは赤字になってしまいました。『千夜一夜物語』と同じくらい当たるかと思ったら、全然儲からなかったんです。

※平井輝章「アニメーション「クレオパトラ」と手塚治虫」（「キネマ旬報」1970年7月下旬号=528号）での手塚治虫の発言、及び1977年8月27日発行　虫プロダクション資料集「巻頭インタビュー　ぼくと虫プロ」をもとに再構成した。

手塚治虫
（てづかおさむ）
1928年大阪府豊中市生まれ。兵庫県宝塚市で育つ。大阪帝国大学附属医学専門部在学中の1946年に『少国民新聞』連載の「マアチャンの日記帳」で漫画家デビュー。1947年の書き下ろし単行本『新寶島』で注目され、以後『鉄腕アトム』、『ジャングル大帝』、『ブラック・ジャック』などで漫画界の第一人者として活躍。1961年に手塚プロダクション内に動画部を設立（翌年からは動画部が虫プロダクションとなる）、『鉄腕アトム』などのTVシリーズを手掛け始め、ヘラルドと組んで1969年に長編劇場用アニメ『千夜一夜物語』、1970年に『クレオパトラ』を発表した。1989年2月に惜しまれつつ逝去。享年60歳。

『デルス・ウザーラ』と『乱』

黒澤明（映画監督）

『デルス・ウザーラ』の次に『乱』の最初のシナリオを書きました。ところが、とても製作費が掛かるのと、内容も高度なものとなるので東宝は尻込みしました。興行サイドに“鎧もの”は客が入らないという通説があるので、それでは、“鎧もの”でも入る映画を作ってやろうじゃないか、ということで『影武者』を撮ったわけですが、僕の頭の中では、順番としては『デルス・ウザーラ』と『乱』はくっついています。

一番はじめの脚本が出来てから八年経っているわけですが、その間、とにかく苦労したのは製作資金の問題でした。いったんはフランスと交渉して製作発表したわけですけれど、そこへ障害がおきて、今度、ヘラルド・グループの協力を得て改めて発表することが出来て、僕は大変に喜んでいます。資金繰りなどの金銭的な側面をヘラルドが中心にやってくれたお陰で、僕は演出に専念でき、芸術的な面だけの責任だけをとればよいので、ほっとしています。

僕の頭の中では『デルス・ウザーラ』と『乱』は繋がっているので、『デルス・ウザーラ』に続いてヘラルドということで、そういう意味では、関係が大変うまくいったと思います。ヘラルドと仕事が出来るのは、何かの縁ではないかとも思っています。

※黒澤明「『乱』再スタートにあたって」（「キネマ旬報」1984年1月下旬号=877号）および、「ロング・インタビュー：『乱』の製作が、いよいよ本格的に始動した黒澤明監督に聞く」（インタビュアー：品田雄吉）（「キネマ旬報」1984年2月上旬号=878号）での黒澤明の発言をもとに再構成した。

黒澤明
（くろさわあきら）
1910年東京府荏原郡大井町に生まれる。画家を目指していたが断念し、1936年にPCL映画製作所に入社、1943年に『姿三四郎』で監督デビュー。戦後第一作はGHQの後押しを受けた1947年の『わが青春に悔なし』。東宝争議に際しては映画芸術協会を設立して組合から脱退、他社で仕事をする。1950年に大映で撮った『羅生門』がヴェネチア国際映画祭金獅子賞を獲ったことで世界的に注目されるようになり、以後、東宝で1954年の『七人の侍』、1958年の『隠し砦の三悪人』、1961年の『用心棒』などを大ヒットさせる。1975年の『デルス・ウザーラ』、1985年の『乱』でヘラルドと組む。1998年逝去。享年88歳。

Francis F. Coppola

Directed and Produced by Francis Ford Coppola

『地獄の黙示録』をめぐる冒険

フランシス・フォード・コッポラ（映画監督）

『地獄の黙示録』を巡る冒険というのは、日本ヘラルド映画による協力、そして勇気づけが無くては成し得ませんでした。

古川勝巳氏は、この困難の多い映画製作を通じて私が自分の道を突き進んで行かれるために、熱烈な、そして堅実な、友情と助言のためのかがり火でいてくれました。彼が与えてくれた助力と支援を私は生涯忘れることはありません。

日本ヘラルド映画のサム・難波（難波敏）氏もまた、多大なる優しさと関心を示してくれました。

『地獄の黙示録』は、私と日本ヘラルド映画にとって、記憶に残る、そして大きな成功を収めることのできたコラボレーションでした。

フランシス・
フォード・コッポラ
（Francis Ford Coppola）
1939年生まれ。デトロイト出身で、ニューヨークで育つ。UCLAに学び、ロジャー・コーマンの許で低予算映画製作を学んだ後、『グラマー西部を荒らす』（1961年）で監督デビュー。脚本家として頭角を現し『パットン大戦車軍団』（1970年）でアカデミー脚本賞受賞。1969年に自らの会社アメリカン・ゾーエトロープを設立し、1972年の『ゴッドファーザー』、1974年の『ゴッドファーザーPARTII』でアカデミー作品賞・監督賞・脚本賞を受賞。1974年の『カンバセーション…盗聴…』と1979年の『地獄の黙示録』でカンヌ映画祭パルムドール受賞。現在はカリフォルニア州ナパバレーでワイナリーを経営し成功を収めている。

ヘラルドとコッポラという「恩人」

戸田奈津子（字幕翻訳家）

1976年12月公開の『ジョーイ』が、それまで私が手掛けた字幕作品で初めて大ヒットした作品でしたけれど、映画史にも残る、超話題作の『地獄の黙示録』の字幕を任されたことが、私にとってはこの業界での一人前の字幕翻訳者として認められるきっかけとなりました。そして、これは後から聞いたことですけれど、ヘラルドに「字幕翻訳はトダにやらせてはどうか」と推薦してくれたのはコッポラ自身だったんです。確かに、一緒にいる間に、彼は私に「トダ、君は本当は何をやりたいんだい？」と聞いてきて、「字幕翻訳者として大成したい」と答えていたんですね。ですから、私にとって、ヘラルドとコッポラとは二大恩人のようなものなんです。

最近、つくづく私はいい時期に仕事をしてきたなと思います。まず、映画がよかった。いい映画がいっぱいありました。21世紀に入ってからの映画はちっとも面白くなくなってしまいました。私は高校時代に映画に夢中になって字幕翻訳の仕事を志したのですが、今の映画だったらその道に進もうとは思わなかったでしょう。

日本の社会自体も上向きで元気があって、キャンペーンなんかでも今と違って日本中を一緒に回ったりしていました。いまは来日スターも東京に二日くらいいてすぐに中国に行っちゃいますからね。

そんな中で、特にメジャーや東和に追いつけ追い越せ、と頑張ってきたヘラルドは、時にハチャメチャなところもあったけれども、一人ひとりが会社を愛し、映画を愛していた、とてもいい会社だったと思います。そんなヘラルドと一緒に育ってきたことも私のキャリアにとってラッキーなことでした。

※ 2016年6月19日に行ったインタビューをもとに編集部にて構成した。

戸田奈津子
（とだなつこ）
1936年生まれ。東京都出身。津田塾大学英文科卒業後、第一生命保険の社長秘書をしながら字幕翻訳家を目指し、故・清水俊二氏に手ほどきを受ける。通訳や翻訳の仕事などをしながらチャンスを待ち、1970年の『野生の少年』で初めて映画字幕を担当する。1976年にヘラルドから『地獄の黙示録』製作に入るフランシス・フォード・コッポラの通訳兼世話係を依頼され、後にコッポラの推薦により同作品の字幕を担当して業界で注目される。以後は字幕翻訳界の第一人者として、『E.T.』（1982年）、『タイタニック』（1997年）、『ロード・オブ・ザ・リング』（2002年）など数多くの作品を手掛けて今日に至る。

CONTENTS

002 『日本ヘラルド映画の仕事』によせて
原　正人

004 私のヘラルド体験『瀬戸内少年野球団』の場合
篠田正浩（映画監督）

006 13本の映画を見てくれた日本の皆様へ
アラン・ドロン（俳優／映画プロデューサー）

008 45年来の友人として
デイヴィッド・パットナム（映画プロデューサー）

010 『エマニエル夫人』を並外れた成功に導いた日本ヘラルド映画
イヴ・ルッセ＝ルアール（映画プロデューサー）

012 『クレオパトラ』余話
手塚治虫（漫画家／アニメーション作家）

013 『デルス・ウザーラ』と『乱』
黒澤 明（映画監督）

014 『地獄の黙示録』をめぐる冒険
フランシス・フォード・コッポラ（映画監督）

016 ヘラルドとコッポラという「恩人」
戸田奈津子（字幕翻訳家）

020 はじめに
谷川建司

021 PROLOGUE
日本ヘラルド映画前史

033 CHAPTER 1 : DRAMA, ROMANCE & LITERARY GEM
ドラマ・ロマンス・珠玉の名作……

044 THE REMINISCENCES 1
クロード・チアリ

049 CHAPTER 2 : WITH STARDOM OF ALAIN DELON
アラン・ドロン人気と共に

065 CHAPTER 3 : LITERARY CLASSIC FILMS
文芸映画

敵機撃墜158機!戦い、恋し、22才の青春を砂漠に散った壮烈“空の英雄”!!

081 **CHAPTER 4：ADVANCE INTO ANIMATION**
アニメーションへの進出

087 **THE REMINISCENCES 2**
手塚治虫

089 **THE REMINISCENCES 3**
古川勝巳

091 **THE REMINISCENCES 4**
古川勝巳

097 **CHAPTER 5：COMEDY & FAMILY MOVIES**
コメディ&ファミリー物

113 **CHAPTER 6：WESTERN & WAR FILMS**
西部劇・戦争映画

129 **CHAPTER 7：THRILLER, SUSPENSE & SPY FILMS**
スリラー・サスペンス & スパイ物

145 **CHAPTER 8：EROTICISM & VIOLENCE**
エロティシズム&バイオレンス

156 **THE REMINISCENCES 5**
戸田奈津子

161 **CHAPTER 9：ACTION ! ACTION ! ACTION !**
アクション! アクション! アクション!

177 **CHAPTER 10：HORROR & SPLATTER**
ホラー&スプラッター

193 **CHAPTER 11：DETECTIVE & CLIME ACTION**
刑事物&クライムアクション

209 **CHAPTER 12：SF, ADVENTURE & FANTASY**
SF・冒険&ファンタジー

225 CHAPTER 13：COPPOLA & LABYRINTH OF APOCALYPSE NOW
コッポラと『地獄の黙示録』の迷宮

231 THE REMINISCENCES 6
戸田奈津子

234 THE REMINISCENCES 7
石岡瑛子

241 CHAPTER 14：
SUPPORT FOR KUROSAWA & COMMITMENT TO JAPANESE FILMS
黒澤明への支援と邦画へのコミット

245 SUPPORT FOR KUROSAWA

248 COMMITMENT TO JAPANESE FILMS

257 CHAPTER 15：INNOVATION OF ART FILM MARKET
アート・フィルム・マーケットの新機軸

273 CHAPTER 16：NOVEL DEVELOPMENT OF CLASSIC FILMS
クラシック映画の新展開

289 強く感情的な繋がりを感じる配給会社
ジョン・ウー（映画監督）

290 ヘラルドと原さんとの出会い
アレックス・コックス（映画監督）

292 あとがき
谷川建司

295 使用参考文献一覧

はじめに

本書は、前身である欧米映画配給社、ヘラルド映画株式会社時代を含めて、1956年から2006年まで半世紀の間存続した、日本ヘラルド映画株式会社の配給作品、製作作品のうち、約400タイトル強に絞った上で16のジャンルに振り分けてほぼ時系列順に沿ってそれらの作品のエフェメラ（ポスター、プレスシート、パンフレット、チラシ等）を紹介している。

外国映画の配給会社とは、買い付けた作品の日本国内での上映権その他の権利を、5年間なり10年間なりの契約期間内において保有するわけだが、当然のことながら契約期間満了後は当該作品の権利は契約元（当該作品の権利を保有する海外の会社）に戻り、配給会社は再び契約を結ばない限りは当該作品でのビジネスは行えなくなる。

だが、配給会社が日本国内で作品を公開するにあたって作成したエフェメラとは、その作品にどのような邦題を付けるか、そのタイトルのロゴはどのようなものにするのか、宣伝コピーはどういった文言にするか、ビジュアル・イメージとして作品のどんな要素を強調したポスターなどをデザインしていくのか、といった戦略に基づいて世の中に送り出された知的生産物にほかならない。上映時のプリントにつけられた字幕翻訳なども同様である。

本書を企画した意図というのも、日本ヘラルド映画株式会社の送り出してきた個々の作品を売り込んでいく際の宣伝戦略やその手法そのものが、時として社会現象にまでなる、時代の感性を先取りしたコンセプトであったこと、そして作品のエフェメラ自体が常にその時代時代を引っ張っていくだけのクリエイティヴィティに富んだものであったことを、記録としてきちんと形に残す必要があると考えてのことだ。

本書に収録した作品の選択の基準としては、当然ながら日本ヘラルド映画株式会社の歴史にとって重要な作品は強調しつつ、しかしながら作品としての知名度は低くともクリエイティヴ・ワークに魅力がある作品などにも目配せしている。人によって、ヘラルドと聞いて想起する作品は様々であろうし、中には本書を見て自分の意中の作品が載っていないとか、扱いが小さいといった不満が生じることはあるかもしれない。だが、作品によってはどうしても状態の良いエフェメラが入手できなかった等の事情もあり、最善を尽くした結果として編まれたのが本書なのだとご納得いただけると幸いである。

本書で紹介している作品のタイトル表記は初公開時のもの（リバイバル公開作品はその時点でのもの）とし、作品データとして記した原題、監督名、公開年などは一般社団法人外国映画輸入配給協会が編んだ『外国映画に愛をこめて　外配協の50年』のデータに依拠している（ポスター上の人名・原題と作品データ上のそれとが異なる場合があるのはそのためである）。現在では外国映画であっても製作年と日本公開年とはだいたい一致しているが、嘗ては日本公開が本国での公開の一、二年後ということも珍しくなかった。したがって、日本にて紹介された年の方が重要と考えた次第である。ただし、製作されてから何十年とかの長い年月を経て日本初公開となったような作品については、補足として製作年の情報も付与することとした。また、第16章についてはリバイバル公開年の情報はさほど重要ではないため、原則として初公開年のみとした。

日本ヘラルド映画株式会社は最早存在しないが、本書で紹介した宣伝のアイディアや、クリエイティヴ・ワークの数々が、時代を超えて、現在のクリエイターの方々の刺激となってくれれば存外の幸せである。

谷川建司

PROLOGUE

日本ヘラルド映画前史

(1960 NCC STOCK LIST)

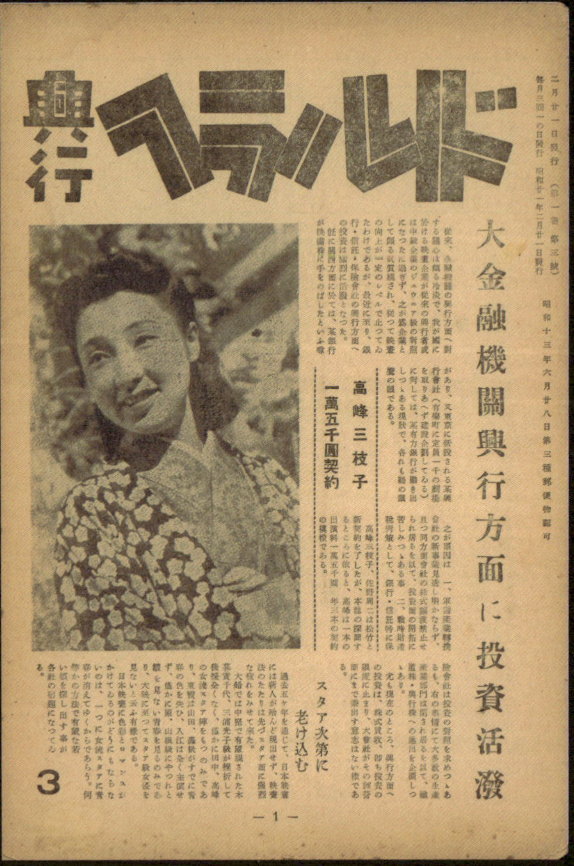

二月廿一日發行（第一卷第三號）
毎月三回一の日發行 昭和廿一年二月廿一日發行
昭和十三年六月廿八日第三種郵便物認可

興行ヘラルド

大金融機關興行方面に投資活潑

従來、金融機關の興行方面へ對する關心は頗る冷淡で、我が國に於ける映畫企業が従來の興行者或は中級企業のジェウエア級の對照になつたに過ぎず、之が爲企業として頗る低質視され、從つて映畫の向上が一定のレベルで止つてゐたわけであるが、最近に至り、銀行・信託・保險會社の興行方面への投資は猛烈に活潑となつた。

既に關西方面に於ては、某銀行が映畫株に手をのばしたといふ噂があり、又東京に新設される某興行會社（有樂町に定員一千の劇場を取りあへず建設企劃してゐる）に對しては、某有力銀行が動き出しつゝある現狀で、各れも[illegible]の眼である。

之が原因は 一、軍需産業轉換會社の新事業見透し明かならず、且つ同方面會社の株式譲渡禁止せられ居るを以て、投資面の開拓に苦しみつゝある事 二、戰時財產稅對策として、銀行・信託特に保險會社は投資の對象を求めつゝあるも、右の事情にて大多數の産業部門は閉され居り、僅かに鐵道株・興行株への進出を企圖しつゝあり。

尤も現在のところ、興行方面への投資は、株式買收、即ち投資の限度に止まり、大會社がその經營面にまで乘出す意志はない樣である。

高峰三枝子
一萬五千圓契約

高峰三枝子、佐野周二は松竹と新契約を了したが、本誌の探聞するところに依ると、高峰は一本の出演料一萬五千圓 年三本の契約の模様である。

スタア次第に老け込む

過去五ケ年を通じて、日本映畫には新人が殆んど現出せず、映畫法のたたりは先づスタア面に強烈な疲れをみせて來た。

大船では中堅で有望視された木暮實千代、三浦光子級が挫折して後繼全くなく、僅かに田中、高峰の女流スタア陣をもつのみであり、東寶は山田、露秋がすでに容姿の色を失ひ、入江は全く主演せず、僅かに原、山根級にやつれと疲を見ない容姿を見るのみであり、大映に至つてはスタア級女優を見ないと云ふ有樣である。

日本映畫に色彩とロマンスがかけてゐるのがどうにもならないのは、一つに女流スタアに青春が消えてゆくからであらう。何等かの方法で有望な若い顔を探し出す事が各社の問題になつてゐる。

3

— 1 —

KOUGYOU HERALD No.3

スタートは潰れかかった 欧米映画の名古屋支社の買収

ヘラルド映画が名古屋市中区広小路通り 3-11 の住所で発足したとの記事が映画業界誌である『キネマ旬報』に載ったのは 1957 年 7 月下旬号のこと。社長古川勝巳の他に、中部支社長児島高茂、関西支社長福田光一、九州支社長斎藤誠之の名前とともに、「同社は欧米映画配給社の陣容を立直し、名称を変更して発足した」との記述がある。実際のところ、父・古川爲三郎の下で名古屋の中心地広小路通りにて軽食喫茶の資生堂パーラーと映画館ミリオン座の経営を任されていた古川勝巳は、興行ビジネスだけでは飽き足らず、「どうしても映画製作をやりたい。そのためには、先ず配給会社を創立し、外国の映画の輸入、配給をやる」と決意し、1956 年にその取っ掛かりとして、潰れかかっていた弱小の洋画配給会社「欧米映画配給社」の名古屋支社を買収したのだ。

この欧米映画配給社はしかし、洋画の配給会社といっても扱えるのは短編のみで、町内会の催しや学校での上映会などに短編を 3 本まとめて上映して数万円の売り上げを得るという程度の規模だった。だが、買収した時の名古屋支社長児島高茂はセールスでもあり、彼を中心に初めは中

THE LAWLESS EIGHTIES

KRZYZACY

部6県を対象に、やがて順次西の方へ行こうということで大阪、九州に支社を作り、扱えるのは旧作のみだが一応曲がりなりにも全国への配給の体制を整えた段階で社名をヘラルド映画と改めた訳である。

ヘラルドという社名の由来は、勝巳社長の言うところに依れば「業界紙の一つに『興行ヘラルド』というのがあって、アメリカにも Motion Picture Herald というのがあるでしょ、意味を調べたら“先駆け”とか“先駆者”という意味だもんで、こりやぁ社名にしたらええ。まだどこにもヘラルドという名前の映画会社はないし」という経緯で付けたという。

1958年になると、いよいよ東京へ本社を移して丸ビルの540号室にオフィスを構え、次いで銀座西一丁目の西銀一ビル 2F に移って関東支社を設置、責任者として元ワーナー宣伝部長の秋枝富二郎を招いた。そして7月末に締め切られた大蔵省の配給会社特別割当申請で適格業者4社の一つに認定され（他はNCC、独立映画、昭映フィルム）、10月3日付で年間2本の割当本数（クォータ）が認められて、いよいよ1959年1月13日公開の『影』と3月7日公開の『大酋長』とで本当の意味での洋画配給会社としてスタートしたのだ。

ここで、当時の洋画の配給本数割当制度について説明しておかねばなるまい。1950年代の日本では、GHQの占領期間中に行われていた「一国一社制」（一つの国の映画を扱える輸入・配給業者は一社に限るとする制度）こそ廃止されていたものの、大蔵省による為替管理が行われ、長編映画、短編映画、ニュース映画それぞれについて「グローバル」「非ドル」の枠で会社別に割当本数が厳格に定められていた。因みに、1958年度で言えばグローバル枠は米国のメジャー各社に邦画の大映、松竹、東宝、新東宝などで計122本、非ドル枠では老舗の東和が14本、英国映画協会（BCFC）8本、イタリフィルム6本、大和4本、新外映2本、映配2本、北欧映画1本など、計44本となっていた。また、NCCのように準メジャーのリパブリックやBCFCの配給業務を請け負う形で、つまり他社割り当てに依存している会社もあった。──そんな中で、来るべき輸入自由化を見据えて、既存の枠組みの中へ果敢に飛び込んでいったのがヘラルド映画だった。古川勝巳社長は国会筋に働きかけ、新規業者を締め出しているのは問題だと1958年の通常国会で政治問題化することに成功し、前述の特別割当の募集を実現させ、そして適格業者に認定されたのだ。

NO. I『無法の道』（1958年 / ジョセフ・ケイン監督 / アメリカ）
NO. II『鉄十字軍』（1961年 / アレキサンデル・フォルド 監督 / ポーランド）

OTELO

IBOKYOUDAI

BATTLE OF THE CORAL SEA

北星商事／新星映画 ⇒ 独立映画 ⇒ 大洋映画の流れ

占領期間中の日本では、「一国一社制」の下、たとえば米国のメジャー作品は全てセントラル・モーション・ピクチュア・エクスチェンジ（CMPE）が一括して輸入・配給していたが、ソ連映画については輸入と配給が分かれており、ソ連映画輸出協会が輸入した作品が代理業者としての北星商事によって配給される仕組みだった。とはいえ、GHQの方針でソ連映画の輸入本数は様々な理由を付けて限定した数しか認められていなかったため、少ないストック作品を企業の労働組合の娯楽用に貸し出すなどの形が中心だった。一方、東宝争議で野に下った左翼系の映画人たちは、独立プロダクションでの映画作りに活路を見出したが、その中心となっていたのは伊藤武郎、今井正、山本薩夫、亀井文雄らの新星映画だった。両社が結びついたのは自然な流れで、『箱根風雲録』『真空地帯』など新星映画の製作した作品を北星商事が配給する形でうまく回っていたのだが、1954年7月には北星は倒産し、代わって伊藤武郎、厚見進によって独立映画（株）として再出発することになっ

0. Ⅲ『オセロ』（1956年 / セルゲイ・ユトケーヴィッチ監督 / ソ連）
0. Ⅳ『異母兄弟』（1957年 / 家城巳代治監督 / 日本 ）
0. Ⅴ『決戦珊瑚海』（1959年 / ポール・ウェンドコス監督 / アメリカ）

DON KIKHOT

た。独立映画ではソ連映画『オセロ』『女狙撃兵マリュートカ』『ドン・キホーテ』(松竹に配給を委託)の配給で軌道に乗ったものの、邦画の製作については1957年の『異母兄弟』を最後に力尽きた。因みに、この独立映画で宣伝担当として働いていたのが、後のヘラルドの宣伝部長、原正人である。

独立映画が独立プロの映画配給を停止して洋画の配給業務だけに専念することになった後に、その後を引き継ぐ形で設立されたのは、独立映画の取締役であった角正太郎(滋賀県草津の興行主)を社長とする大東興行(株)(通称、大東映画)で、同社は『キクとイサム』『武器なき斗い』を製作したことで知られている。但し、独立映画自体も伊藤武郎、厚見進が辞任した後は角を会長として会社としては存続し、ソ連や中国向けの邦画輸出によるボーナス枠での割当を模索していた。輸出ボーナス枠というのは、日本映画を輸出すれば外貨獲得になるので、その実績を上げた業者に輸入割当本数をボーナスとして与えるという制度で、3万ドルの実績を挙げれば1本(これを10本分)、10万ドルの実績に対しては5本、合計で15本の輸出ボーナス枠が設定されていた。

1959年には、配給会社としての機能が停止していた独立映画に代わって、事実上の整理会社として、角会長、セールスだった山口親照を取締役営業部長として新たに大洋映画が設立され、『オセロ』等、独立映画の配給作品の権利を引き継いで営業したのに加えて、新作『決戦珊瑚海』を12月に配給している。だが、映画年鑑の記述に依ればこれは「ヘラルド映画の資金援助」を受けて輸入したのが実態であり、結局、大洋映画はこれ一本でヘラルドに吸収されることとなったのである。

因みに、永年日本ヘラルド映画の九州支社長を務め、その後は九州エンタープライズ社長として活躍している人物に緒方用光がいる。緒方は元々は満洲映画協会に勤務した経験を持つ映画業界の最古参の一人である。召集され甘粕正彦理事長に見送られて軍務についた緒方は、終戦と共にソ連の捕虜となり、帰国後は外国映画配給ビジネスに身を投じる。緒方が勤務したのが独立映画であり、彼は同社が大洋映画となった際にも在籍し、そのままヘラルド映画に勤務することとなった唯一の人物ということになる。

OUTLAW TERRITORY

THE RETURN OF JESSE JAMES

大洋映画と北欧映画の合併で割当本数６本に拡大

ヘラルドが大洋映画を吸収合併したのには二つの意味がある。一つは、旧・独立映画が配給して大洋映画が権利を保有するソ連映画の配給権を引き継ぐことで、ヘラルドとして商売できる作品本数を増やすこと。全国の興行会社とコンスタントにビジネスしていくためにはある程度の“品揃え”がなければ話にならないからである。もう一つは大洋映画を買収することでその割当分をプラスしたいということ。因みに、1959年度は、ヘラルドは独立映画やNCCと共に割当本数は２本のまま据え置かれていた。

こうした状況下で、それまでNCCのような邦人系の配給会社に委託配給していたイタリフィルムやBCFCが自主配給に乗り出す方針を固め、大和フィルム（外映、スター、映配、東映の４社が合同して作った会社）や中央映画（東宝の外国映画配給のための別会社）、松竹セレクト（松竹とセレクト・インターナショナルが作った合弁会社）も割当本数や輸出ボーナス枠を用いて自主配給していくなど、業界の再編成が加速される状況が生まれ、その流れの中でヘラルドによる大洋映画合併も行われたのである。1959年には、ヘラルドは大洋映画と共にもう一社、北欧映画も買収に成功している。古川勝巳社長の後年の述懐に依れば、同社の中部地区担当のセールスをしていた近藤百太郎氏を通じて北欧映画の中筋藤一社長に話を持ち掛け、1000万円で買ったのだという。北欧映画は割当本数が１本、輸出ボーナス枠が１本（これを利用して輸入したのが、後にヘラルドが引き継ぐことになった『最後の橋』である）のみ

NO. Ⅶ『殺し屋稼業』（1957年／リー・ガームス監督／ジョン・アイアランド監督／アメリカ）
NO. Ⅷ『誇りを汚すな』（1957年／アーサー・D・ヒルトン監督／アメリカ）

SANTA FE PASSAGE

THE ROAD TO DENVER

だったので、いずれにしても生き残りのためにはどこかと合併する必要があり、初めは同じく割当１本の泰西と、次いで割当１本、輸出ボーナス枠２～３本の新東宝との合併を模索していたが、結局ヘラルドに吸収されることとなったのだ。

洋映との合併を模索するも、札幌でウソがばれて頓挫

ところで、大洋、北欧を合併するよりも前の 1958 年、勝巳社長が東京へ出てきたばかりの時に、洋映という配給会社との合併話が頓挫したことがあった。洋映は 1954 年に太平洋映画配給という社名で創立した会社で、1957 年に洋映と社名変更し、主として西部劇を配給していた。この洋映と合併して割当を４本にしようと画策、全国に支社を持っていることという大蔵省の要件を満たすべく、洋映社長の谷口幸男に依頼して体裁を整えることにした。どこかの事務所を間借りして電話一本と秘書の女性一人でもいればいいのだが、北海道支社として申請した場所には番人がおらずにポスター一枚貼ってあっただけだったため、大蔵省の審査ではねられてしまったのだという。当然ながら、洋映との合併の話は白紙になってしまった。

ともあれ、1959 年の段階で、ヘラルドは大洋映画の割当２本、北欧映画の割当２本を加えて計６本の割当を有することになった。

NO. Ⅸ『サンタフェへの道』（1955 年 / ウィリアム・H・ウィットニー監督 / アメリカ）
NO. Ⅹ『デンヴァーの狼』（1956 年 / ジョセフ・ケイン監督 / アメリカ）

恋もキッスも死の序曲か？　恐るべき冷血殺人魔（クールキラー）の完全犯罪の実態をあばくスリラー・ドラマ！
赤い崖
総天然色
シネマスコープ
'A KISS BEFORE DYING'
THE CAST
THE CREDITS
ニッポン・シネマ・コーポレーション提供

A KISS BEFORE DYING

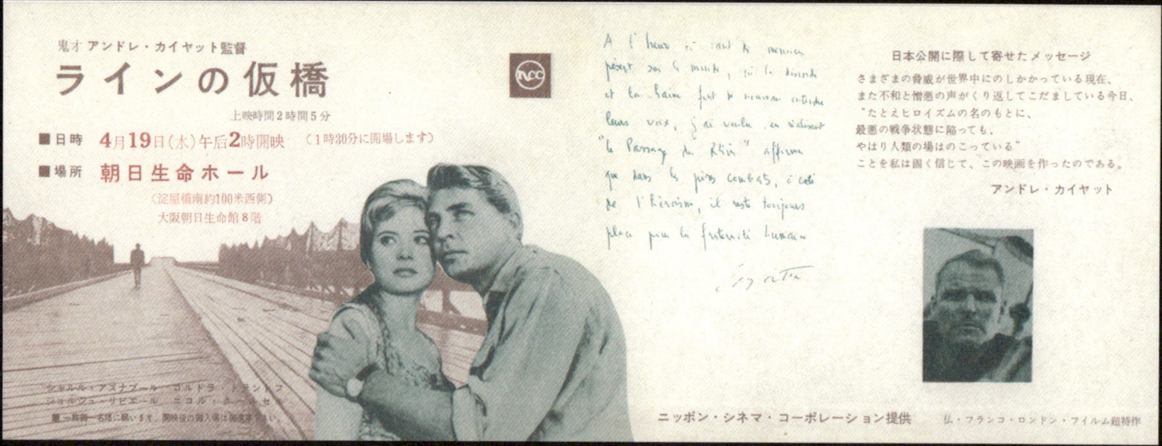
鬼才 アンドレ・カイヤット監督
ラインの仮橋
上映時間2時間5分
■日時　4月19日（水）午后2時開映　（1時30分に開場します）
■場所　朝日生命ホール
（淀屋橋南約100米西側）
大阪朝日生命館8階
日本公開に際して寄せたメッセージ
さまざまの脅威が世界中にのしかかっている現在、
また不和と憎悪の声がくり返してこだましている今日、
"たとえヒロイズムの名のもとに、
最悪の戦争状態に陥っても、
やはり人類の場はのこっている"
ことを私は固く信じて、この映画を作ったのである。
アンドレ・カイヤット
ニッポン・シネマ・コーポレーション提供
仏・フランコ・ロンドン・フイルム超特作

LE PASSAGE DU RHIN

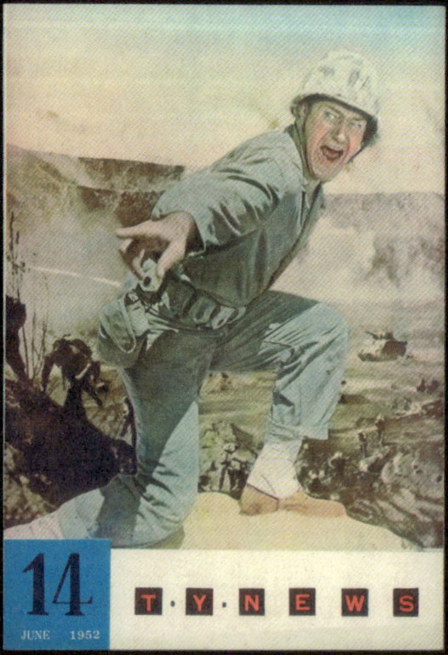
14
JUNE 1952
T·Y·N E W S

SANDS OF IWO JIMA

名門NCCを買収して
いよいよ日本ヘラルド映画誕生

洋映との破談のエピソードには、実はもう一つの結末があった。勝巳社長は、当初の目的であった割当（クォータ）は獲得できなかったものの、当時洋映で働いていた社員やアルバイトたち6名をヘラルドに引き取ったのである。その中には、後にヘラルド関西支社長、本社テレビ部長などを務めた井東知三、そして宣伝部長、営業本部長、ヘラルド・エース社長を務めた原正人がいたのである。原が独立映画で宣伝をやっていたことは既に述べたが、独立映画が潰れた後、上司だった小津宣伝部長が洋映に移り、アルバイトとして原を呼び寄せていたのだ。洋映のスタッフを引き受けたことは、会社とはすなわち人なのだ、とい

NO. XI『赤い崖』（1960年 / ガード・オズワルド監督 / アメリカ）
NO. XII『ラインの仮橋』（1961年 / アンドレ・カイヤット監督 / フランス・西ドイツ・イタリア）
NO. XIII『硫黄島の砂』（1952年 / アラン・ドワン監督 / アメリカ）

DIE LETZTE BRUCKE

う勝巳社長の考え方を物語るエピソードだ。後には、1958 年時点でコロンビア映画日本支社長だった吉野金太郎、フォックス日本支社長代理兼営業総支配人だった難波敏といった業界の重鎮たちもヘラルドへ移ってくることになるが、それは経験やノウハウを持ってきてもらうという側面以上に、勝巳社長がその人柄に惚れ込んで口説いたという色合いが強かったという。

ニッポン・シネマ・コーポレーション（NCC）は戦後の 1948 年に創立された会社で、その意味では戦前からの老舗・東和などより歴史は浅かったものの、『硫黄島の砂』『リオ・グランデの砦』『アフリカの女王』『大砂塵』等のリパブリック作品、『黒水仙』『邪魔者は殺せ』『赤い靴』等の BCFC 作品を配給し、格の高さで言えばヘラルドなど足元にも及ばない会社だった。BCFC が自主配給に移行することになった 1950 年代後半からは『道』『鉄道員』『刑事』等のイタリフィルムとの共同配給や、『悪の塔』『OSS と呼ばれる男』『雪は汚れていた』等の北欧映画との共同配給が増えていた。この NCC が経営難に陥った 1961 年 4 月、メインバンクが共に東海銀行だった関係でヘラルドに合併の話が持ち込まれた。いわば小が大を呑み込んだ形だが、当初は業務提携という形を取り、NCC 宣伝部だけがヘラルドの銀座のビルに同居して『快傑キャピタン』を共同配給するなどしたが、これは契約が NCC 名義で成されていたためで、8 月 1 日付で新会社「日本ヘラルド映画」となり、NCC の入っていた内幸町の大阪ビル一号館で業務を開始した。なお、NCC から合併によりヘラルドに移ってきた社員の中には、製作の秋山茂、営業の根本啓一、映写技師の神野栄二などがおり、その後長くヘラルドで活躍した。

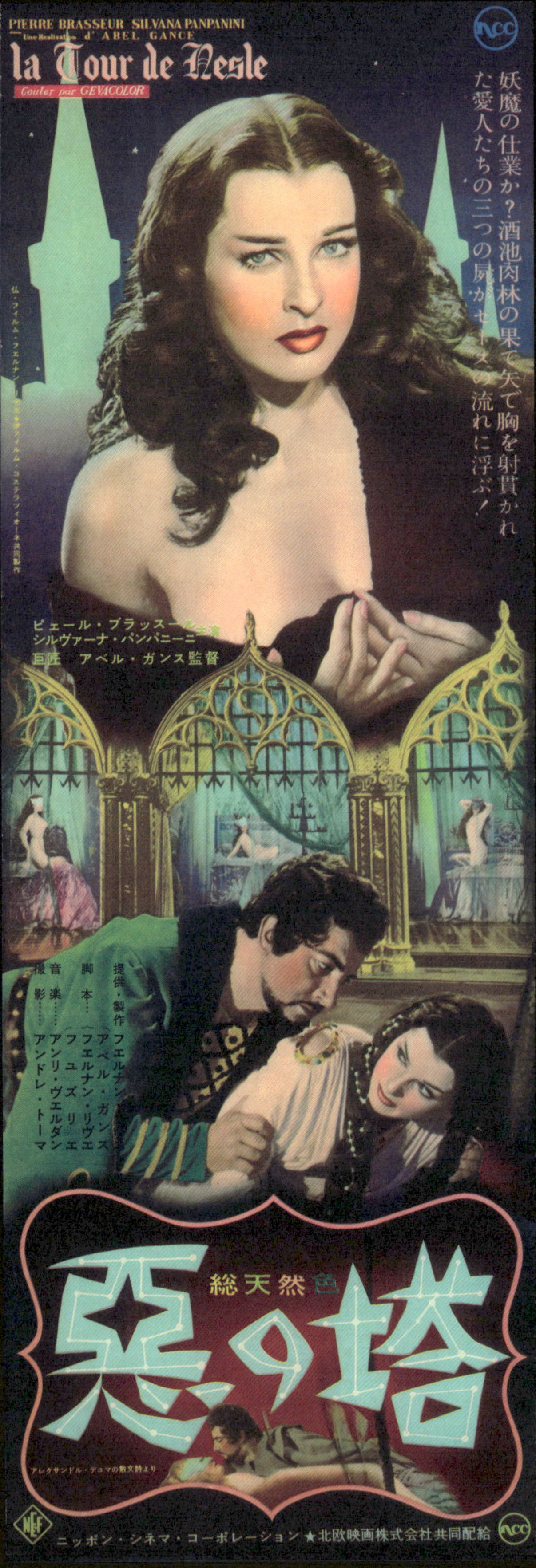

LA TOUR DE NESLE

O.S.S.117 N'EST PAS MORT

LA NEIGE ETAIT SALE

NO. XV『悪の塔』(1955年 / アベル・ガンス監督 / フランス・イタリア)
NO. XVI『OSSと呼ばれる男』(1957年 / ジャン・サシャ監督 / フランス)
NO. XVII『雪は汚れていた』(1957年 / ルイス・サスラフスキー監督 / フランス)

UN MALEDETTO IMBROGLIO

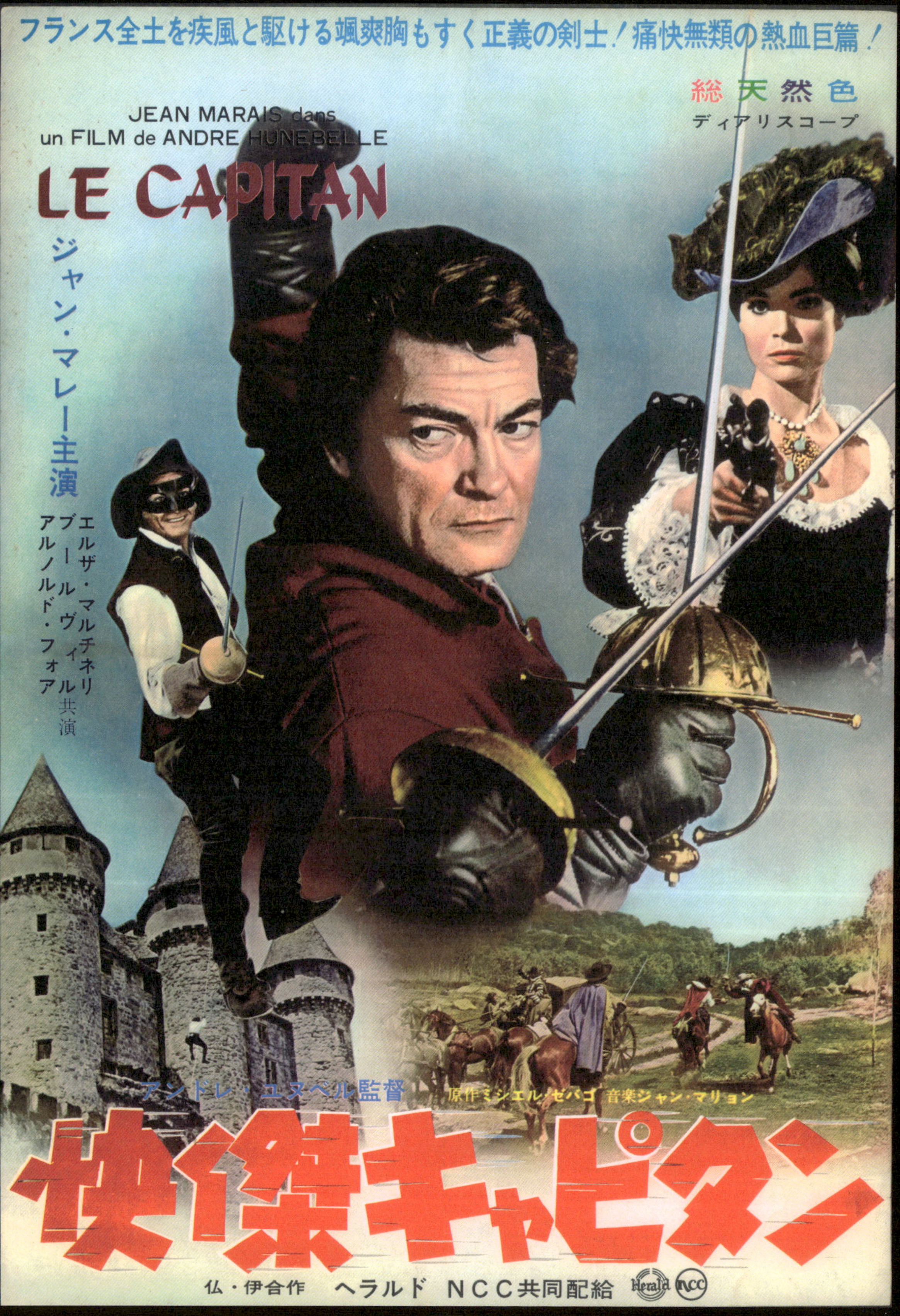
フランス全土を疾風と駆ける颯爽胸もすく正義の剣士！痛快無類の熱血巨篇！
総天然色
ディアリスコープ
JEAN MARAIS dans
un FILM de ANDRE HUNEBELLE
LE CAPITAN
ジャン・マレー主演
エルザ・マルチネリ
ブールヴィル
アルノルド・フォア
共演
アンドレ・ユヌベル監督
原作ミシエル・ゼバゴ 音楽ジャン・マリョン
快傑キャピタン
仏・伊合作 ヘラルド NCC共同配給

LE CAPITAN

CHAPTER1

DRAMA, ROMANCE & LITERARY GEM

ドラマ・ロマンス・珠玉の名作……

ポーランドの不条理サスペンス『影』で出発したヘラルドが
ゴダールの代表作『気狂いピエロ』を世に放つまでに成長！

『望郷』（1962 年リバイバル）パンフレット

『望郷』（1962 年リバイバル）を特集したヘラルド友の会会報

ヘラルド映画の配給作品の記念すべき第一作は、1959 年 1 月 13 日公開の『影』。……これはポーランドのイェジー・カヴァレロヴィッチ監督による、不条理サスペンス映画とも呼ぶべき異色の政治的スリラー映画だ。“異色”なのは、ポーランドにおける社会主義国建設の背景に渦巻く薄暗い陰謀や破壊工作を三編のオムニバス形式で描くというモチーフのみならず、不安感を増幅させるカメラワークと編集の巧みさという点も含めてだった。“先駆者”や“先駆け”を意味するヘラルドという言葉を社名に付けた新興のインディペンデント系洋画配給会社のスタートとしては誠に相応しい作品だったと言える。因みに、初年度（1958 年度）のヘラルドの輸入割当本数は僅かに 2 本で、もう一本は 3 月 7 日公開の西部劇で、アメリカ映画のように見えるが実はメキシコ映画の『大酋長』だった。ほかに、短編の枠で『白い決死隊』という作品を 2 月 7 日に公開している記録が残るが、これもポーランド映画である。

当時の宣伝部長、秋枝富二郎は、大洋映画、北欧映画との合併で割当本数が 6 本に増えた三年目への抱負を述べた『外画展望 '60』のエッセイで、「フランス物は巧者な方々が早期接種（ママ）されて手のすぐとどかぬ棚に乗っている。東欧の作品には異彩があふれている。またドイツの作品には、いかにもドイツ魂が商魂にまで現れて……欧州小国の作品には、興味深い作品が非常に多い。吾が国の現在の映画大衆を動員するが物でないのが玉に傷ではあるが……」と記しているが、当時の苦しい買い付け事情の中でのハンディキャップを何とかプラスに捉えようとする心意気を感じさせてくれる。

フランス映画の良い物をいち早く確保してしまう“巧者な方々”とは老舗の東和や新外映、東宝系列の中央映画、松竹系列の映配といった先輩会社を指していることは明白だが、アメリカ映画についてはメジャーがパスした余り物しかない中で、やはり当時のヨーロッパ映画の花形はフランス映画やイタリア映画だったわけであり、新興ヘラルドも二年目の 1959 年度に配給したロジェ・ヴァディム監督の『大運河』（イタリア＝フランス合作）を皮切りに、『恋人たちの森』（1961 年）、『恋はすばやく』（1961 年）、『ローマの恋』（1962 年）といった新作、そして戦前の名作映画『望郷』のリバイバル公開などで着実にヨーロッパの薫り高き恋愛ものや名作ドラマを扱えるだけの力を蓄えていった。

真の意味での“珠玉の名作”と呼べるような作品が登場するのは1963年、1964年頃のことで、次章にて詳述するアラン・ドロン、ジャン・ギャバン共演の『地下室のメロディー』が日比谷映画で、ファミリー向けの『チコと鮫』が帝劇でのロードショー公開で共に大ヒットし、ヘラルドの“第一期黄金時代”と呼ばれる時代が到来した頃のこと。作品としては、ジョゼフ・ロージー監督の『エヴァの匂い』(1963年)、ジャン=リュック・ゴダール監督の『女と男のいる舗道』(1963年)、同じくゴダールがブリジット・バルドーをヒロインに迎えた『軽蔑』(1964年)、フランソワ・トリュフォー監督の『突然炎のごとく』(1964年)といった作品群だ。

この時期の洋画の大ヒット作品の一つの大きな特徴として、主題曲なりその曲を歌う歌手の人気の爆発とのリンクという現象があったことは特筆しておくべきであろう。たとえば、ギリシア映画『夜霧のしのび逢い』(1965年)は日本ではクロード・チアリの楽曲の大ヒットと共に記憶されているし、『アイドルを探せ』(1964年)は主題歌を歌うと共にヒロインを務めた歌手のシルヴィー・ヴァルタンの可憐な魅力のイメージと共に記憶されていよう。ヴァルタンは『アイドルを探せ』公開の半年後の1965年5月に世界ツアーの一環で初来日し、日本滞在中にレナウンの「ワンサカ娘」のCMを撮影、小林亜星作曲の「イエイエ」を日本語で歌って大評判となった。因みに、1966年に放送が始まった『ウルトラマン』の人気宇宙人の名前は彼女から取られており、また小林亜星夫人はヘラルドOGの一人である。

もっとも、同じく音楽で売ろうとした『ガラスの部屋』(1970年)では主演のレイモンド・ラブロックが歌も楽器もこなすからレコード・デビューさせる、という仕込みをしていたのに、来日させてみたら楽器など全くできず、記者会見までに宣伝部員の和田泰弘がマンツーマンでギターの手ほどきをした、などという一幕もあったという。

1960年代の後半も、洋画市場におけるヨーロッパ映画の人気は依然として高く、ヘラルドでも数多くの作品を扱っている。監督でいえば、たとえばアニエス・ヴァルダの『幸福』(1966年公開。1973年リバイバル公開)、ジョン・シュレジンジャーの『ダーリング』(1968年)、スターで言えばジャン=ポール・ベルモンド、ジョアンナ・シムカスの『オー!』(1969年)、ジャック・ペランの『ふたりだけの夜明け』(1969年)、ミレーユ・ダルクの『恋するガリア』(1966年)といった作品がこの時期の作品として思い浮かぶ。『恋するガリア』を特集したヘラルドの友の会会報「Herald Cine Friend」第7号には、蒼井一郎(実はヘラルドの宣伝プロデューサー山下健一郎のペンネーム)による映画評のほか、詩

『夜霧のしのび逢い』(1965年) EP盤

『アイドルを探せ』(1963年) EP盤

日本ヘラルド映画のファンクラブの会報『Herald Cine Friend No.7』表紙はブリジット・バルドー

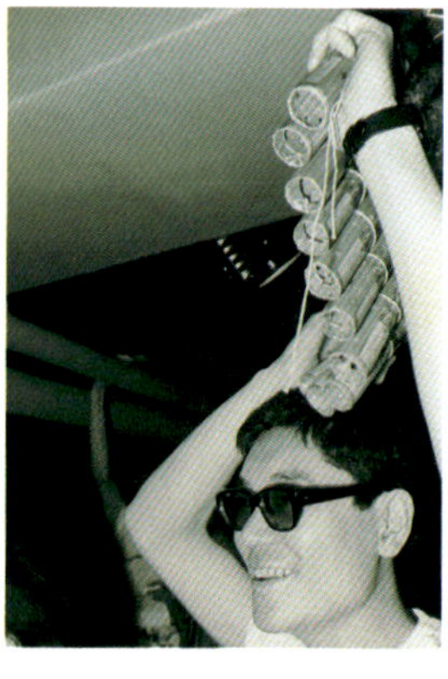

『気狂いピエロ』のラストシーンを真似ておどける箸見有弘宣伝プロデューサー

日本ヘラルド映画のファンクラブの会報『Herald Cine Friend No.18』『オー！』の特集号

『気狂いピエロ』公開時のパンフレット（「アートシアター」）

『ガラスの部屋』公開時にプロモーションのため来日したレイモンド・ラブロックと宣伝部の山下、関西支社宣伝部の石見。

人安井かずみによるガリアへの応援エッセイが載っており、時代の最先端の感性というものを当時の宣伝部が捉えていたことがよくわかる。また、『幸福』には面白いエピソードがあって、古川勝巳社長はこの作品に『黄色い太陽』という邦題を付けようとしたのだという。その理由は、この作品の主人公は幸せな家庭を心から愛しながらも、別に知り合った美女のことも愛してしまい、どちらも愛することが幸福だと感じているからで、その心は「妻とも愛人ともSEXばかりしていたら太陽が黄色く見えるはず」とのこと。さすがにこれは却下された。「社長、それはいくら何でもダメですよ」と言えるだけの自由な議論が行えるムードだったのだろう。

ゴダールというと、日本ではATGやフランス映画社での配給というイメージが強いはずだが、ヘラルドでは前述の『女と男のいる舗道』『軽蔑』のほか、『気狂いピエロ』（1967年）、『パリところどころ』（1965年製作、1993年公開）、『愛すべき女・女たち』（1971年）の計5本を配給している。その中でも、ゴダールにとってもヘラルドにとっても代表作といえるのが『気狂いピエロ』で、同作品は何といっても、モノクロのベルモンドの顔に掛けられたサングラスだけが虹色に輝くポスターのイメージが強烈だが、このデザインを担当したのはパラマウント映画宣伝部からヘラルドへ移ってきたデザイナーの藍野純治。他にもレイモンド・ラブロックの立ち姿の背景に一面の銀色が光る『ガラスの部屋』のデザインなどが広く知られている。パラマウント在職中の1963年に、藍野は「キネマ旬報」のコラムでデザイナーが自信をもってデザインするために「先ず営業方針、宣伝方針をもっと固めてデザイナーに要求されたいと願う。それには吾々も十分答えるだけの努力はする」と述べている。常々「映画宣伝はコンセプトである」と主張していた原正人宣伝部長の許へ移ってきてからの藍野がそれまでにも増して輝きを増したことは間違いないだろう。

その後も、1970年代を通じて『初恋』（1971年）、『好奇心』（1972年）、『ひきしお』（1972年）、『赤いブーツの女』（1975年）、『薔薇のスタビスキー』（1975年）といった作品が続いていくが、1980年代末になるとヘラルドが扱う恋愛ドラマの主流も『恋人たちの予感』（1989年）、『セックスと嘘とビデオテープ』（1989年）といったアメリカ映画が中心になっていった。

この怪異な殺戮の連続！凄惨の銃火に散る硝煙の影の男!!
全世界の批評家を驚かした新鋭スリラーの最高巨篇!!
影《かげ》
THE SHADOW
ポーランドの鬼才監督
イェルズイ・カワァレロウイッチ
主演
ズイグムント・ケストウイッチ
アドルフ・フロニッキー
タデウシュ・ユラシュ
脚本 アレクサンデル・スチボルリスキー
撮影 イェルズー・リップマン
音楽 アンドルゼイ・マルコウスキー
Herald
ヘラルド映画株式会社 配給

SAIT-ON JAMAIS

LE BOIS DES AMANTS

ANNA DI BROOKLYN

NO.003『大運河（グランカナル）』（1959年 / ロジェ・ヴァディム監督 / フランス・イタリア）
NO.004『恋人たちの森』（1961年 / クロード・オータン=ララ監督 / フランス）
NO.005『恋はすばやく』（1961年 / レジナルド・デナム監督 / イタリア）

UN AMORE A ROMA

PEPE LE MOKO

EVA

VIVRE SA VIE

NO.007『望郷』（1937 年製作 / 1939 年日本初公開 / 1962 年リバイバル公開 / ジュリアン・デュヴィヴィエ監督 / フランス）
NO.008『エヴァの匂い』（1963 年 / ジョセフ・ロージー監督 / フランス）
NO.009『女と男のいる舗道』（1963 年 / ジャン=リュック・ゴダール監督 / フランス）

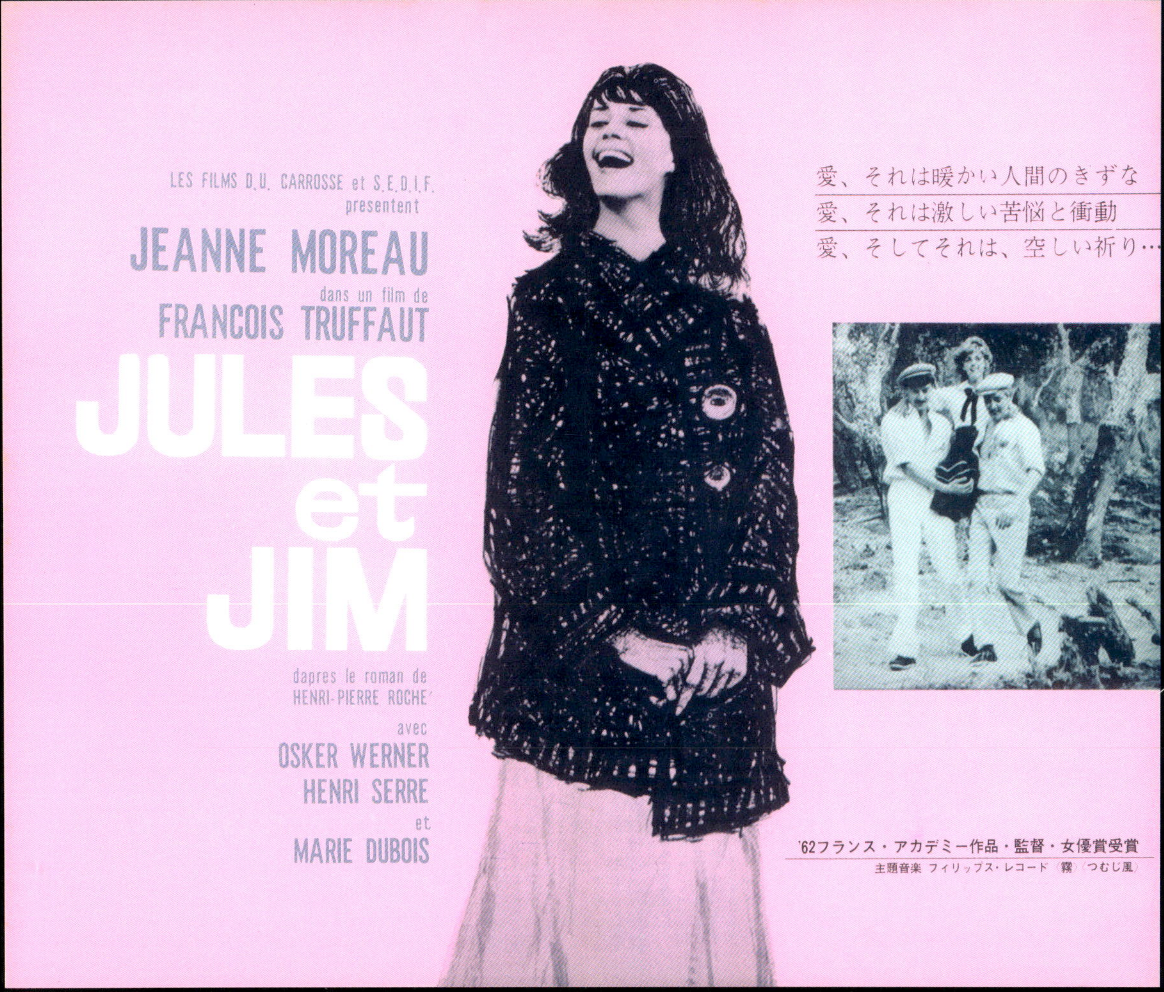
LES FILMS D.U. CARROSSE et S.E.D.I.F.
presentent
JEANNE MOREAU
dans un film de
FRANCOIS TRUFFAUT
JULES et JIM
dapres le roman de
HENRI-PIERRE ROCHE'
avec
OSKER WERNER
HENRI SERRE
et
MARIE DUBOIS
愛、それは暖かい人間のきずな
愛、それは激しい苦悩と衝動
愛、そしてそれは、空しい祈り…
'62フランス・アカデミー作品・監督・女優賞受賞
主題音楽 フィリップス・レコード（鑋）（つむじ風）

JULES ET JIM

カーク・ダグラス
シド・チャリシー
エドワード・G・ロビンソン
ロザンナ・スキャフィーノ
ジョージ・ハミルトン
クレア・トレバー
ダリア・ラビ
総天然色／シネマスコープ
名匠ヴィンセント・ミネリ監督
撮影ミルトン・クラスナー 音楽ディヴィッド・ラクシン
激情が波瀾を呼び、悲愁に傾ぬらす華麗の7大スター競演!!
明日になれば他人
●解説
原作は、人間の愛と復讐とかぎりない闘争の姿を、鋭く掘り下げたアーウィン・ショウのベストセラーであり、これを、「悪人と美女」「炎の人ゴッホ」で人間の深い内面の衝動と苦悩を見事にスクリーンに定着させて見せた、製作ハウスマン、監督ミネリ、主演カーク・ダグラスのコンビで映画化した恋愛ドラマの巨編である。
監督ヴィンセント・ミネリは、いうまでもなく「巴里のアメリカ人」「バンドワゴン」などのミュージカル傑作で知られたハリウッドの巨匠、「お茶と同情」以来その作風は次第に重厚さを増し、人間の愛情と苦悩を描いては並ぶもののない独自の地位を占めている。
この作品でも、彼は再び人間関係の愛憎をテーマにその野心を燃やしており、そのために選ばれたスターたちは、稀れに見る豪華陣である。
主演のカーク・ダグラスは、「チャンピオン」で一躍戦後ハリウッド・トップ・スターにのし上ったタフ・ガイであり、「炎の人ゴッホ」「逢う時はいつも他人」「スパルタカス」等多くの作品で、その精悍なマスクからただよう野性的な魅力とともに、すぐれた演技を見せて来た。その他「雨に唄えば」「ブラック・タイツ」のシド・チャリシー、「犯罪王リコ」「キー・ラーゴ」「賭場荒し」の名優エドワード・G・ロビンソン、今やハリウッド若手中のホープといわれる「肉体の遺産」のジョージ・ハミルトン、「駅馬車」「旧」のヴェテラン女優クレア・トレバー等のアメリカのトップスター達のほかに、欧州映画界の大スター、「明日なき夜」のダリア・ラビ、「挑戦」「勇者テンアス」でその豊満なグラマーぶりを見せつけたロザンナ・スキャフィーノが参加している。
MGMは、この製作に尨大なスタッフをローマに送り、物語の背景を構成する原地そのままを取り入れて、大がかりな製作が行われた。脚本はチャールス・シュニー、音楽はデヴィッド・ラクシンの担当である。（一一巻、九〇五米、映写時間一時間四十七分）
日本ヘラルド映画
Herald

TWO WEEKS IN ANOTHER TOWN

CHERCHEZ L'IDOLE

No.012『アイドルを探せ』（1964年 / ミシェル・ボワロン監督 / フランス）

LE MEPRIS

LE BONHEUR

DARLING

NO.013『軽蔑』（1964年／ジャン=リュック・ゴダール監督／フランス・イタリア・アメリカ）
NO.014『幸福（しあわせ）』（1966年／アニエス・ヴァルダ監督／フランス）
NO.015『ダーリング』（1968年／ジョン・シュレシンジャー監督／イギリス）

君の唇の
雨がきれいだ
港に降る
霧が美しい
行かないでくれ
今夜だけは――
感動とロマンチシズムの秀作！
日本ヘラルド映画
Herald
夜霧のしのび逢い
ジェニー・カレツィ／ディミトリ・パパミカエル主演／バシリ・ジョルジアデス監督
主題音楽 オデオン・レコード《サントラ盤》／東芝レコード《唄 越路吹雪》／フィリップス／コロンビア

THE RED LANTERNS

THE REMINISCENCES 1

当時、日本ヘラルド映画からは直接には連絡は一度もありませんでした。そもそもは、当時レコード会社の担当者のTさんがヘラルドとの間でタイアップの話を進めたようです。
LA Playa はあのとき 40 カ国以上で大ヒットしました。
初めて日本に来たときに、記者会見で「良い映画ですね」と言われましたが、何の話だろうかと思いました。でもおかげさまで映画も音楽も全国で大ヒットしましたので良かったと思います。
確かにぼくの人生には大きな、さらに大事な思い出です。
日本ヘラルド映画の OB の皆さんに 60 周年おめでとう、そして、ありがとう。

クロード・チアリ

HO!

VIVRE LA NUIT

GALIA

イーストマンカラー■シネマスコープ
太陽の強烈――
原色がギラギラ踊る
●マンガ 鋏《はさみ》 マシンガン 密輸 ダイナマイトに 愛と孤独の
ロづけ めくるめく自由に突ッ走る ピエロ！
Pierrot LE FOU
ジャン・リュック・ゴダール監督■
ジャン・ポール・ベルモンド■
アンナ・カリーナ■
ベニス映画祭青年批評家賞受賞■
原作／ライオネル・ホワイト■
撮影／ラウール・クタール■
音楽／アントワーヌ・デュアメル■
仏・フェリックス・フィルム大作■
映倫 42154
〈勝手にしやがれ〉〈軽……蔑〉
に続いて強烈なタッチで現代に
叩きつける
映画史上最高のゴダール作品！
気狂いピエロ
Herald 日本ヘラルド映画

PIERROT LE FOU

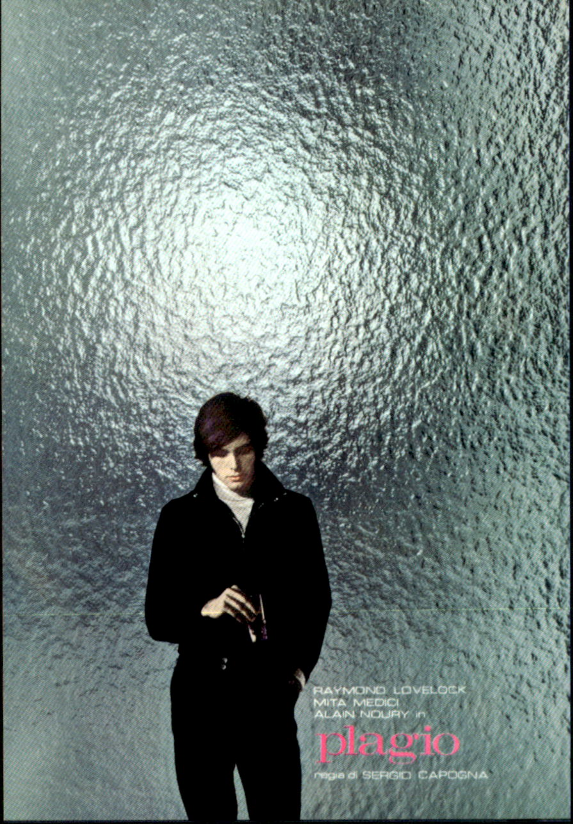
RAYMOND LOVELOCK
MITA MEDICI
ALAIN NOURY in
plagio
regia di SERGIO CAPOGNA

PLAGIO

初恋
FIRST LOVE
Herald

FIRST LOVE

"Le Souffle au Coeur"
〈カラー作品〉
ママさえも恋人にみえる
大人と子供の間のもどかしい15才
■鬼才ルイ・マルがきらめく太陽の中へ
青春映画を、思う存分前進させた！
好奇心
初恋のときめき
ブノワ・フェルー／レア・マッサリ／ダニエル・ジェラン　監督一名匠ルイ・マル　音楽チャーリー・パーカー　フランス映画／日本ヘラルド映画 Herald 映倫

LE SOUFFLE AU COEUR

ひきしお
よせてくる波は二人の愛を深め……
ひいてゆく潮は、ふと、二人を孤独に……
太陽と白砂の浜辺にドヌーブの髪は乱れ
愛は哀しくきらめく――
ドヌーブ／マストロヤンニ話題のコンビで
現代の愛のゆくえをさぐる問題の秀作
カトリーヌ・ドヌーブ
マルチェロ・マストロヤンニ
コリンヌ・マルシャン
監督マルコ・フェレーリ
原作エンニオ・フライアーノ
フランス・イタリア合作
Marcello Mastroianni
Catherine Deneuve dans
MELAMPO
un film de Marco Ferreri
〈カラー作品〉日本ヘラルド映画
Herald

LIZA

NO.021『ガラスの部屋』(1970年 / セルジオ・カポーニャ監督 / イタリア)
NO.022『初恋(ファースト・ラヴ)』(1971年 / マクシミリアン・シェル監督 / イギリス・フランス・スイス・西ドイツ・アメリカ)
NO.023『好奇心』(1972年 / ルイ・マル監督 / フランス・イタリア)
NO.024『ひきしお』(1972年 / マルコ・フェレーリ監督 / イタリア・フランス)

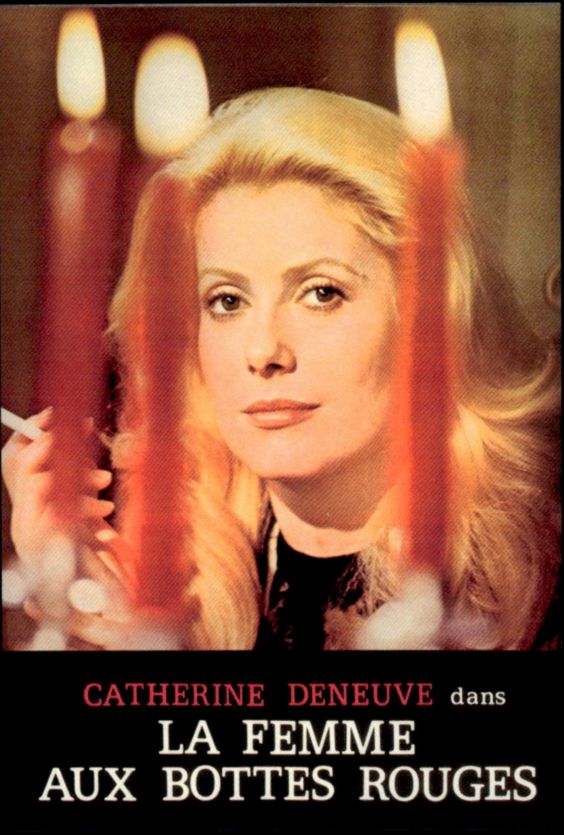

CATHERINE DENEUVE dans
LA FEMME
AUX BOTTES ROUGES

LA FEMME AUX BOTTES ROUGES

JEAN PAUL BELMOND dans
Stavisky
Réalisateur ALAIN RESNAIS

STAVISKY...

When Harry Met Sally...
私たち友だち。だからSEXしません!?
BILLY CRYSTAL
ビリー・クリスタル
MEG RYAN
メグ・ライアン
CARRIE FISHER キャリー・フィッシャー
BRUNO KIRBY ブルーノ・カービィ
ESTELLE REINER エステル・ライナー
監督:ROB REINER ロブ・ライナー
脚本:NORA EPHRON ノーラ・エフロン
製作:ROB REINER ロブ・ライナー、ANDREW SCHEINMAN アンドリュー・シェイマン
音楽:HARRY CONNICK, Jr. ハリー・コニックJr.
撮影:BARRY SONNENFELD バリー・ソネンフェルド / 美術:JANE MUSKY ジェーン・マスキー
衣裳:GLORIA GRESHAM グロリア・グレシャム / 1989年 / アメリカ映画 / 配給:日本ヘラルド映画
Comedy sensation Billy Crystal (Throw Mamma From the Train, Running Scared) stars with the talented Meg Ryan (Top Gun), Carrie Fisher (the Star Wars series, The Blues Brothers, Shampoo, Hannah and Her Sisters) and Bruno Kirby (The Godfather, Part II; Good Morning, Vietnam) in this romantic comedy, produced by highly popular and critically acclaimed filmmakers Rob Reiner (Stand By Me, The Princess Bride) and Andrew Scheinman (The Sure Thing, Stand By Me, The Princess Bride), written by celebrated author Nora Ephron (Silkwood), and directed by Reiner for Castle Rock Entertainment in association with Nelson Entertainment.
恋人たちの予感

WHEN HARRY MET SALLY...

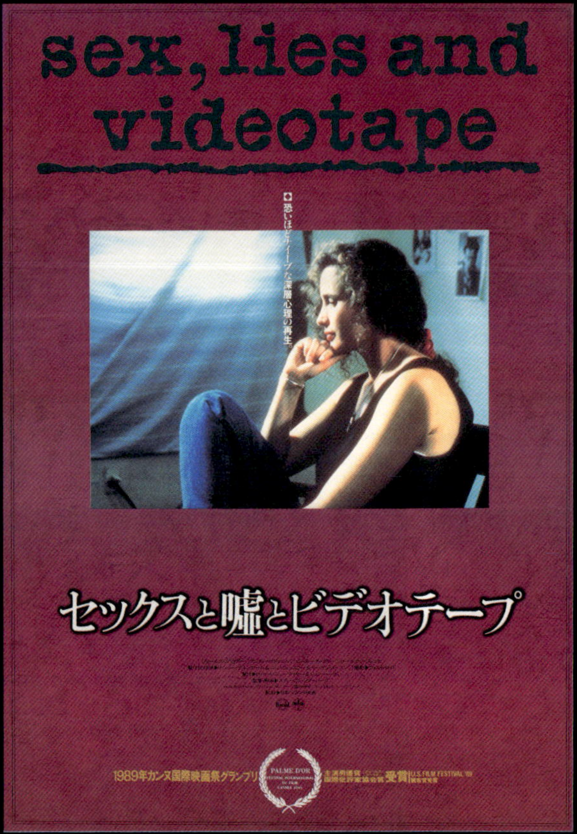

sex, lies and videotape
恐いほどナイーブな深層心理の再生。
セックスと嘘とビデオテープ
1989年カンヌ国際映画祭グランプリ
PALME D'OR
受賞
U.S. FILM FESTIVAL '89

SEX,LIES AND VIDEOTAPE

NO.025『赤いブーツの女』(1975 年 / フアン・ルイス・ブニュエル監督 / フランス・イタリア)
NO.026『薔薇のスタビスキー』(1975 年 / アラン・レネ監督 / フランス)
NO.027『恋人たちの予感』(1989 年 / ロブ・ライナー監督 / アメリカ)
NO.028『セックスと嘘とビデオテープ』(1989 年 / スティーヴン・ソダーバーグ監督 / アメリカ)

CHAPTER2

WITH STARDOM OF ALAIN DELON

アラン・ドロン人気と共に

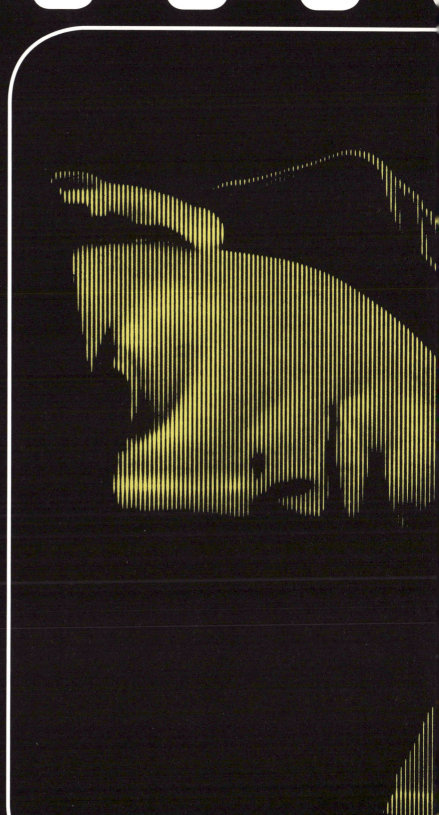

煮え湯を飲まされた『地下室のメロディー』事件の真相、
そしてドロンのスキャンダルを逆手にとった『太陽が知っている』

1963年3～4月に初来日した時のアラン・ドロンの様子

1963年3月29日、第三回フランス映画祭のゲストとして、女優のマリー・ラフォレ、監督フランソワ・トリュフォーらと共にアラン・ドロンは初来日を果たした。当時のドロン人気のすさまじさを言葉で表すのは難しいが、東和配給の『お嬢さん、お手やわらかに！』、新外映配給の『太陽がいっぱい』の2作品で人気沸騰したドロンは日本の映画ファン、それも女性だけでなく男性ファンをも魅了していた。後発の洋画配給会社であるヘラルドもまた、ドロン人気に勝機を見出すべく、1962年1月に『素晴らしき恋人たち』、12月に『太陽はひとりぼっち』を公開していたが、前者はオムニバス作品でしかもコスチューム物、後者は音楽がヒットしたものの、ミケランジェロ・アントニオーニ監督らしい“愛の不毛”を描いた実存主義的な作風で、ドロン本来の“野心的な若者”像とは程遠い内容だった。

そのドロンの新作で、共演が戦前からのフランス映画界の大スター、ジャン・ギャバン、しかも内容はカジノの売上金強奪を巡るサスペンスフルな一編となれば、日本のインディペンデント系洋画配給会社の間で争奪戦になることは火を見るよりも明らかだった。そして、スターであるのみならず、ビジネスマンとしても野心家であったドロンは、プロデューサーからその新作、すなわち『地下室のメロディー』の日本配給権をどこの会社に売るのかについての全権を委任されたセールスマンの役割を兼ねて、フランス映画祭ゲストとして来日したのだ。当然、ドロン作品4本配給の実績のある老舗東和、『学生たちの道』を配給していた映配、そしてヘラルドの三つ巴の戦いが予想された（新外映はこの年の11月には倒産して富士映画となる直前で、いわば死に体だった）。

実はヘラルドは先手を打って、元コロンビア映画極東支配人にして占領期の米メジャーの一元的配給機構であったセントラル・モーション・ピクチュア・エクスチェンジ社（CMPE）の生みの親でもある大物マイケル・ベルゲルを取締役として招き入れ、早くも前年1962年の12月にヨーロッパに派遣してこの作品買い付けの下交渉を始めていた。ヘラルドの当初のオファー額は8万ドルだったと言われているが、やがて東和が9万ドル、映配が10万ドルで交渉に乗り出し、そのどこにもOKが出ないまま来日に至った。ドロンは当時内幸町の大阪ビル1号館にあったヘラルド本社を表敬訪問して12万5千ドルでの契約を持ち掛け、4月1日に滞在先の帝国ホテルで仮契約への調印の運びとなった。フランス映画祭はその1日から開幕、8日に東商ホールで行われた『地下室のメロディ』上映前の舞台挨拶で、ドロン自身の口から「ヘラルドの配給が決まった」と発表され、東和の川喜多長政社長は怒って席を立ったという。……因みに公開時の邦題は『地下室のメロディー』と音引きが付けられたが、それは古川勝巳社長がタイトルは7文字とか9文字とか字数にこだわっていたためで、同じ“メロディー”でも『小さな恋のメロディ』は音引き無しで9文字としている。また、大スターのドロンが来たというので大阪ビルに入っていた企業では女子社員たちが一目見ようと大騒ぎとなり、ヘラルドの総務にはそれらの会社から「仕事にならない」と苦情が押し寄せたことは言うまでもない。

その後、東和の川喜多社長が渡仏調査し、ヘラルドの契約金が更に一割、手数料として追加されていたことを確認、帰国後の外配協理事会で、フランス側にいいように手玉に取られて値が釣り上げられたことを問題視し、業界の和を乱す契約を破棄するようヘラルドに求めた。ヘラルドとしては東和の横やりが入れば東宝系での公開は不可能であり、かといって松竹・東急系にしても松竹系列の映配が反対すれば困難となる。最終的には解散後のイタリフィルムを引く継ぐ形で設立された東京第一フィルムの曽我正史社長（ヘラルドが買収した際のNCCの取締役会長でもあった）の調停もあり、ヘラルド・東和・映配の三社共同配給という形での公開となる旨が7月11日に外配協から発表されたが、古川勝巳社長は悔しさのあまり男泣きに泣いたと言われている。……この顛末は、新参者で東宝とも松竹とも資本関係がないヘラルドの立場の厳しさを物語るが、単に新参者いじめと捉えるよりも、翌1964年から実施されることになっていた洋画配給の自由化へ向けての各社の試行錯誤、そして“友好的競争相手”という関係を構築する上での産みの苦しみだった、と捉えるべきだろう。

三社共同配給とはいえ、実質的には配給業務はヘラルド単独で行い、8月17日に公開した封切り館の日比谷映画では二日目の日曜日には洋画としての新記録を達成、「キネマ旬報」の業界動向を分析するコラム「TOPIC JOURNAL」で「ヘラルドは東和を抜いて独走態勢に入ったかたち」と言われる“第一期黄金時代”の到来となった。

また、『地下室のメロディー』公開に先立ち、ヘラルドでは有楽町の映画街にほど近い数寄屋橋交差点の交番のはす向かい（現在ソニービルが建っている場所）に、約10坪ほどの「ヘラルド・シネサロン」というスペースを開設している。これは前売り券を販売すると同時にポスターや看板などでこれから封切る新作の告知を行うためのアンテナ・ショップで、中には冷水サービス、

烈迫の気合いに唸りを生ずる殺しの右腕
非情の閃光に躍り出た孤独の一匹狼！
アラン・ドロン主演／ カラー作品
サムライ
LE SAMOURAÏ
絶賛前売中！
16日（土）よりロードショウ
日比谷映画
『サムライ』（1968年）新聞広告

〈カラー作品〉
アラン・ドロン／ロミー・シュナイダー／モーリス・ロネ
太陽が知っている
監督ジャック・ドレイ〈フランス映画〉
全世界に沸騰する話題の中で
不死鳥の如く甦った問題の男ドロン！
〈太陽がいっぱい〉に続いて殺人者ドロンが太陽の下で再び挑む完全犯罪！
何か知ってる——
脅迫にも似た
太陽の光がまぶしい！
G・W（ゴールデンウィーク）ロードショ
〈日本ヘラルド映画〉
新宿 ミラノ座
松竹 セントラル
渋谷 パンテオン
『太陽が知っている』（1969年）雑誌広告

ジューク・ボックスなどが置かれて、若い映画ファンのデート・スポットとして機能してヘラルドの大躍進を下支えした。

ヘラルドの成長とアラン・ドロンの全盛期は絶妙に重なっており、その後もヘラルドでは1964年に『黒いチューリップ』、1965年に『太陽がいっぱい』（リバイバル公開）、1968年3月に『サムライ』、7月に『さらば友よ』、1969年にオムニバスの『世にも怪奇な物語』とドロンの主演作を続々と配給した。中でも、同じく日比谷映画で封切られたジャン＝ピエール・メルヴィル監督の『サムライ』では、寡黙でストイックな殺し屋役を演じきったドロンの新境地もあって大ヒット、続いて日比谷映画で公開された『さらば友よ』ではアメリカのチャールズ・ブロンソンとの競演で注目され、ヘラルド配給・ドロン主演・日比谷映画封切りの作品群はヒットの代名詞となった。

ところが、そんな最中の1968年10月、元ドロンの秘書兼ボディガードだったステファン・マルコヴィッチがパリ郊外でバラバラ死体となって発見される“マルコヴィッチ事件”が起こった。フランスの警察は映画で度々魅力的なギャングや殺し屋を演じるドロンを快く思っていなかったこともあり執拗に容疑者扱いの尋問を繰り返したという。その真っ只中でドロンが主演した作品がLA PIACINEで、実生活でのドロンの元婚約者であったロミー・シュナイダーが恋人役で共演、そして内容はドロンが恋人の元婚約者モーリス・ロネ（『太陽がいっぱい』でドロンに殺された）を嫉妬のあまりプールで殺害、執拗な警察の尋問を切り抜けて完全犯罪が成立する、というもの。ヘラルドではこの作品に『太陽が知っている』という邦題を付け、1969年4月に公開したが、そのキャッチ・コピーでは「全世界に沸騰する話題の中で――不死鳥の如く甦った問題の男ドロン！」というワイドショー的な関心を煽るものだった。ドロンもヘラルドも逆境をビジネス・チャンスに変えてしまう逞しさを持っていた、と評価すべきだろう。

その後も、ヘラルドは『暗黒街のふたり』（1974年）、『ボルサリーノ2』（1975年）、『チェイサー』（1978年）と1970年代の終わりまでドロン主演作を配給しているが、ジャン・ギャバンとの久々の、そして最後の共演となった『暗黒街のふたり』では先に邦題を決めてしまったものの、届いた作品を観たら更生した元犯罪者と保護司の話だったため、担当宣伝プロデューサーだった滝上幸次郎は頭を抱えてしまったという。1980年代のミニ・シアター時代に入ってから配給した『スワンの恋』（1984年）では、ドロンはゲイの男爵という脇役で、時代の移り変わりを感じさせるものだった。

『チコと鮫』（1963年）
『禁じられた恋の島』（1963年）
『地下室のメロディー』（1963年）
雑誌広告

恋とスターがいっぱい！デラックスでエレガントな世紀のラブ・ロマンス！
素晴らしき恋人たち
0大スター絢爛の顔合せ！
アラン・ドロン
ブリジット・バルドー
マリー・ラフォレ
ジャン・ポール・ベルモンド
ジャン・クロード・ブリアリ
ダニー・ロバン
アニー・ジラルド
シモーヌ・シニョレ
エドウィージュ・フイエール
ピエール・ブラッスール
「お嬢さん、お手やわらかに」の名匠
ミシェル・ボワロン監督
ジルベール・ボカノフスキー　フランス・ロージュ
ロベール・ル・フェーブル　モーリス・ジャール
総天然色★シネマスコープ
AMOURS CÉLÈBRES
日本ヘラルド映画配給

LES AMOURS CELEBRES

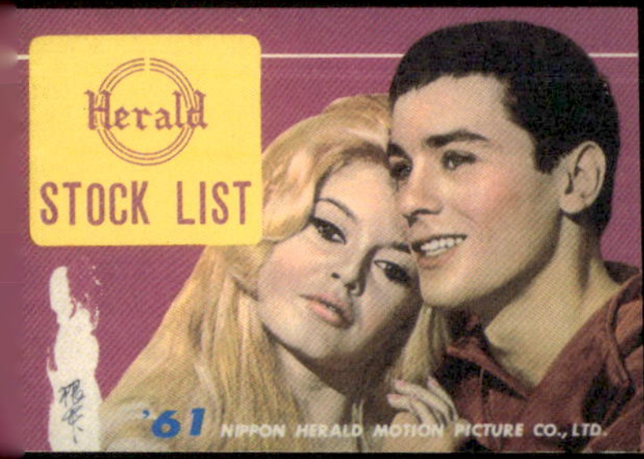

(1961 STOCK LIST)

(1962 STOCK LIST)

L'ECLIPSE

太陽は
'62年カンヌ映画祭審査員特別賞受賞
ひとりぼっち
「情事」の鬼才　ミケランジェロ・アント
アラン・ドロン
モニカ・ヴィッティ
音楽　ジョヴァンニ・フスコ
主題音楽　ビクターレコード
日本ヘラルド映画
Herald

L'ECLISSE

MELODIE EN SOUS-SOL

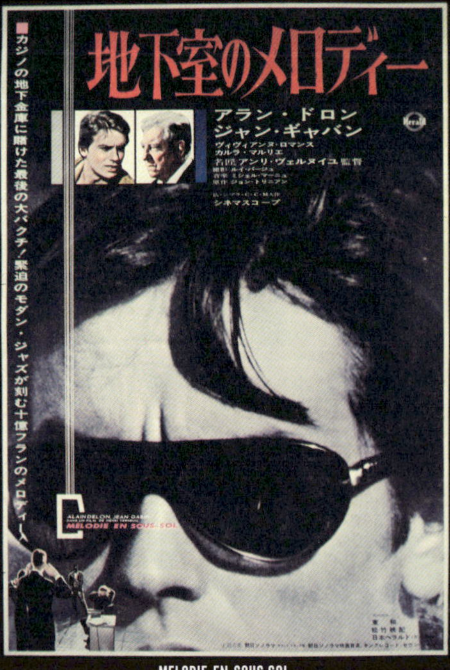

MELODIE EN SOUS-SOL

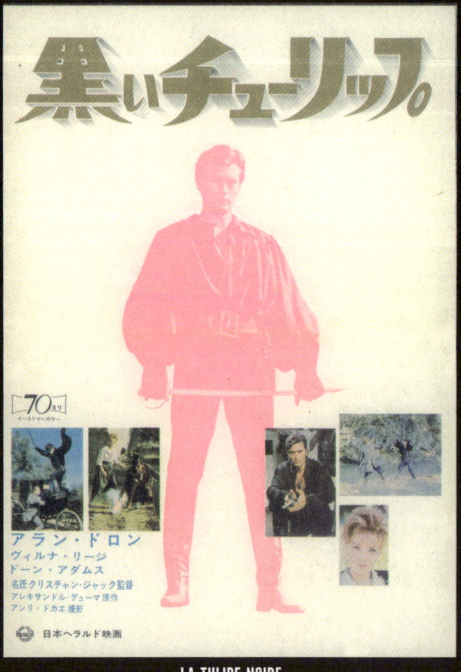

LA TULIPE NOIRE

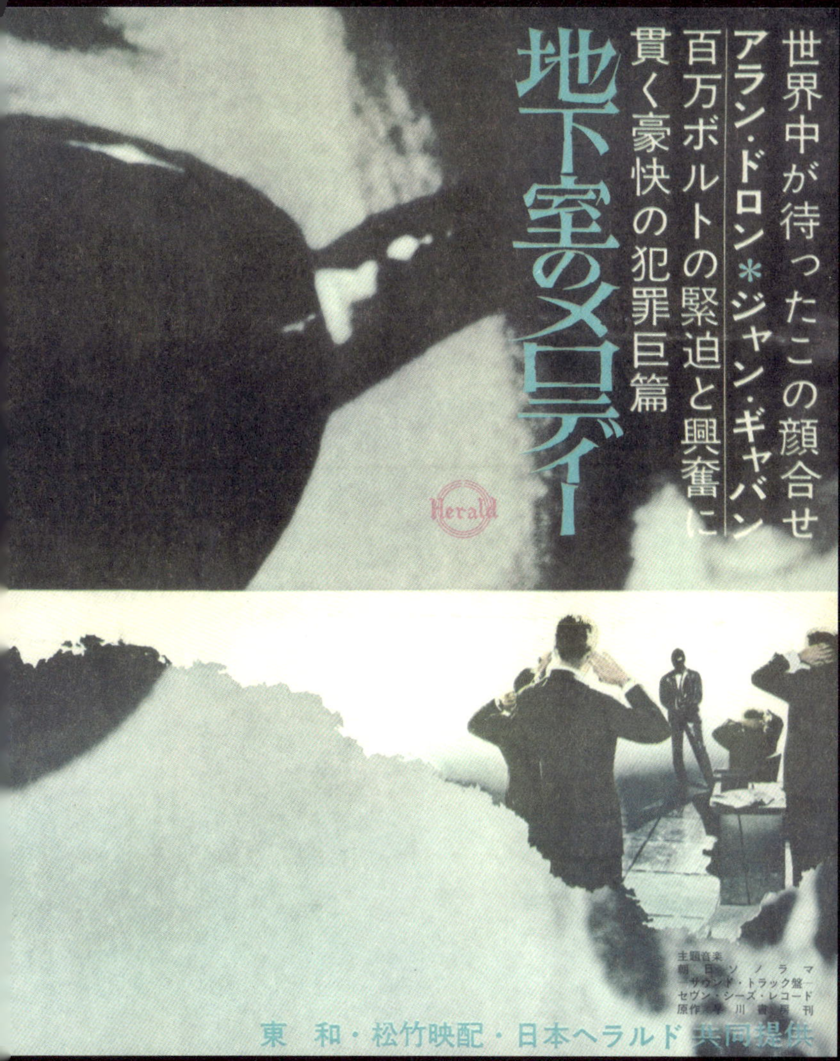

LA TULIPE NOIRE

LE SAMOURAI

NO.033『サムライ』(1968年 / ジャン=ピエール・メルヴィル監督 / フランス)

ADIEU L'AMI

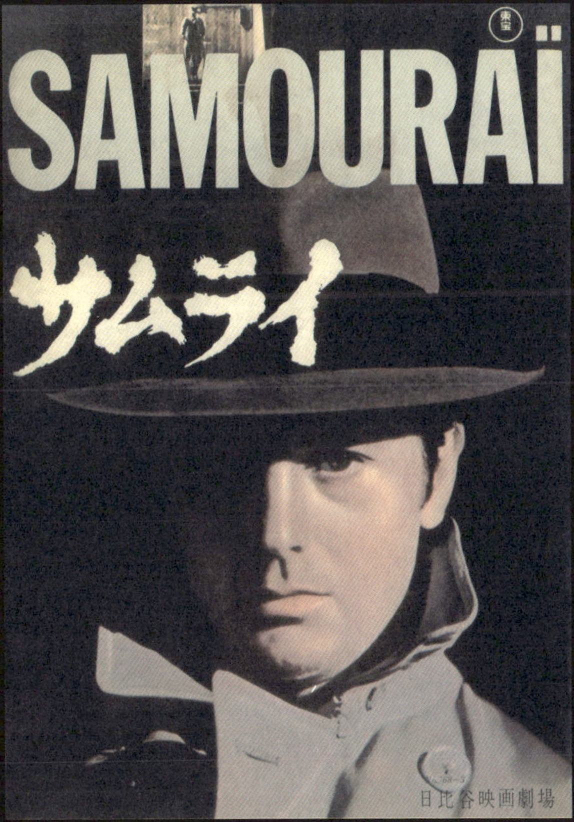

LE SAMOURAI

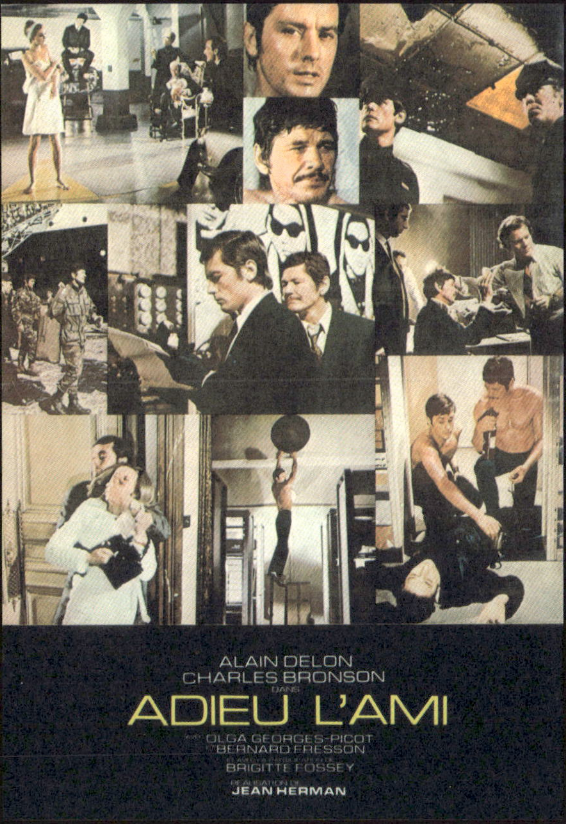

ADIEU L'AMI

PLEIN SOLEIL

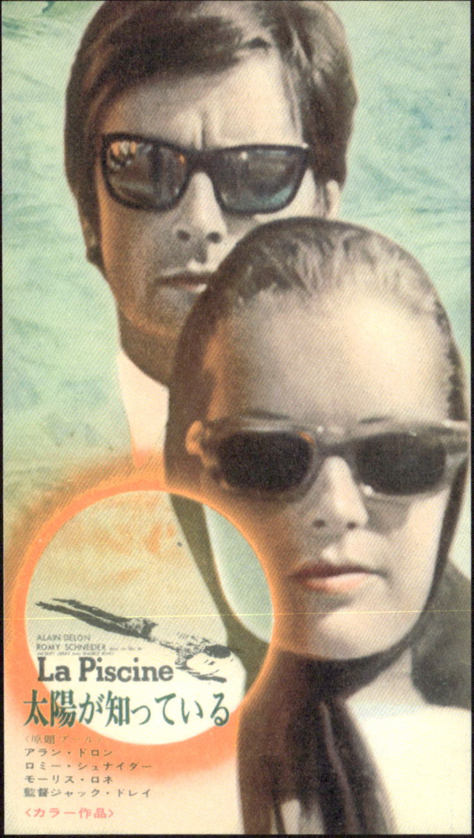

LA PISCINE

TRE PASSI NEL DELIRIO

NO.036『太陽が知っている』(1969 年 / ジャック・ドレー監督 / フランス・イタリア)

NO.037『世にも怪奇な物語』(1969 年 / ロジェ・ヴァディム監督、ルイ・マル監督、フェデリコ・フェリーニ監督 / フランス・イタリア)

ドロン、ギャバン最後の顔合せか！フランスはモンペリエ、闇に細い閃光を放って砕け散るドロン悲痛な青春！
暗黒街のふたり
指のすきまから
こぼれ落ちてしまう
つかもうとすると
抱きしめようとすると
……しあわせ が………
DEUX HOMMES DANS LA VILLE
〈カラー作品〉
アラン・ドロン
ジャン・ギャバン
ミムジー・ファーマー
監督ジョゼ・ジョバンニ
日本ヘラルド映画
Herald

DEUX HOMMES DANS LA VILLE

BORSALINO AND CO.

DEUX HOMMES DANS LA VILLE

MORT D'UN POURRI

UN AMOUR DE SWANN

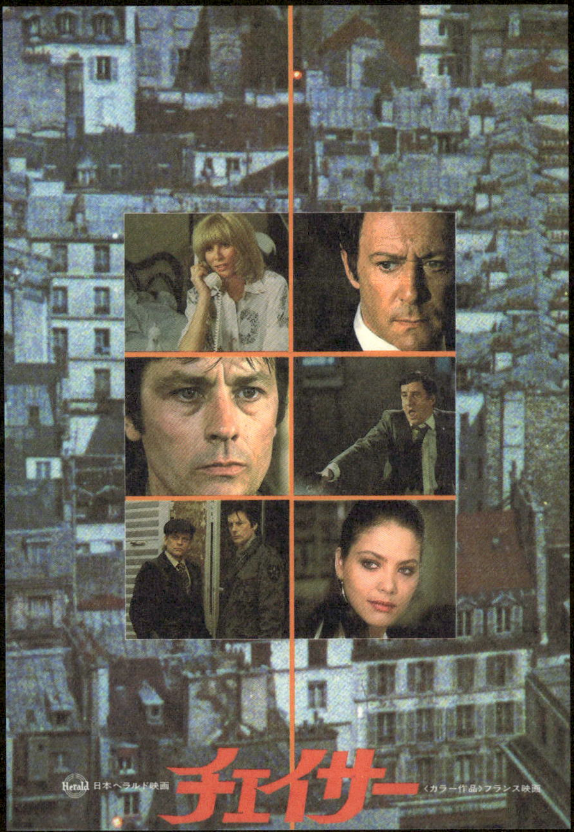

MORT D'UN POURRI

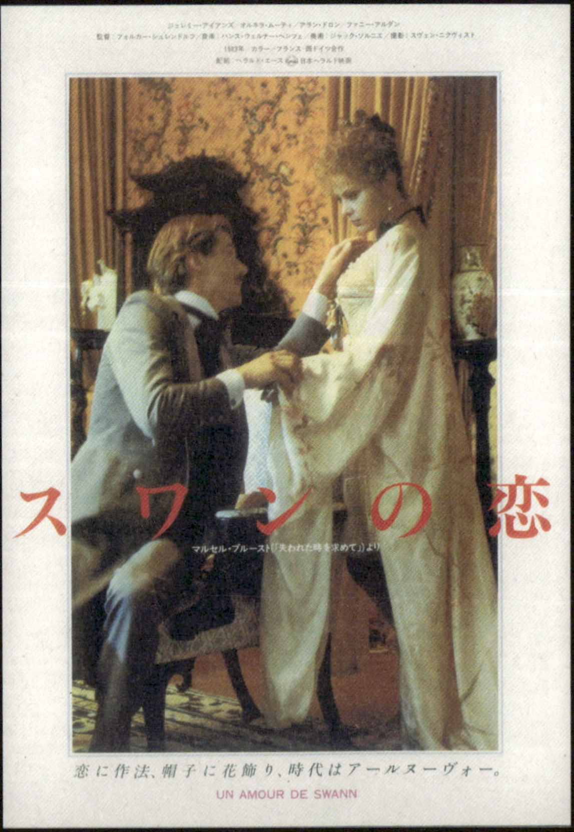

UN AMOUR DE SWANN

NO.040『チェイサー』（1978年 / ジョルジュ・ロートネル監督 / フランス）
NO.041『スワンの恋』（1984年 / フォルカー・シュレンドルフ監督 / フランス・西ドイツ）

CHAPTER 3

LITERARY CLASSIC FILMS

文芸映画

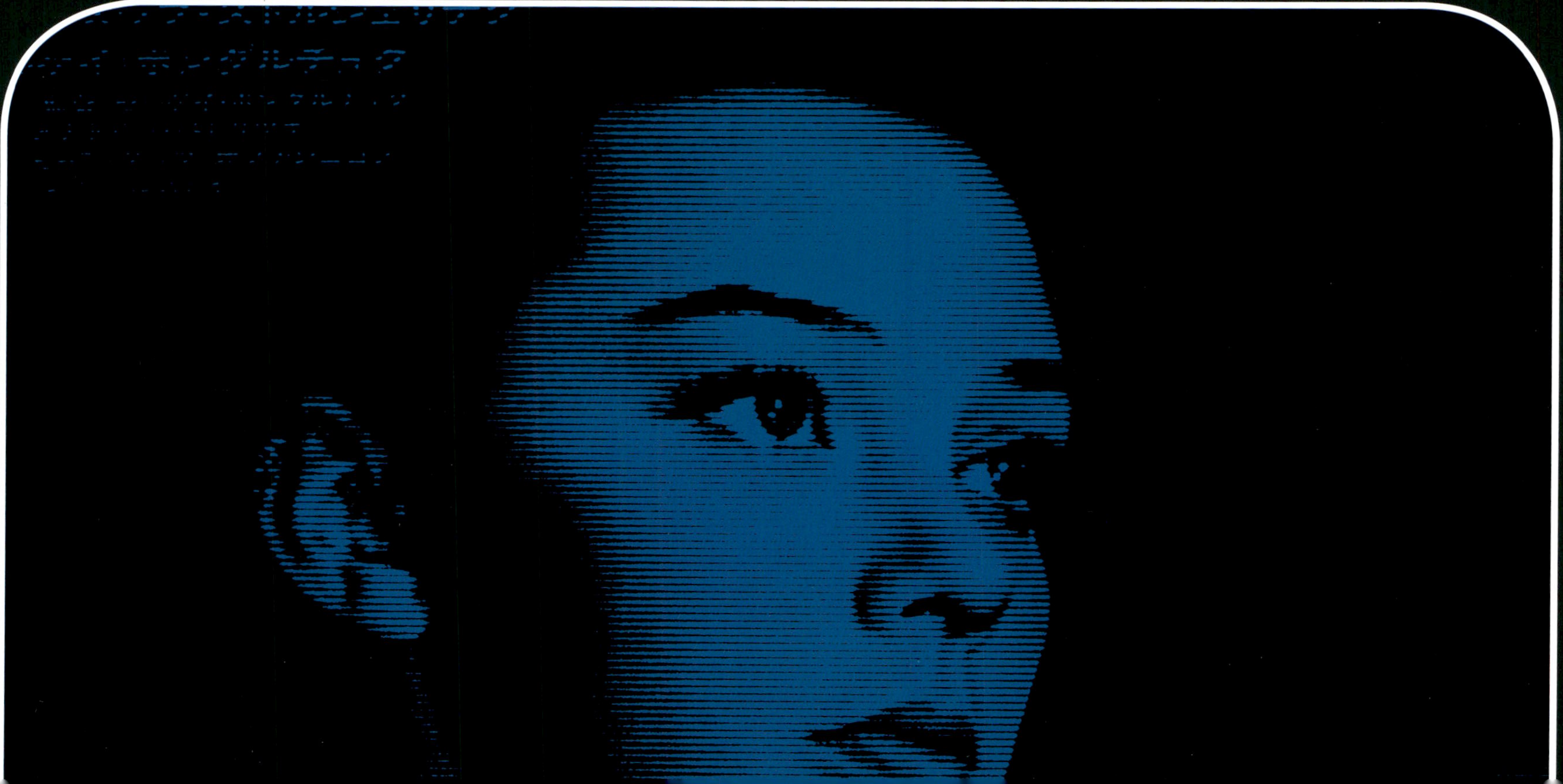

20万人動員で大ヒットさせた『戦争と平和』に始まる
ヘラルドによるソ連・ヨーロッパ製の文芸大作路線！

『戦争と平和』（1965年）キャンペーン一行

『戦争と平和』（1965年）を表紙に起用したファンクラブ会報 Herald Cine Friend 第4号

『戦争と平和』を表紙に使用した1966年ストックリスト

『戦争と平和』第二部を表紙に使用した1967年ストックリスト

1966年7月23日、「最高の文学を最大のスケールで描く70ミリ映画の巨峰！」のキャッチフレーズで大宣伝を敢行した『戦争と平和』〈第一部〉が満を持して公開された。東京のメイン の劇場、丸の内ピカデリーでは、開場が朝8時だったが、5時半には長蛇の列ができており、打込み時の9時には1380席の全席満員札止め、その時点で第二回目、第三回目の上映分の切符もすべて売り切れた。大阪のなんば大劇場でも、一部自由席があるため札止めにはしなかったものの、午前10時の打込み時には1100席すべてが満員となった。……最終的に『戦争と平和』〈第一部〉の配給収入は2.7億円に及ぶことになるが、それを可能にしたのは宣伝の浸透と徹底的な団体動員の獲得だった。丸の内ピカデリーでは封切り翌日の午後1時の回はサントリービールの特別鑑賞会、さらにその翌日の朝9時の回は河出書房への貸切り興行だったというが、上映劇場独自の営業努力も当然あったにせよ、ヘラルドの渉外部では、「20万人の動員を獲得せよ」との吉野金太郎営業部長からの大号令の下、前田三郎渉外部営業課長らが中心となって高校、一部私立中学などへの動員攻勢をかけ、目標の20万人をクリアーし後に社内で特別表彰された。その結果として、封切り日前の7月12日から丸の内ピカデリー、松竹セントラル、東劇の三館で朝9時から学校動員を開始し、7月中だけで3万人をこなすに至っていたのだ。

因みに、東京地区の洋画興行チェーンは、前年まで東宝、松竹、東急の三大チェーンだったが、東京地区のロードショー興行、一般封切りの54%ものシェアを東宝が独り占めしている状況に危機感を募らせた松竹と東急が手を組むことになり、STチェーンが1965年3月に成立していた。『戦争と平和』〈第一部〉の時にはまだチェーンの組み合わせが変則的だったが、翌1967年11月28日に『戦争と平和』〈完結編〉が公開されるときには、松竹セントラル、渋谷パンテオン、新宿ミラノ座のいわゆる“セパミ”チェーンが成立しており、『戦争と平和』〈完結編〉はこの巨大チェーンで上映され、年内だけで1.9億の配給収入という成績を残している。

団体動員とは別に、宣伝キャンペーンもまたソヴィエト映画としては異例の大規模なものだった。1966年6月19日、監督兼ピエール役のセルゲイ・ボンダルチュク、アンドレイ役のヴェチェスラフ・チーホノフ、そしてナターシャ役のリュドミラ・サベーリエワら一行がキャンペーンのために来日し、7月

7日までの19日間、様々なメディアの取材に応えたり、話題作りのために『おはなはん』撮影中の松竹撮影所を訪問したりと、精力的に映画の宣伝に協力した。70ミリ超大作とはいえ、ソヴィエト映画に来日キャンペーンが行なわれ、ハリウッド超大作並みに一流劇場で拡大ロードショー公開されて大ヒットする、というのは今日では考えられないが、半世紀前の日本ではそれが可能なだけの、ハリウッド映画に対するオルタナティヴ文化の受容へのキャパシティも成熟度もあったということだろう。トルストイの原作を出版している河出書房とのタイアップも力を入れたが、北海道支社で当時入社六年目だった高田弘によれば函館の劇場にまでトルストイ全集を送ってもらい、それをディスプレイして宣伝したお陰で大ヒットし、気を良くした須貝興行が旭川の劇場でもヘラルド作品をかけてくれたのだという。まさに、『戦争と平和』という超一流の文化的イヴェントを仕掛けたからこそ、ヘラルド自身が一流の配給会社として全国の興行会社から認められたのだと言える。

ソヴィエト映画とヘラルドとの関わりは1960年の『大宇宙基地』というSF映画、そして1962年の『戦場』と短編映画『ネバ河』からだが、ヘラルドが配給割当本数を増やすために合併した会社の一つである大洋映画も元々はソ連映画配給の北星商事だったし、ソベクスポルトフィルム（ソ連映画輸出協会）は頭金だけ入れてあとは支払わないような日本の業者に困っていたそうで、古川勝巳社長によれば「信用のある人と商売したいと向こうから話があったから乗り出した」のだという。ヘラルドがデザインした『戦争と平和』のポスターは全世界で使われ、また日本の市場を考えると少し長すぎるというヘラルド側の要望に応えてボンダルチュク監督自身が30分近くカットしてくれたというエピソードも残っているほど、ヘラルドとソヴィエト映画界とは相性が良かったのであろう。その後も、ヘラルドでは同じく70ミリ大作の『チャイコフスキー』（1970年）、リュドミラ・サベーリエワ主演の『帰郷』（1972年）、70ミリ大作『情熱の生涯　ゴヤ』（1972年。ソ＝東ドイツ合作）、ショーロホフ原作の『静かなるドン』（1976年。リバイバル公開）、伝説のバレリーナの伝記映画で有楽町マリオンの日劇プラザの柿落し興行となった『アンナ・パブロワ』（1984年。ソ＝英合作）といったソヴィエト製の文芸大作の数々を公開しているほか、『戦争と平和』〈総集編〉を1972年4月に丸の内ピカデリーで凱旋興行させている。……もちろん、第14章で詳述するように、このソヴィエトとの太いパイプがあったからこそ、苦境にあった黒澤明監督にソヴィエト映画『デルス・ウザーラ』で復活させる橋渡し役をヘラルドが務めることになったのである。

文芸大作というジャンルが女性を中心とする観客の支持を得ていたということもあるのだろう、ヘラルドでは1970年代、1980年代を通じて数多く文芸大作を配給している。1970年代

『戦争と平和』（1965年）を表紙に使用したファンクラブ会報 Herald Cine Friend 第5号

『チャイコフスキー』（1970年）キャンペーン

『ジェーン・エア』（1971年）キャンペーンで来日した女優スザンナ・ヨーク

『情熱の生涯 ゴヤ』（1972年）キャンペーン

だと、スザンナ・ヨーク主演によるシャーロット・ブロンテ原作の『ジェーン・エア』（1971年）、リリアーナ・カヴァーニ原作・脚本・監督、シャーロット・ランプリング主演の『愛の嵐』（1975年）、三島由紀夫の原作を日＝英合作の形で映画化（日本側のプロデューサーは奥田喜久丸）した『午後の曳航』（1976年）、そしてルキノ・ヴィスコンティ監督の遺作となった『イノセント』（1979年）などの作品が挙げられる。

いわゆる“ハリウッド・テン”から生還した伝説の脚本家ダルトン・トランボの唯一の監督作『ジョニーは戦場へ行った』（1973年）もそんな中の一本だが、この作品の場合は米国で苦戦していた中で何とか海外に売り込みたいということで、フランク・シナトラの三番目の妻の父親だという男（ミア・ファローの養父ということになる）が正規の税関手続きを経ずに手荷物で新橋駅前ビル1号館のヘラルド本社に持ち込んできた。これを試写したところ、当時の波多野三郎専務が感激し、ヘラルドで引き受けることに決まったという。

さらに1980年代以降も、アンジェイ・ワイダ監督の『大理石の男』（1980年）、トーマス・ハーディの原作をロマン・ポランスキーが映画化した『テス』（1980年）、クロード・ルルーシュ監督の『愛と哀しみのボレロ』（1981年）、デイヴィッド・パットナム製作のスペクタクル巨編『ミッション』（1987年）、ウィリアム・ケネディの原作をヘクトール・バベンコ監督が描いた『黄昏に燃えて』（1988年）、女流彫刻家の生涯をイザベル・アジャーニが熱演した『カミーユ・クローデル』（1989年）、アレクサンドル・デュマ原作、同じくアジャーニ主演の『王妃マルゴ』（1995年）といった作品が続いた。フランシス・コッポラが甦らせたサイレント期のアベル・ガンスの大作『ナポレオン』のリバイバル公開（1982年）では、フランシスの父カーマイン・コッポラが自身のスコアを指揮したフル・オーケストラ演奏付きの上映をNHKホールで実施し、大きな話題を集めた。

高の文学を最大の
スケールで描く 70ミリ映画の巨峰！

『戦争と平和』（1965年）キャンペーン一行と古川勝巳社長、大阪での関係者一同

最高の文学を
最大のスケールで描く
空前の豪華超大作！
製作費百十億円！撮影日数五か年！
世界文学史上に永遠の光を放つ
文豪トルストイの原作完璧映画化！
ソビエト映画界が全世界に贈る堂々の戦争ロマン！
■65モスクワ映画祭グラン・プリ受賞
Война
и
мир
シネマスコープ
総天然色
戦争と平和
〈第一部〉
リュドミラ・サベーリエワ
ビャチェスラフ・チーホノフ
セルゲイ・ボンダルチュク
イリーナ・スコーブツェワ
アナスタシア・ベルチンスカヤ
製作・監督＝セルゲイ・ボンダルチュク
原作＝レフ・トルストイ
脚色＝セルゲイ・ボンダルチュク
ワシーリー・ソロビヨフ
撮影＝アナトリー・ペトリツキー
作曲＝ビャチェスラフ・オフチンニコフ
ソビエト・モスフィルム製作／ソベクスポルト・フィルム提供
■邦訳
河出のカラー版世界文学全集
日本ヘラルド映画

VOINA I MIO

VOINA I MIO

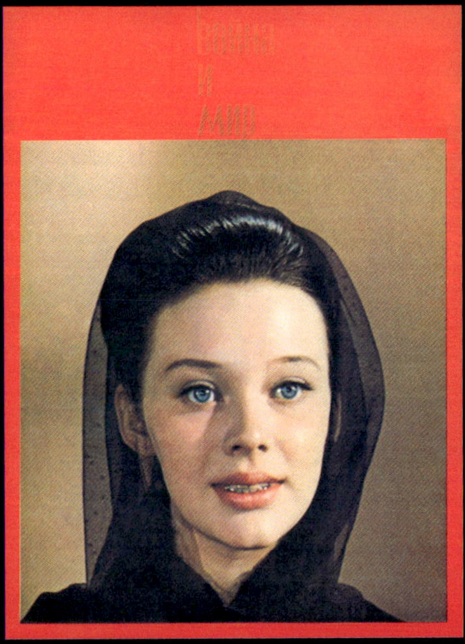

VOINA I MIO

VOINA I MIO

NO.043『戦争と平和』第2部（完結篇）（1967年／セルゲイ・ボンダルチュク監督／ソ連）
NO.044『戦争と平和』（総集篇）（1972年／セルゲイ・ボンダルチュク監督／ソ連）

VOINA I MIO

VOINA I MIO

霧ふかき
ソーンフィールドの古城に
美しく烈しく
悲しみの愛がきらめき——
ヒースの花咲きみだれる
暖かい陽ざしの中に
いま…永遠を誓う
＊〈愛の聖書〉として
全女性の感動を呼ぶ
ベストセラーを
美しい色彩で飾り
再びあなたに贈ります
カラーの新作に
ご期待ください！
Susannah YORK' George C. SCOTT
in Charlotte Brontë's
JANE EYRE
スザンナ・ヨーク
ジョージ・C・スコット
監督 デルバート・マン
原作 シャーロット・ブロンテ
集英社刊〈デュエット版〉世界文学全集
主題曲　キャニオン・レコード
ジェーン・エア
〈カラー作品〉
アメリカ映画／日本ヘラルド映画
Herald

JANE EYRE

TRISTANA

TCHAIKOVSKY

BEG

GOYA

THE NIGHT PORTER

海から来た男の潮の香り……
少年はその香りに憧れた
母はその香りに身をまかせた

絢爛たる海と太陽のロマネスク——三島由紀夫が終生愛しつづけた名篇、ここに完璧映画化なる。

The Sailor
who fell from grace with the sea

午後の曳航《えいこう》

原作■三島由紀夫

クリス・クリストファーソン／サラ・マイルズ／ジョナサン・カーン／アール・ローデス

監督・脚本／ルイス・ジョン・カルリーノ　製作／マーチン・ポール　撮影／ダグラス・スロクーム　音楽／ジョン・マンデル

原作・講談社刊

Herald 〈カラー作品〉日本ヘラルド映画／日米合作

THE SAILOR WHO FELL FROM GRACE WITH THE SEA

■71年カンヌ映画祭審査員特別賞受賞
■72年度芸術祭大賞受賞
ジョニーは戦場へ行った
かつてないみずみずしさと美しさで
青春の輝き、生きることの強さ、尊さ、素晴らしさ――
執念の鬼才ドルトン・トランボが描く
＊カンヌ映画祭審査員特別賞を得て、本年度ベスト・ワンを狙う感動の秀作！
johnny got his gun
あの山、あの河
君を抱いた夜
いまは帰らぬ
想い出に泣くとも
君の温い手を
握ることすら出来ない
光もなく…ジョーはひとり
監督／原作／脚本ドルトン・トランボ■製作ブルース・キャンベル■原作／早川書房・角川文庫■撮影ジュールス・ブレンナー
アメリカ映画■日本ヘラルド映画〈カラー作品〉
Herald
ティモシー・ボトムズ
ドナルド・サザーランド
キャシー・フィールズ
ジェイスン・ロバーズ

JOHNNY GOT HIS GUN

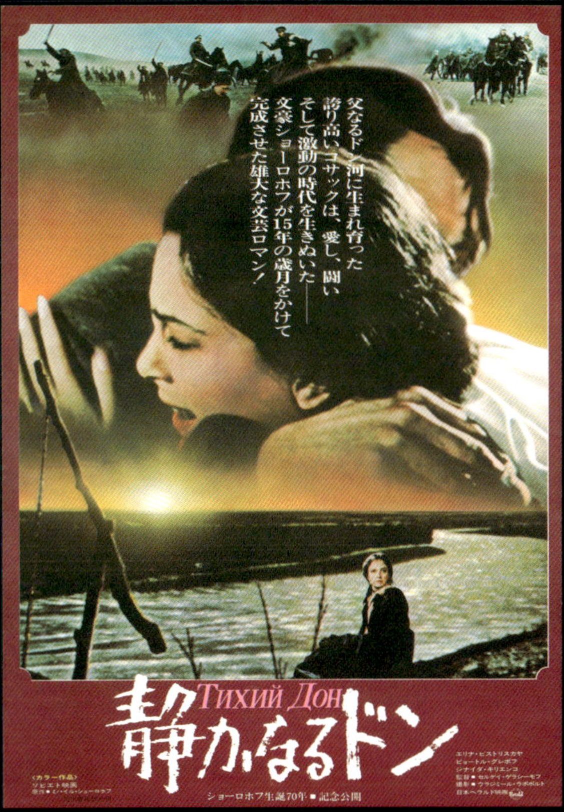

TIKHI DON

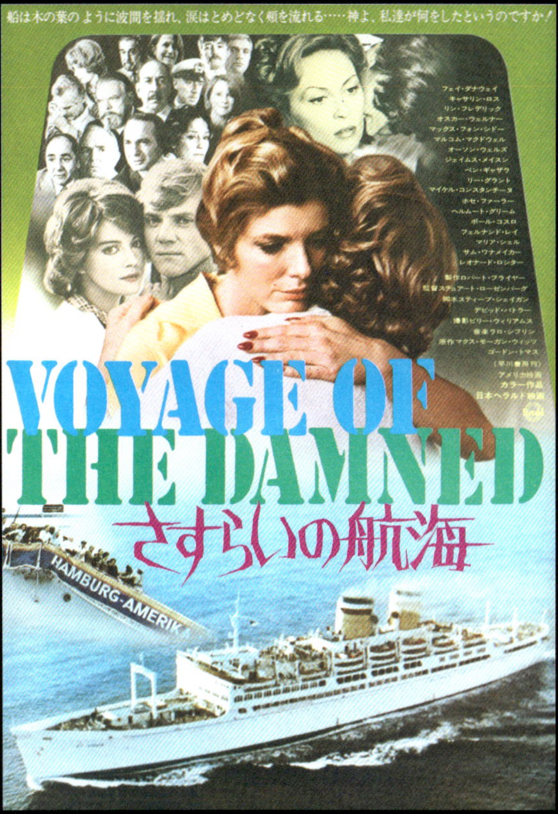

VOYAGE OF THE DAMNED

L'INNOCENTE

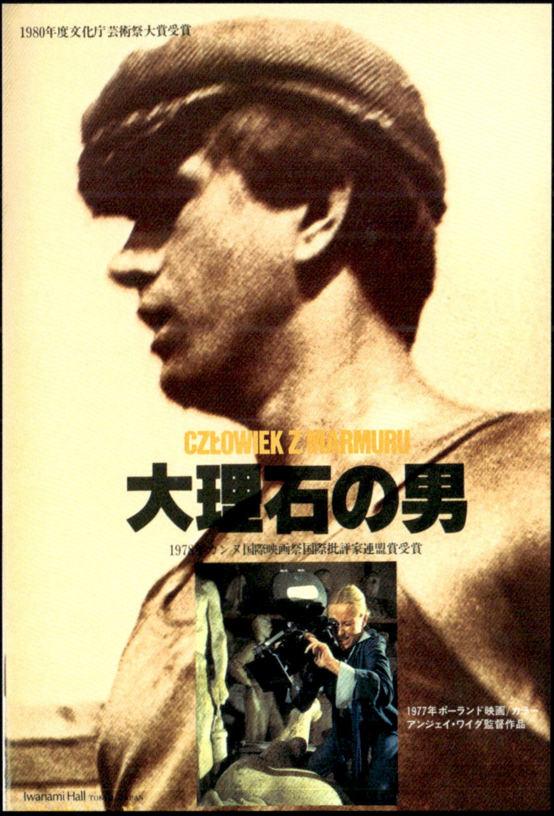

L'HOMME DE MARBRE

NO.053『静かなるドン（黎明編）』（1958年／1976年リバイバル公開／セルゲイ・ゲラーシモフ監督／ソ連）
NO.054『さすらいの航海』（1977年／スチュアート・ローゼンバーグ監督／イギリス・スペイン）
NO.055『イノセント』（1979年／ルキノ・ヴィスコンティ監督／イタリア）
NO.056『大理石の男』（1980年／アンジェイ・ワイダ監督／ポーランド）

ANNA PAVLOVA

神に叛き、地に逆い、アンデスの地に黄金郷《エルドラド》を求めた男よ！
ニュー・ジャーマン・シネマの旗手、 W・ヘルツォーク執念の意欲作。
AGUIRRE, DER ZORN GOTTES
Ein Film von Werner Herzog
アギーレ・神の怒り

AGUIRRE, DER ZORN GOTTES

テス
Tess
テスがはじめて愛を知った日、ヒースの丘に悲しみの風が舞った。

TESS

NAPOLEON

NAPOLEON

いま、
四つの国境を越えて
四人の音楽家が
いのちの詩を歌いに
パリに集まった──
戦争を生きた
彼らの父と母の
愛と哀しみは
消えることはない──
運命のボレロは
永遠に鳴りひびく──
UN FILM DE CLAUDE LELOUCH
LES UNS ET LES AUTRES
製作●監督●脚本 クロード・ルルーシュ／音楽構成●オリジナル音楽 フランシス・レイ＋ミシェル・ルグラン
愛と哀しみのボレロ

LES UNS ET LES AUTRES

NO.058『アギーレ・神の怒り』(1983年／ヴェルナー・ヘルツォーク監督／西ドイツ)
NO.059『テス』(1980年／ロマン・ポランスキー監督／フランス・イギリス)
NO.060『ナポレオン』(1927年製作／1981年修復／1982年／アベル・ガンス監督／黒澤明、フランシス・フォード・コッポラ監修／フランス)
NO.061『愛と哀しみのボレロ』(1981年／クロード・ルルーシュ監督／フランス)

THE MISSION

IRONWEED

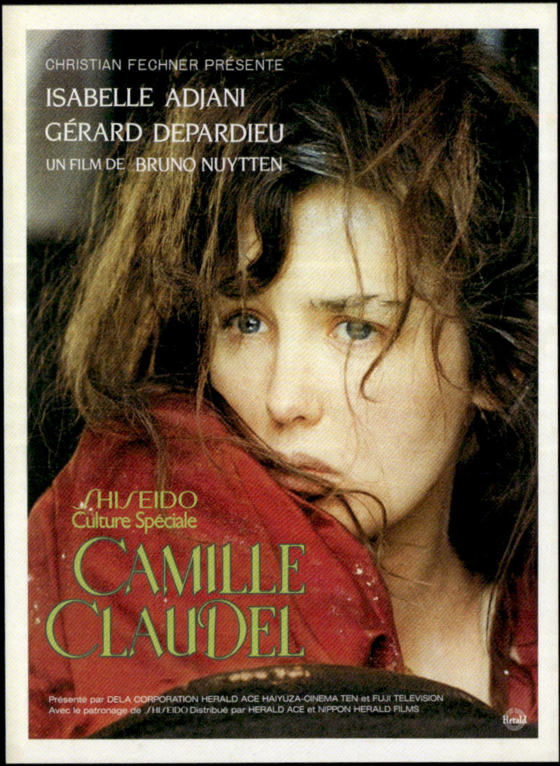

CAMILLE CLAUDEL

LA REINE MARGOT

NO.062『ミッション』（1987年／ローランド・ジョフィ監督／イギリス）
NO.063『黄昏に燃えて』（1988年／ヘクトール・バベンコ監督／アメリカ）

CHAPTER4

ADVANCE INTO ANIMATION

アニメーションへの進出

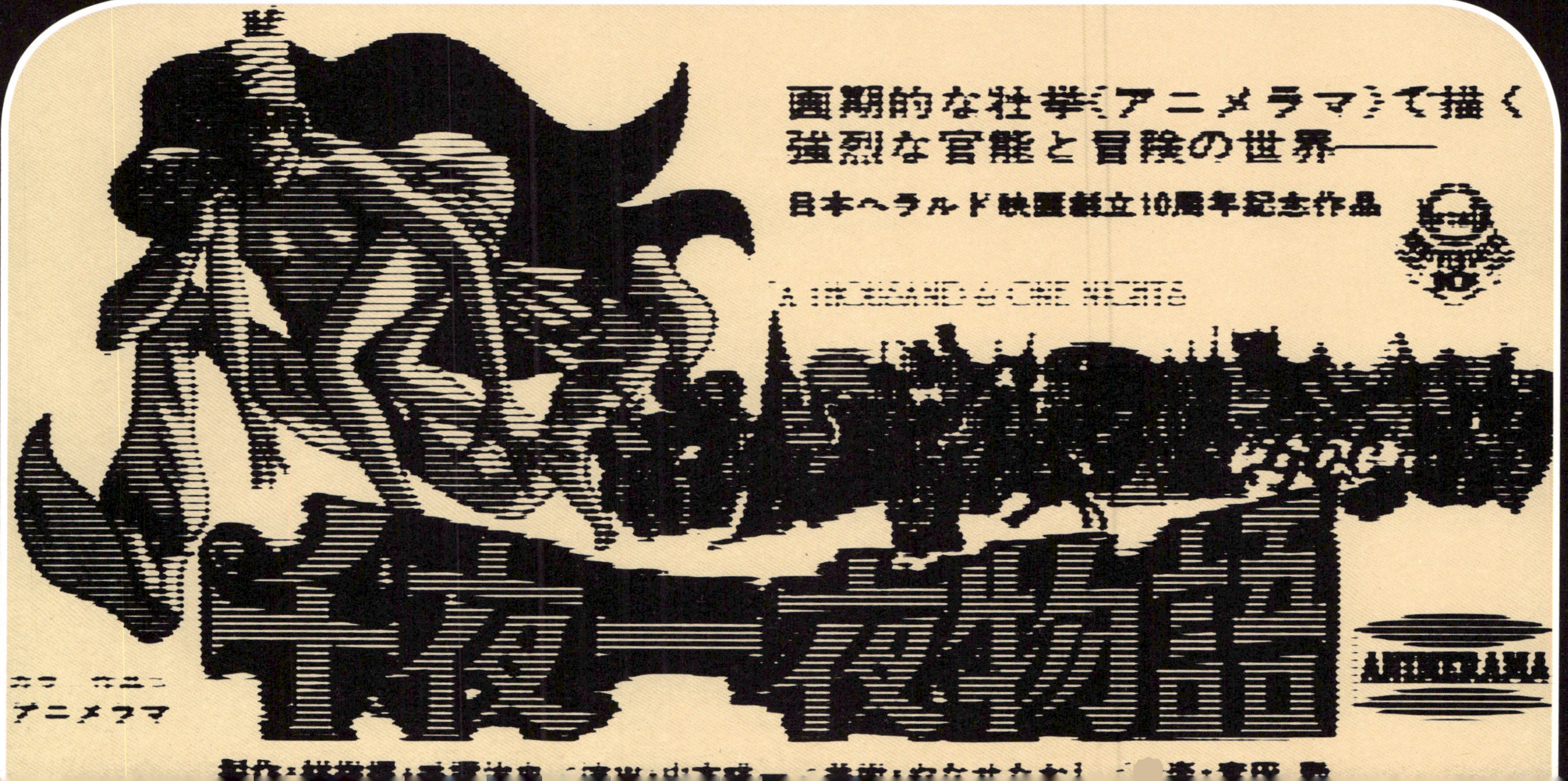
画期的な壮挙〔アニメラマ〕で描く
強烈な官能と冒険の世界——
日本ヘラルド映画創立10周年記念作品
千夜一夜物語
ANIMERAMA
アニメラマ

公開日4日前でも未完成だった綱渡りの『千夜一夜物語』
公開後に毎週シーンを差し替えた『クレオパトラ』

『千夜一夜物語』（1969年）記者会見時の様子（上、下）

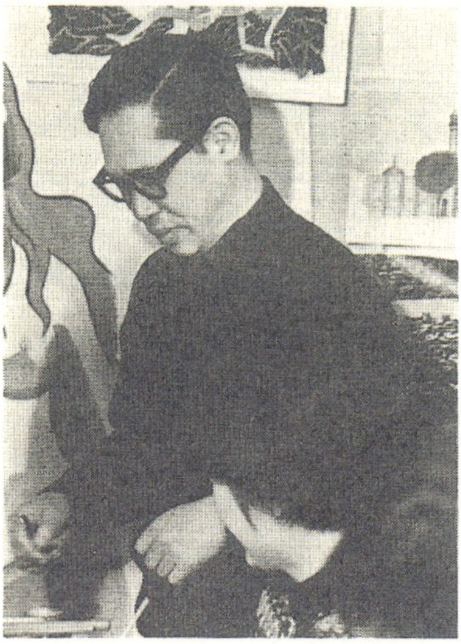

『千夜一夜物語』（1969年）で作画を担当した
やなせたかし

外国映画の配給会社としてスタートした日本ヘラルド映画だが、配給の仕事とはつまりよその国で誰かが作った作品を日本のマーケット向けに加工（邦題をつけ、ポスターのデザインを決め、キャッチ・コピーをつける）し、マーケティングのポイントとなる要素を抽出して拡大し、日本の観客に対して提案していく、という仕事だ。この仕事で信用を勝ち取ってきたヘラルドが次に手掛ける領域として映画の製作という部分に踏み出していったのは配給会社としての枠を超えた活動であることは論を待たないが、同時にまた当然といえば当然だ。初めからコンセプトを決め、見せたいものを作っていくほうがダイレクトに観客とコミュニケートできるからだ。そして、ヘラルドが最初に映画製作に乗り出したジャンルこそが、アニメーション映画だった。

1968年7月17日、ヘラルドは手塚治虫率いる虫プロと共同でカラー・アニメ『千夜一夜物語』を製作すると発表、業界内外からの注目を集めた。当時、虫プロはTV用アニメ『鉄腕アトム』『ジャングル大帝』『リボンの騎士』などでTVアニメ界のパイオニアとしての地位を確立、さらに『ある街角の物語』『展覧会の絵』のような実験アニメ映画の製作でも高い評価を受けていた。

「大人向け長編娯楽作品で、エロティシズムを売りにしたアニメーション」の製作を虫プロに依頼したヘラルドは、題材そのものについては虫プロに一任。その結果、ゲーテの『ファウスト』やボッカチオの『デカメロン』といった候補の中から、最終的に『千夜一夜物語』が選ばれ、1968年7月17日に東京会館スカイルームにて古川勝巳社長、虫プロ社長の手塚治虫が並んで記者会見を行った。上映劇場は収容人員の大きな“セパミ”チェーン（松竹セントラル、渋谷パンテオン、新宿ミラノ座）と決まり、声の配役も確定して年明けの1月13日には主役アルディン役の青島幸男らと再び記者会見、と期待は大きく膨らんだ。因みに青島は前年7月の選挙で参議院議員に当選したばかりと、話題性にも事欠かなかった。当初予定では3月完成、6月14日公開のスケジュールだったが、完成は遅れに遅れ、完成披露試写の6月10日にもまだダビングが完了しておらず、四巻目以降は試写が始まってから渋谷公会堂に届くという綱渡りだった。だが、史上初のアニメラマ（アニメとシネラマからヘラルドが合成した造語）『千夜一夜物語』は大ヒットし、この年の邦画としては第三位の成績を記録した。

この成功に気を良くした両社では直ちにアニメラマ第二弾を企画、1970年3月27日に、赤坂プリンスホテルで『クレオパトラ』製作発表記者会見が行われた。劇場は同じく“セパミ”チェーンに、公開は8月末と決まった。だが1969年11月に開始されていた製作はまたしても大幅に遅れており、当時虫プロに詰めていた入社五年目の井関惺は営業部長の沖本忠晴に進言し、公開日を9月15日に変更してもらったという。だが、その時点であと5万枚のはずだった絵コンテを、手塚治虫は25万枚も出してきて、そのままではさらに三週間の公開延期をしないと間に合わないこととなった。議論の末、セル画の間に合わない部分は手塚の描いた線画の絵コンテそのものに音だけ入れて撮影し、公開後にセル画で撮影したカラーに差し替えることになり、結果的には、一週ごとにカラー部分を増やしていって、公開四週目の最後の週になって漸くすべてカラーに差し替えられたというから、観客のほうではいつ見たのかによって毎週ヴァージョンが違っていたということになる。もっとも、前作『千夜一夜物語』も含めて実験的な手法を多く取り入れていたこともあり、公開当初の線画を撮影した部分は却って「芸術的だ」と評判が良かったというからわからないものだ。

虫プロとの第三弾は大衆娯楽路線から前衛的な小品へと大きく舵を切り、ジュール・ミシュレ原作の『魔女』に基づいた『哀しみのベラドンナ』となり、1973年6月の公開で劇場は東宝系のみゆき座が用意された。興行的には、『千夜一夜物語』は大ヒット、『クレオパトラ』は期待外れ、そして『哀しみのベラドンナ』は大惨敗を喫し、虫プロ倒産の原因ともなったのだが、挿絵画家の深井国の水彩画をフィーチャーし、作画監督として杉井ギサブローを起用した本作の芸術性は高く評価され、ポスターは引っ張りだこだったという。因みに手塚治虫は本作の前に虫プロ社長の座を辞したために本作には関わっていない。また、今日では本作を含めてアニメラマ三部作と呼ばれているものの、本作では新たにアニメロマネスクという造語がキャッチフレーズとして用いられていた。

タイトルの“哀しみ”は1971年1月公開の『哀しみのトリスターナ』でも用いたが、映画のタイトルにおいて“かなしみ”を“悲しみ”ではなく“哀しみ”という表記にしたのはヘラルドが最初である。

なお、ヘラルドでは三部作の海外配給を当初から想定していたため、国内での公開終了後も手塚プロ（虫プロとは別会社）との接点は持ち続け、たとえばTVアニメ『ジャングル大帝』をイタリアへ売る交渉の窓口を務めたほか、1978年の日テレの第

『千夜一夜物語』（1969年）チラシ

『クレオパトラ』（1970年）チラシ

『哀しみのベラドンナ』（1973年）新聞広告

第一回24時間テレビ「愛は地球を救う」（1978年）で放映された手塚プロ制作のアニメ『地球100万年の旅 バンダーブック』は、ヘラルド出版より書籍化された

『あしたのジョー』（1980年）でサイン会を行うちばてつやとゲストの松本零士

『あしたのジョー』（1980年）の原作はヘラルド出版より発売された

『銀河鉄道の夜』（1985年）公開時に配布した缶バッジ

『銀河鉄道の夜』を表紙にした1985年ストックリスト

一回24時間テレビ「愛は地球を救う」の中で放送されたTVアニメ『100万年地球の旅　バンダーブック』の書籍化を企画し、ヘラルド出版が刊行している。

アニメの製作、あるいは配給に関しては、ヘラルドはその後もシネマワーク（京都）の伊藤正昭、グループ・タックの田代敦巳らと組んで1970年代から1980年代にかけて一連の作品、すなわち『ジャックと豆の木』（1974年）、『11ぴきのねこ』（1980年）、『象のいない動物園』（1982年）、『ごんぎつね』（1985年）、『銀河鉄道の夜』（1985年）、『11ぴきのねことあほうどり』（1986年）、『紫式部　源氏物語』（1987年）に関わっていくことになった。特に『銀河鉄道の夜』『紫式部　源氏物語』の二本は朝日新聞グループとのコラボレーションで大きな話題となり、また『銀河鉄道の夜』は有楽町マリオンの朝日ホールでの初めての長期映画興行として成功を収めた事でも記憶される。因みに、田代敦巳や、『哀しみのベラドンナ』の作画から『ジャックと豆の木』『銀河鉄道の夜』『紫式部　源氏物語』では監督を務めた杉井ギサブローは虫プロから独立した人材であり、元を辿れば最初に手掛けたアニメラマ三部作で培った人脈、そして劇場用長編アニメ公開のノウハウが、後々までヘラルドの一つの路線として継続性を持ったと言えるだろう。

アニメ製作に関しては、ほかにも、三協映画、富士映画と組んで、ちばてつや原作の人気マンガのアニメ映画化作品として、1980年に『あしたのジョー』、1981年に『あしたのジョー2』を製作し、大ヒットさせている。当時は『宇宙戦艦ヤマト』の大ヒットをきっかけとした一大アニメ・ブームが起こっていたが、『あしたのジョー』でも関西支社の倉庫からポスターが盗まれるなど、熱狂的なアニメ・ファンの存在がある種の社会現象になっていたのである。

一般的な洋画ファンとはやや異なる客層であるアニメ・ファンに対して、どのような手法で、どのような媒体をターゲットに宣伝していけば有効か、という経験則も蓄積されていたヘラルドでは、外国製アニメ映画の配給も手掛けている。代表的なものには『シャーロットのおくりもの』（1973年）、『ペイネ　愛の世界旅行』（1974年）などがあるが、とりわけ後者の場合は映画の公開を通じて原画の作者レイモン・ペイネとの関係を深め、そのキャラクターのマーチャンダイジング・ビジネスをヘラルド・エンタープライズで請け負っていたことも特筆すべきことであろう。

全世界の注目を浴びて華麗なるアラビアン・ナイト堂々完成！
映画史上初めての手法《アニメラマ》で描く
美とエロチシズム溢れる陶酔の2時間！
虫プロダクション作品
A THOUSAND & ONE NIGHTS
ANIMERAMA
〈カラー作品〉
アニメラマ
千夜一夜物語
製作・総指揮・脚本■手塚治虫／脚本■深沢一夫／演出■山本暎一／美術監督■やなせ たかし／音楽■冨田 勲
〈声の出演〉青島幸男／芥川比呂志／岸田今日子／劇団「雲」／演奏・唄■ザ•ヘルプフル•ソウル／ビクター・ワールド・グループ（主題音楽・サントラ盤）／原作・集英社刊

■総指揮・製作
手塚治虫
■監督
山本暎一
■脚本・構成
深沢一夫
手塚治虫
■美術監督
やなせたかし
■音楽
冨田　勲
■作画監督
宮本貞雄
■演奏・唄
ヘルプフル・ソウル（ビクター・ワールド・グループ）
■構成協力
大宅壮一／北杜夫／小松左京
熊井宏之
■声の出演
青島幸男／芥川比呂志／岸田今日子
伊藤幸子／小池朝雄／劇団「雲」
■原作　集英社刊
世界初の壮挙《アニメラマ》で描く官能と冒険の世界！
虫プロダクション作品■日本ヘラルド映画創立10周年記念作品
A THOUSAND & ONE NIGHTS
ANIMERAMA
カラー作品／アニメラマ
千夜一夜物語

カラー作品／アニメラマ
千夜一夜物語
虫プロダクション製作
日本ヘラルド映画10周年記念作品
■手塚治虫　■やなせたかし
■山本暎一　■深沢一夫
■大宅壮一／北　杜夫／小松左京
爽やかな初夏の候、皆様にはご壮健にてご活躍のこととお慶び申し上げます。
此度、日本ヘラルド映画が創立十周年を記念して企画し、虫プロダクションが製作にあたった〈アニメラマ〉「千夜一夜物語」がいよいよ完成いたしました。
今迄の日本映画には見ることのできなかったエンターテイメントとアニメーションの新らしい可能性の開拓を目指し、日本だけではなく、広く世界市場で通用する娯楽大作をして製作したこの「千夜一夜物語」は、アニメーションは子供のためのもの、とする既成概念を打ち破り、新らしいアニメーションの進むべき方向を明示したと自負できるもので、あえて〈アニメラマ〉と名付けたゆえんもここにあります。
その「千夜一夜物語」の完成披露試写を左記の如く行ないますので、ご多忙中とは存じますが、ぜひご高覧下さいますようご案内申し上げます。
株式会社　虫プロダクション
代表取締役　手塚　治虫
日本ヘラルド映画株式会社
取締役社長　古川　勝巳
記
一、日時　6月3日（火）　午后6時30分開場
〃7時　手塚治虫氏挨拶
〃7時15分上映
一、場所　なんば大劇場（大阪難波駅構内）
株式会社南海会館
松竹株式会社
東映株式会社

A THOUSAND & ONE NIGHTS
in EASTMANCOLOR/ANIMERAMA
"The world's first animated feature film for adults"
to reproduce the great adventures and ravishing
sensuality of "The Arabian Nights"

A THOUSAND & ONE NIGHTS
in EASTMANCOLOR ANIMERAMA/千夜一夜物語

A THOUSAND & ONE NAIGHTS

THE REMINISCENCES 2

『千夜一夜物語』は実写やミニチュアを併用した、ご承知のアニメラマという技法を考えたわけですが、異質感があって、効果はよくなかった。しかし可能性はあると思うんですよ。……こんどの『クレオパトラ』では、エリュアル・イメージという撮影をやっています。東洋現像と TBS とウチと、日本に三台しかない、オプチカル・プリンターをもっと複雑にしたような機械を使って、生きた俳優をうつしたフィルムと、その顔の部分をアニメにすりかえたものとを合成するんです。……まあ、バクチばっかりやってきたようなものですが、それがなくちゃ長続きしないんです。ブームに乗ると、しばらくはそれで通るが、子供の世界は一サークルが四、五年という短いものですからね。すぐ別のものを与えなくちゃならなんということになる。だからぼくも、こうして冒険をやってきたんです。ひとの後をついていたら安全というのは、この世界じゃ通りません。もっともこれは、すべてマスコミの世界に言えますね。

手塚治虫

※平井輝章「アニメーション「クレオパトラ」と手塚治虫」(「キネマ旬報」1970 年 7 月下旬号 =528 号) での手塚治虫の発言をもとに再構成した。

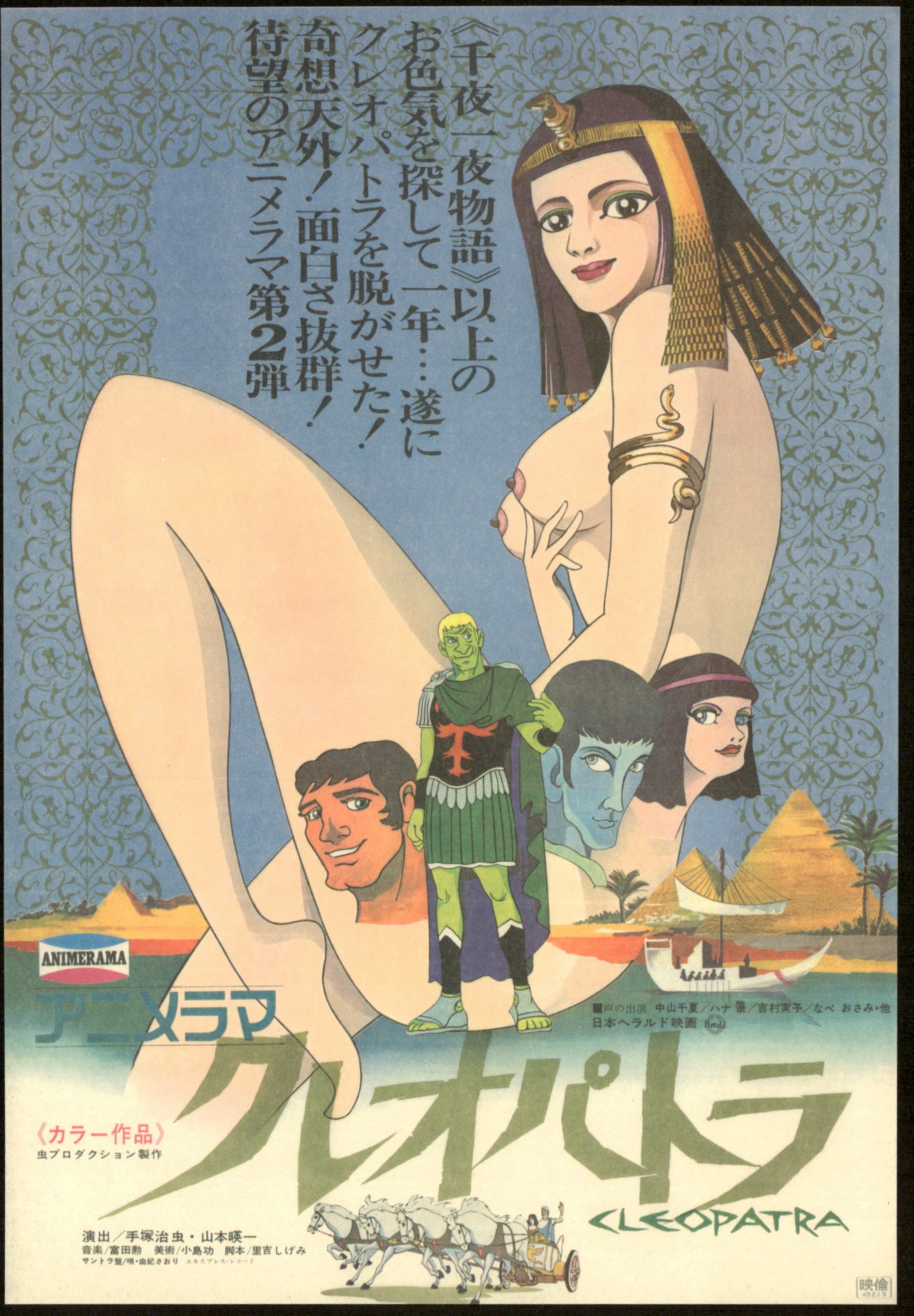
《千夜一夜物語》以上の
お色気を探して一年…遂に
クレオパトラを脱がせた！
奇想天外！面白さ抜群！
待望のアニメラマ第2弾
ANIMERAMA
アニメラマ
クレオパトラ
CLEOPATRA
《カラー作品》
虫プロダクション製作
■声の出演　中山千夏／ハナ 肇／吉村実子／なべ おさみ・他
日本ヘラルド映画
Herald
演出／手塚治虫・山本暎一
音楽／冨田勲　美術／小島功　脚本／里吉しげみ
サントラ盤／唄・由紀さおり　エキスプレス・レコード
映倫
45213

CLEOPATRA

CLEOPATRA

THE REMINISCENCES 3

ヘラルドが作った映画第一号、それが『千夜一夜物語』です。手塚治虫さんの虫プロと組んでやろうということになったんでね。
着想の妙というんかな。普通の35ミリではつまらん。世間はびっくりせんぞよというんで70ミリもどきでいきゃあ、それならおもしろかろうということになったんだよ。“アニメラマ”とか名付けてね。そのころは全国に70ミリを備えた劇場がそろってましたから。70ミリばりの宣伝をやりましたねえ。
しかも子供向けじゃあ、ありませんぞ。手塚さんのまんがは子供たちに結び付きやすいかも知れんが、それではどうってことないでしょ。エロチックな場面の多い大人用でなくちゃいかん。周囲からは「ヘラルドのやつ、またたわけたことやって」という声がずいぶんありましたわ。
当たりましたねえ。

古川勝巳『映画人生 50年　永遠の青春』より抜粋の上転載

NIPPON HERALD FILMS INC., No. 1 Shimbashi Ekimae Bldg. 20-15.2-chome, Shimbashi, Minatoku, Tokyo, JAPAN
A daring animated dramatization!
Based on Jul Michelet's "THE WITCH"
Beautiful Belladonna.
Love and hate drove her to join the Devil!
Erotic animated fantasy!
BELLADONNA
Exective producer: TADAYOSHI WATANABE Directed by EIICHI YAMAMOTO
Screenwriter YOSHIYUKI FUKUDA Original Story "THE WITCH" (1862) by JULES MICHELET Art Director KUNI FUKAI Music MASAHIKO SATO
HIPPON HERALD FILMS proudly presents the third in a series of unique animated films replete with fantasy and eroticism.
Cables TOKYO HERALDPICTURE
Herald

BELLADONNA OF SADNESS

THE REMINISCENCES 4

『ベラドンナ』ではおかしな反響があったんですよ。肝心のシャシンはちっとも売れせんのにポスターを「くれ、くれ」っていわれたんです。海外からとくにね。たしかに女性好みのきれいなポスターだったからね。
カンヌに滞在しているときなんだが、一人のおばさんがやって来てね。ポスターがほしいと頼むんですよ。聞いてみたらピエール・カルダンの日本担当マネージャーなんだな、その人。
いつごろから目を付けてたのかね。「四、五枚持ってきゃあ」と渡してやりましたよ。そうだなあ、きっと洋服の柄なんかになったんだろうね、あれは。

古川勝巳『映画人生 50 年　永遠の青春』より抜粋の上転載

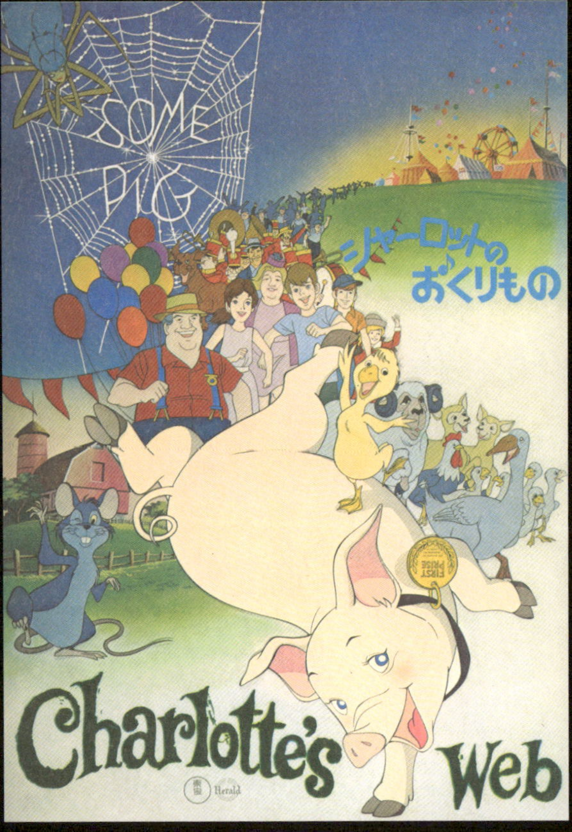

CHARLOTTE'S WEB

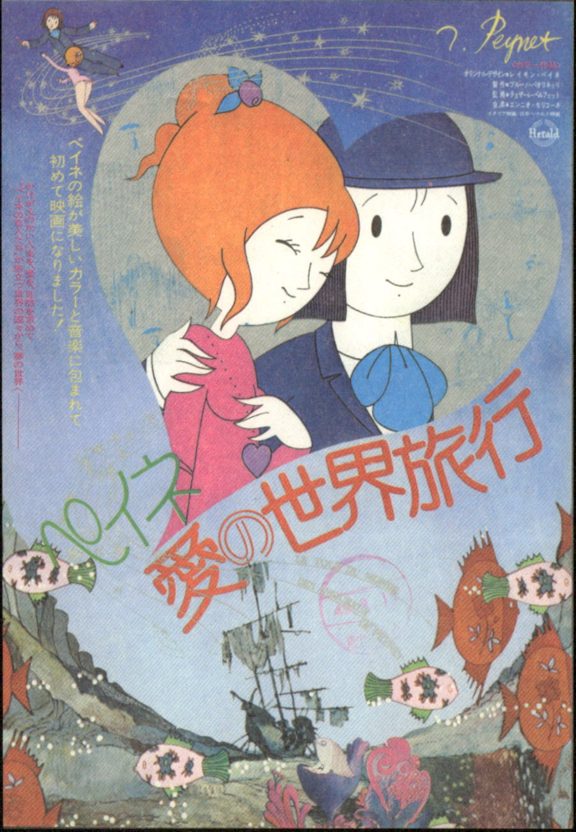

LI GIRO DEL MONDO DEGLI INNAMORATI DI PEYNET

TOMORROW'S JOE

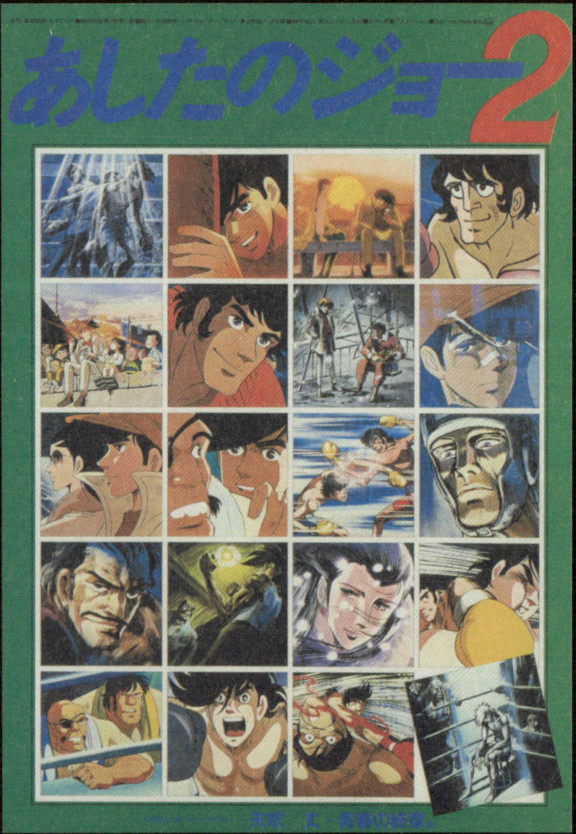

TOMORROW'S JOE 2

NO.069『シャーロットのおくりもの』(1973年 / チャールズ・A・ニコルズ監督、イワオ・タカモト監督 / イギリス)
NO.070『ペイネ　愛の世界旅行』(1974年 / チェザーレ・ペルフェット監督 / フランス・イタリア)
NO.071『劇場版　あしたのジョー』(1980年 / 福田陽一郎監督 / 日本)
NO.072『劇場版　あしたのジョー2』(1981年 / 出崎統監督 / 日本)

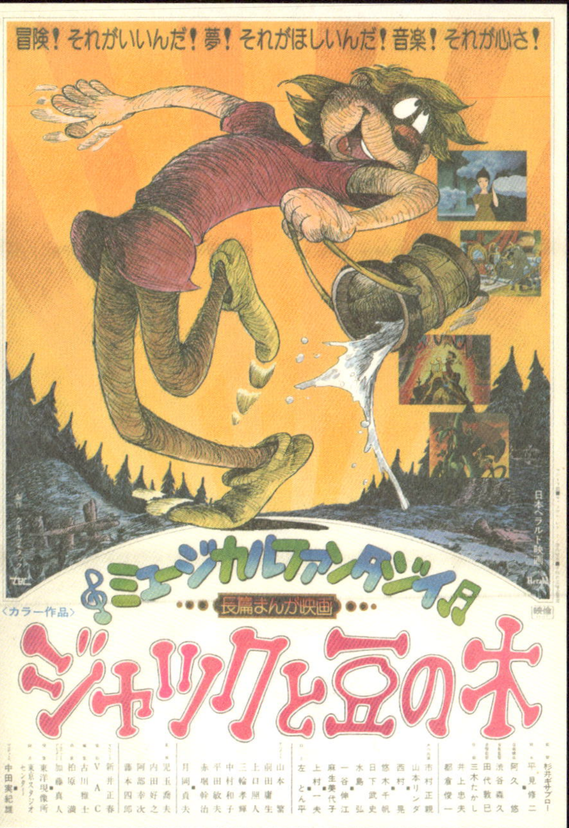
冒険！それがいいんだ！夢！それがほしいんだ！音楽！それが心さ！
ミュージカルファンタジィ
長篇まんが映画
〈カラー作品〉
ジャックと豆の木

JACK AND THE BEANSTALK

長編ドキュメンタリーアニメーション
象のいない動物園
かわいそうな象のはなしより
戦争のために殺された多くの動物たち
中でも、トンキーは子どもたちの最後の灯だった。
そして、今……
象だよ、兄ちゃん
大きいかい！
大きいよ
のっしのっし歩いているよ

ZOO WITH NO ELEPHANT

11ぴきのねこ
原作●馬場のぼる
——こぐま社刊より——
製作：グループ タック　配給：ヘラルド・エンタープライズ

11PIKI NO NEKO

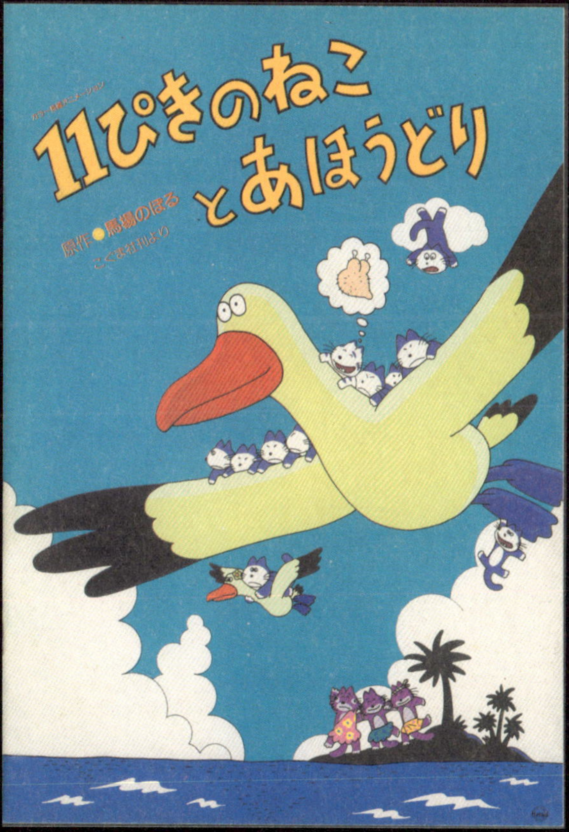
11ぴきのねことあほうどり
原作●馬場のぼる
こぐま社刊より

11PIKI NO NEKO TO AHOUDORI

NO.073『ジャックと豆の木』（1974年 / 杉井ギサブロー監督 / 日本）
NO.074『象のいない動物園』（1982年 / 前田庸生監督 / 日本）
NO.075『11ぴきのねこ』（1980年 / 前田庸生監督 / 日本）
NO.076『11ぴきのねことあほうどり』（1986年 / 小華和ためお監督 / 日本）

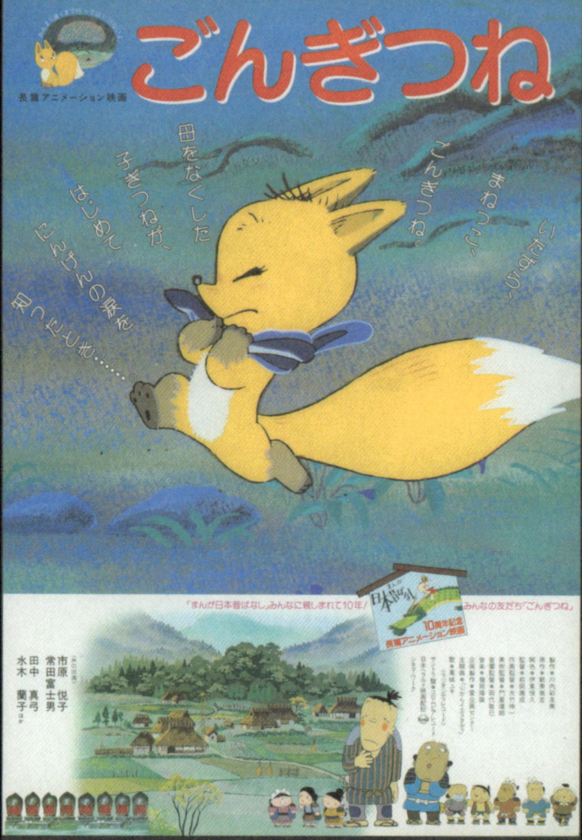

GONGITSUNE

NIGHT ON THE GALACTIC RAILROAD

NO.077『ごんぎつね』(1985年 / 前田康成監督 / 日本)
NO.078『銀河鉄道の夜』(1985年 / 杉井ギサブロー監督 / 日本)

NIGHT ON THE GALACTIC RAILROAD

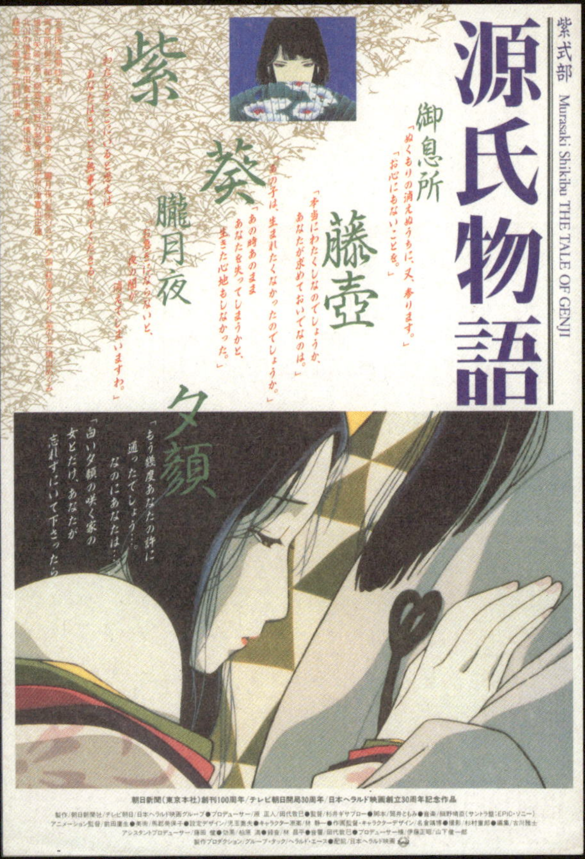
紫式部
源氏物語
Murasaki Shikibu THE TALE OF GENJI
御息所
「ぬくもりの消えぬうちに、又、参ります。」
「お心にもないことを。」
藤壺
「本当にわたくしなのでしょうか、あなたが求めておいでなのは。」
葵
「あの子は、生まれたくなかったのでしょうか。」
「あの時あのまま あなたを失ってしまうかと、生きた心地もしなかった。」
朧月夜
紫
夕顔
「もう幾度あなたの許に 通ったでしょう…。 なのにあなたは……」
「白い夕顔の咲く家の 女とだけ、あなたが 忘れずにいて下さったら
朝日新聞(東京本社)創刊100周年／テレビ朝日開局30周年／日本ヘラルド映画創立30周年記念作品

わたしは何をしても許される身ですから――
朝日新聞東京本社創刊一〇〇周年／テレビ朝日開局三〇周年／日本ヘラルド映画創立三〇周年記念作品
紫式部
Murasaki Shikibu THE TALE OF GENJI
源氏物語

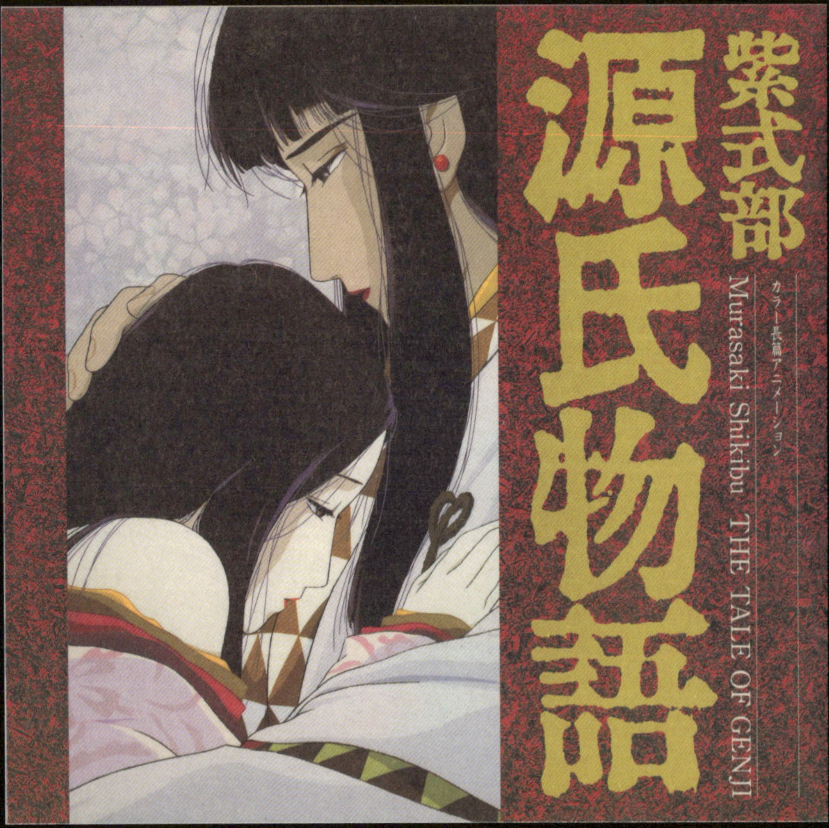
紫式部
源氏物語
カラー長編アニメーション
Murasaki Shikibu THE TALE OF GENJI

MURASAKI SHIKIBU THE TALE OF GENJI

CHAPTER 5

COMEDY & FAMILY MOVIES

コメディ&ファミリー物

TVスポットの使用も、企業とのタイアップもヘラルドが先駆け
多数決ではなく、一人でも燃えている奴がいればGOという社風

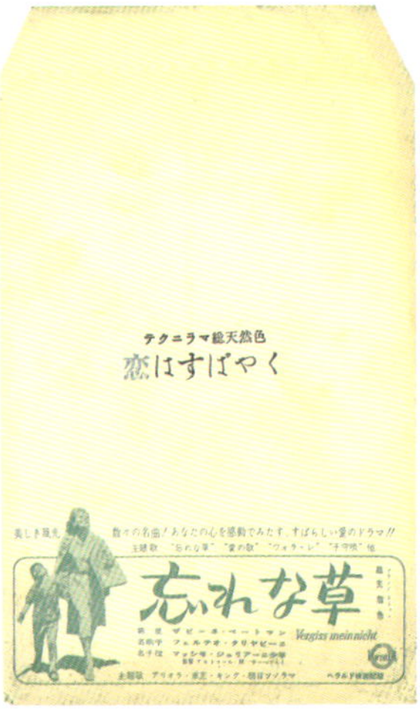

テクニラマ総天然色
恋はすばやく
美しき風光
数々の名曲！あなたの心を感動でみたす、すばらしい愛のドラマ!!
忘れな草
Vergiss mein nicht
ヘラルド映画配給

『忘れな草』(1961年) を宣伝するキャビネサイズの封筒

●日本中にこだまする裸っ子100余名の歓声！
〈パリ—日本—アメリカ〉で大ヒット！ ジャン・ヴィゴ賞受賞作品
満都の話題！
胸うつ感動
溢れる詩情
裸のファイト
と三冠王に輝く
この傑作を
是非どうぞ！
空前の大盛況！愈々第7週に突入
日比谷
スカラ座
主題音楽 フィリップス・レコード
わんぱく戦争
un film d' YVES ROBERT
LA GUERRE DES BOUTONS
Herald 日本ヘラルド映画

『わんぱく戦争』(1962 年) 新聞広告

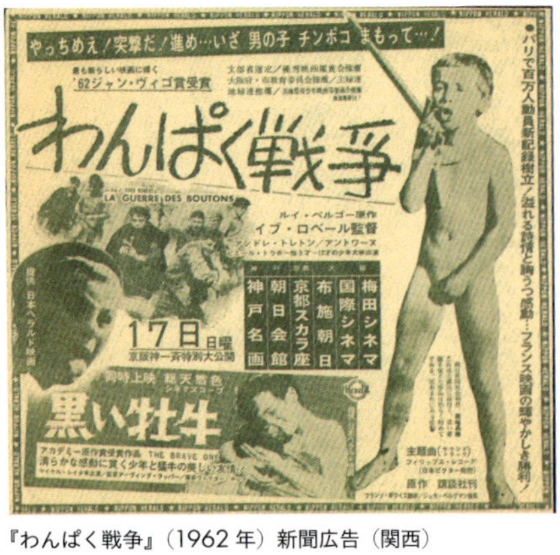

やっちめえ！突撃だ！進め…いざ 男の子 チンポコ まもって…！
'62ジャン・ヴィゴ賞受賞
わんぱく戦争
LA GUERRE DES BOUTONS
ルイ・ペルゴー原作
イブ・ロベール監督
アンドレ・トレトン／アントワーヌ
梅田シネマ
国際シネマ
布施朝日
京都スカラ座
朝日会館
神戸名画
17日日曜
京阪神一斉特別大公開
黒い牡牛
THE BRAVE ONE
清らかな感動に貫く少年と猛牛の美しい友情！
●パリで百万人動員新記録樹立！溢れる詩情と胸うつ感動…フランス映画の輝やかしき勝利！
主題曲 フィリップス・レコード
原作 講談社刊

『わんぱく戦争』(1962 年) 新聞広告 (関西)

戦後の外国映画配給の仕組みは、1964 年 7 月 1 日をもって自由化されることになったが、ヘラルドが配給業務を開始した 1958 年度から 1964 年度までの七年間は、本数割当制が存在したため、初年度にたった 2 本しか割当のないヘラルドは他社を合併して割当を増やすにしても、当初はお世辞にも商業価値が高いとは言えない B 級作品ばかりで、良い作品は買えなかった。1961 年 7 月 28 日には老舗の NCC を合併して割当本数も 22 本と飛躍的に増えて大手配給会社の一角に名を連ねるに至るが、それまではなかなか興行会社の信頼を得られるような作品は扱えなかった。……そんな中で、“日本ヘラルド映画”になる直前の 1961 年 6 月 10 日に公開した『忘れな草』は、誠実な夫との家族と、再会した昔の恋人との間で揺れ動く女心を描いた西独 = 伊 = 瑞合作によるホームドラマで、「やっと映画らしい映画を扱えた」と当時のスタッフに言わしめた作品である。この作品の宣材を兼ねた特製キャビネ封筒を作製したところからも、その意気込みが伝わってくる。

ファミリー向け作品や、コメディといったジャンルはいわゆる“大作”という構えの作品であることはまずないが、それでもヘラルドでは宣伝における様々な新しい試みを導入することで、このジャンルでも大きな成功を掴んでいる。たとえば、1963 年 3 月公開の『わんぱく戦争』は、映画の宣伝で初めて TV スポットを用いた作品として知られている。核ミサイルの発射ボタンを連想させる“ボタン戦争”という原題を持つこの作品、実はフランスの片田舎の隣町同士の少年たちが戦争ごっこに明け暮れ、捕えた捕虜の洋服のボタンを戦利品にしているという話。裸で戦えば捕まってもボタンを取られない！という妙案により素っ裸で奇襲をかけるのだが、チンポコを片手で押さえて走り回るアントワーヌ坊やのコミカルな映像を使ったことで大評判になった。また、関西支社宣伝部長だった橋健彦によれば関西では新聞広告でも史上初めてキャッチ・コピーに“チンポコ”を使ったという。

翌 1964 年 6 月公開のビットリオ・デ・シーカ監督作品『昨日・今日・明日』も宣伝で大評判をとった作品だが、こちらは小野

薬品の強壮剤「リキホルモ」とのタイアップを敢行した。臨月姿のソフィア・ローレンの立ち姿に「スタミナに敬礼！」のコピーを付けたこの作品、妻が投獄されるのを避けるために次から次へと妊娠・出産させる男が出てくることから強壮剤と結びつけたのだが、この薬品のCMソング「昨日・今日・明日」は、まだ高校生だった奥村チヨが唄っていた。

ファミリー物での大ヒットとしては、『チコと鮫』（1963年公開。1973年リバイバル公開）も忘れ難い作品だ。演劇の殿堂から、シネラマを上映できる映画館に改装されていた帝劇で公開されたこの作品、役者も使わずポリネシア人の素人で撮ったセミ・ドキュメンタリー・タッチの作品だが、文明批判的なメッセージも含まれたファンタジックな内容で、今でもファンが多い。こういう地味な良品をヒットさせ得たことこそが、ヘラルドの宣伝力のたまものだろう。

1971年6月には、ヘラルドの宝と呼べるような作品が世に出た。製作デイヴィッド・パットナム、脚本アラン・パーカー、ワリス・フセイン監督による『小さな恋のメロディ』である。マーク・レスター、トレイシー・ハイド、そしてジャック・ワイルドの三人の主人公の瑞々しさ、ザ・ビージーズによる主題曲「メロディ・フェア」の爽やかさと共に、当時の若者たちの圧倒的な支持を得たこの作品は、その後も1974年、1976年、1978年、1985年と度々リバイバル公開されている。パットナム、パーカーともにその後世界的な映画人として大成したが、『小さな恋のメロディ』は彼ら自身の少年時代の思い出に基づいたパーソナルな小品で、米英ではさしたる成績を残せなかったが日本でのみ驚異的に大ヒットした。

1976年には、7月に『ベンジー』、12月に『ラスト・コンサート』が出てともに大ヒットを記録、両作品で宣伝プロデューサーを務めた井関惺は宣伝マンとして名を上げた。因みに、宣伝プロデューサーとは当時の宣伝部長原正人による造語で、元々は夜遅くまで（仕事相手と一杯飲んだ後でまた会社に戻ったりして）仕事、朝は遅刻して来る宣伝部員たちに会社として残業手当は出せないから、代わりに宣伝プロデューサーという役職を設けて手当てを付ける、という発想で導入されたのだが、その後各映画会社で模倣されるようになった。さて、『ベンジー』だが、話題作りのためにジョー・キャンプ監督と共に主役の犬を来日させ、記者会見ならぬ記者会“犬”をパレスホテルで実施した。但し宿泊が認められなかったり（ベンジーが泊まったと聞いたが、何でうちの犬はダメなんだと言われるのを避けるため）、館内の移動は貨物用のエレベーターに限られたりしたのと、肝心の犬が撮影から2年も経って老犬になっており、記者会“犬”でも寝ていたというのはご愛嬌だった。また、元々ベンジーはベンジャミン・フランクリンから取られた名前で、人と対等な友達という自立した犬のはずだったのに、続編『ベンジーの愛』ではいきなり飼い

『昨日・今日・明日』（1963年）は小野薬品工業の強壮剤リキホルモの販促用レコードとタイアップを行った

『昨日・今日・明日』（1963年）新聞広告

『チコと鮫』（1963年）上映中の帝国劇場前に佇む、原正人、八十河瑞雄ら当時のヘラルド幹部たち

『ベンジー』(1976年)キャンペーンで来日した犬とジョー・キャンプ監督、橋健彦関西支社宣伝部長

『ベンジー』(1976年) キャンペーンで来日した犬

『ラストコンサート』(1976年) で来日したパメラ・ビロレージと古川勝巳社長、国際担当の吉崎道代 (左)、井関惺宣伝プロデューサー (右)

犬になっていて唖然とさせられたという。

『ラスト・コンサート』はイタリア映画の難病物だが、実はこの作品はお涙頂戴物が受ける日本のマーケットを想定してヘラルドの企画・出資で製作した作品。ヒロイン役のパメラ・ビロレージ来日もあって宣伝も浸透し、大ヒットとなった。岐阜で飛び降り自殺した女子高生が、この作品を観た後で決意したと後に週刊誌に報じられるという一幕もあったが、それよりもパメラ・ビロレージがこの作品より前にポルノ映画に出ていたことが判明したことの方がヘラルドを慌てさせた。マスコミに悟られないよう腐心し、万が一にも他社にその作品を買い付けられ公開されたりしないように、その事実を握り潰すだけの目的でヘラルドが権利を買ったのだという。

感動路線にはそれ以前にも『家族日誌』(1962年)、『天使の詩』(1967年)、『老人と子供』(1968年)、その後も『ジョーイ』(1977年)、『陽のあたる教室』(1995年) といった作品があった。このように子供向け映画を当てるのがうまいヘラルドのことを、最大のライヴァル会社であった東和の清水馨宣伝部長はいつも注目していたといい、感心する一方で所詮はジャリ向け作品 (大人向けの一流の作品はウチが当てている)、という自負心を込めて、ヘラルドのことを“ジャリヘラ”と隠語で呼んでいたともいう。

コメディ路線でも古くは『ぼくの伯父さんの休暇』(1963年)、『フィフィ大空をゆく』(1964年) から、1970年代以降も『ケンタッキー・フライド・ムービー』(1978年)、『ドラキュラ都へ行く』(1979年)、『ティーン・ウルフ』(1986年)、『ミスター・ソウルマン』(1987年)、『メジャーリーグ』(1989年) といった個性的な作品がそれぞれに評判となり、稼いできたわけだが、青春コメディという分野では最もヘラルドらしいエピソードを持つ作品として『グローイング・アップ』(1979年) を挙げたい。

キャノン・グループの総帥としてハリウッドに乗り込んだメナハム・ゴーランとヨーラム・グローバスの従兄弟同士のコンビの出世作にして原点ともいえるこの作品、買付け担当の難波敏副社長がいち早く観ていたものの迷っていて、出張でロサンゼルスへ行った3名の若手に「観て意見を言ってくれ」と振った。その中の一人、佐野哲章の「泣いちゃいました！」の一言が決め手になり買付けが決定したのだという。多数決ではなく、誰か一人でも燃えている奴がいるならばGOだ、というヘラルドの社風を良く表したエピソードと言えよう。

NO.080『忘れな草』(1961年 / アルツール・マリア・ラーベナルト監督 / 西ドイツ・イタリア・スイス)

総天然色
ザビーネ・ベートマン
フェルッチョ・タリヤヴィー
マッシモ・ジュリアーニ少
エ リ ッ ヒ ・ ヴ ィ
アルツール・M・ラーベナルト
Vergiss mein nicht
主題曲　忘れな草、愛の歌、子守唄、ヴォラーレ
（朝日ソノラマ・アリオラ・キング・東芝レコード）
独・伊・スイス合作
ヘラルド映画配給
忘れな草

LA GUEREE DES BOUTONS

CRONACA FAMILIARE

LES VACANCES DE MONSIEUR HULOT

NO.081『わんぱく戦争』（1963年 / イヴ・ロベール監督 / フランス）
NO.082『ぼくの伯父さんの休暇』（1963年 / ジャック・タチ監督 / フランス）
NO.083『家族日誌』（1964年 / ヴァレリオ・ズルリーニ監督 / イタリア・アメリカ）

'Yesterday, Today & Tomorrow'
●エロスの神もびっくり仰天！エロチック・バイタリティに3大映画人が挑む世にもスレスレな映画!!
昨日♥今日♥明日
ソフィア・ローレン　マルチェロ・マストロヤンニ
名匠ヴィットリオ・デ・シーカ監督
日本ヘラルド映画

IERI, OGGI, DOMANI

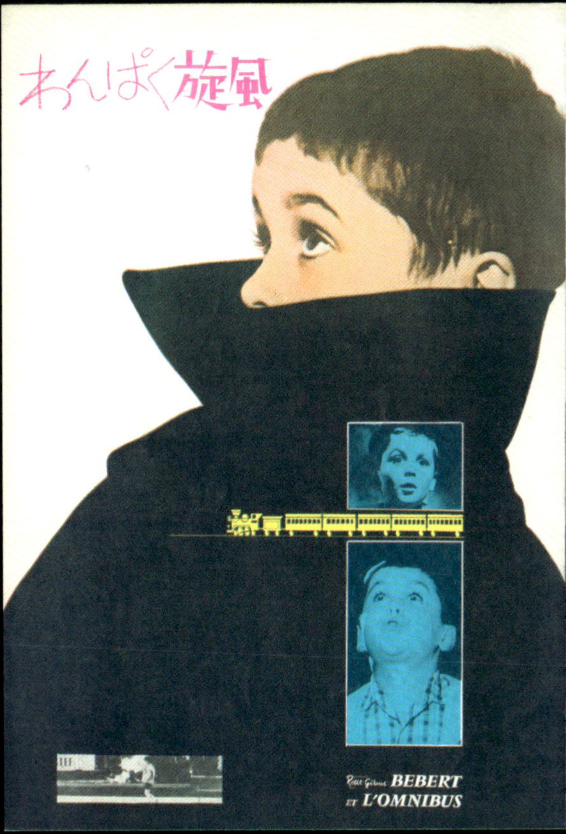
わんぱく旋風
BEBERT
ET L'OMNIBUS

BEBERT ET L'OMNIBUS

空駈ける天使フィフィ
夢と詩情を翼にのせて
幸福の国から飛んでくる—
映画詩人ラモリスが5年間の沈黙を破って
日本中の御家庭に贈る珠玉の傑作！
フィフィ大空をゆく
名匠アルベール・ラモリス監督
フィリップ・アブロン
日本ヘラルド映画

FIFI LA PLUME

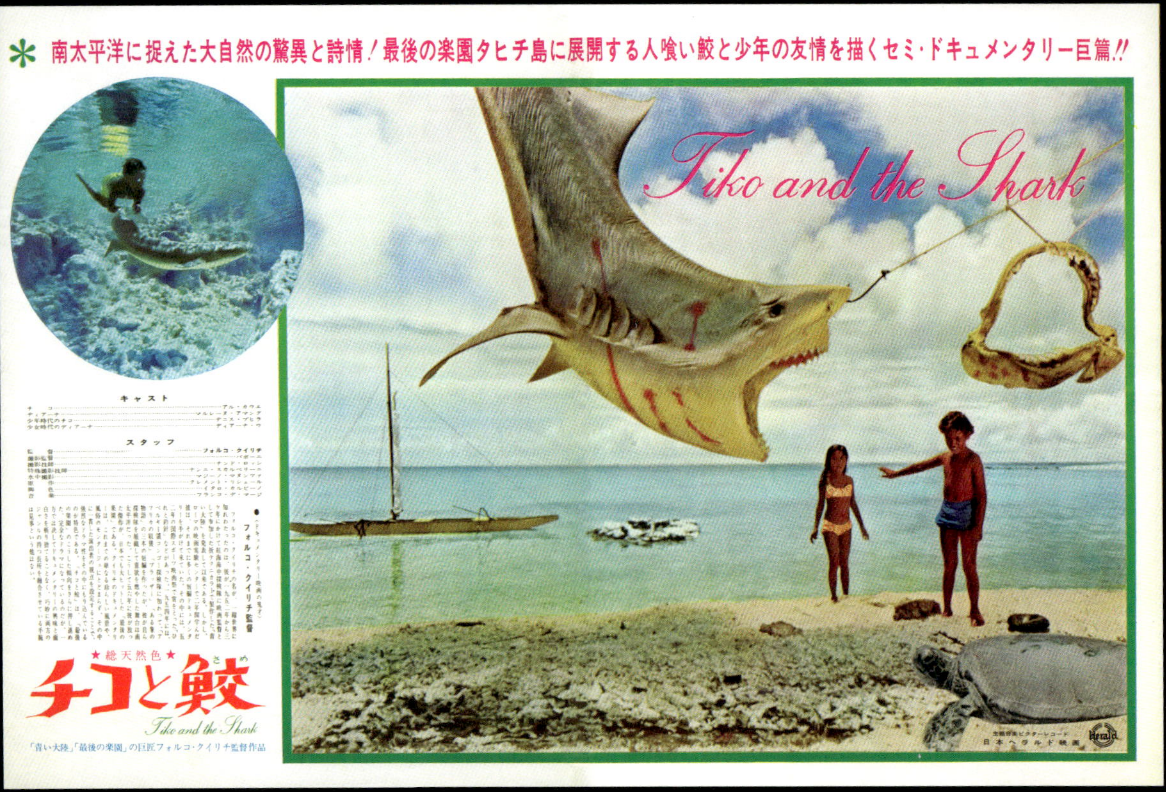
南太平洋に捉えた大自然の驚異と詩情！最後の楽園タヒチ島に展開する人喰い鮫と少年の友情を描くセミ・ドキュメンタリー巨篇!!
Tiko and the Shark
キャスト
スタッフ
フォルコ・クイリチ監督
★総天然色★
チコと鮫《さめ》
Tiko and the Shark
「青い大陸」「最後の楽園」の巨匠フォルコ・クイリチ監督作品

TICO-JO E SUO PESCECANE

史上最大の喜劇
地上最笑の作戦
新宿劇場

IL GIORNO PIU CORTO

NO.087『チコと鮫』（1963年／フォルコ・クィリチ監督／イタリア・フランス）
NO.088『地上最笑の作戦』（1963年／セルジオ・コルブッチ監督／イタリア）

INCOMPRESO

LE VIEIL HOMME ET L'ENFANT

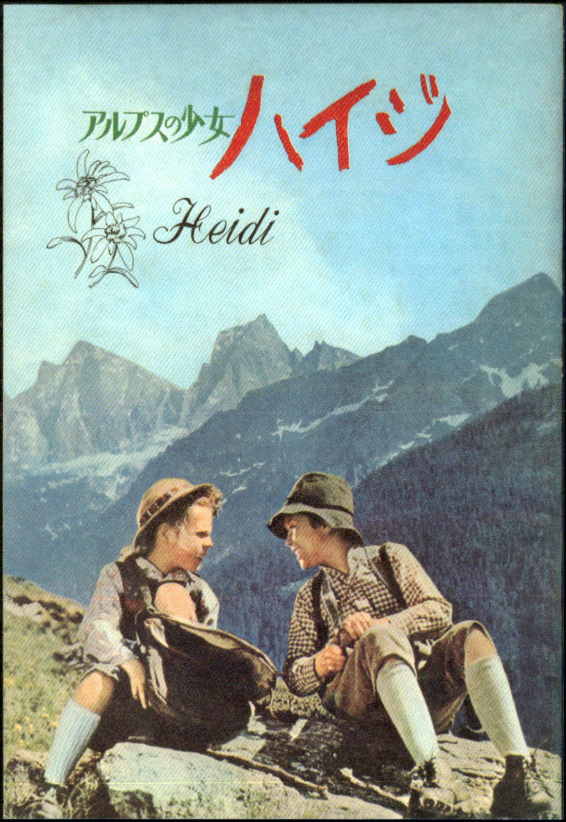

HEIDI

SUBARASHII JOKIKIKANSHA

NO.089『天使の詩』（1967 年 / ルイジ・コメンチーニ監督 / イタリア）
NO.090『老人と子供』（1968 年 / クロード・ベリ監督 / フランス）
NO.091『アルプスの少女ハイジ』（1968 年 / ウェルナー・ヤコブス監督 / 西ドイツ・オーストリア）
NO.092『すばらしい蒸気機関車』（1970 年 / 高林陽一監督 / 日本）

小さな恋のメロディ
love Melody xxx
ほら！未来の方を向いて
子供たちが走りだした…
＊11才の子供が結婚式を挙げた…この衝撃をフレッシュにリズミカルにカラフルに描く20代のスタッフたち！
ジャック・ワイルド
マーク・レスター
トレイシー・ハイド
監督ワリス・フセイン
Jack Wild Mark Lester Tracy Hyde
Melody
カラー作品
音楽／ザ・ビー・ジーズ（ポリドール・レコード）
クロスビー・スティルス
ナッシュ・&・ヤング
（アトランティック・レコード）
イギリス映画
日本ヘラルド映画
Herald
映倫

MELODY

華麗な話題に包まれて
フレッシュな魅力がいっぱい！
音楽ビー・ジーズ（ポリドール・レコード）
クロスビー・スティルス・ナッシュ＆ヤング（アトランティック・レコード）
対訳シナリオ・全篇完全収録サントラカセット
小説　小さな恋のメロディ（近代映画社刊●早川書房刊）
小さな恋のメロディ
Melody
〈カラー作品〉
美しい五月の雨が
メロディの髪をぬらす…
虹のむこうから
あの美しい主題曲が聞えてくる！
ジャック・ワイルド◆マーク・レスター◆トレイシー・ハイド　監督ワリス・フセイン
日本ヘラルド映画　イギリス映画

小さな恋のメロディ
〈カラー作品〉イギリス映画　マーク・レスター／トレイシー・ハイド／ジャック・ワイルド
メロディに会わないで
大人になるつもり？
この映画は、あなたの青春卒業試験です。
Jack Wild　Mark Lester　and introducing　Tracy Hyde
Melody
製作　デビッド・パットナム
監督　ワリス・フセイン
脚本　アラン・パーカー
撮影　ピーター・サスチツキー
音楽■ザ・ビージーズ
■クロスビー・スティルス・ナッシュ＆ヤング
日本ヘラルド映画

love Melody ×××
love Melody ×××
サジタリアス・プロダクション
〈カラー作品〉イギリス映画
マーク・レスター／ジャック・ワイルド
トレイシー・ハイド
監督　ワリス・フセイン
音楽●ザ・ビー・ジーズ
●クロスビー・スティルス・ナッシュ＆ヤング
日本ヘラルド映画
小さな恋のメロディ
Jack Wild　Mark Lester　Tracy Hyde
Melody

アメリカに新しいヒーローが誕生した
名まえはベンジー
……いま、愛を運んでやってくる……
I FEEL LOVE
BENJI'S THEME
GOLDEN GLOBE AWARD WINNER
ACADEMY AWARD NOMINATION
Benji
A family film by joe camp
ベンジー
〈ジョーズ〉〈タワーリング・インフェルノ〉に続いて'75年全米興収ランキング第3位！早くも夏休みロードショー決定！
〈カラー作品■アメリカ映画〉
主演名犬ベンジー
シンシア・スミス
アレン・フィザット
製作／脚本／監督ジョー・キャンプ
主題歌I FEEL LOVE 唄チャーリー・リッチ(エピック・レコード)
日本ヘラルド映画
Herald

BENJI

冒険ワクワク!優しさキラキラ!ギリシャを駈けるフレッシュ・ベンジー!
〈カラー作品〉アメリカ映画
ベンジーの愛
FOR THE LOVE OF Benji
I feel Love!

FOR THE LOVE OF BENJI

ラストコンサート
だれかに生きる勇気を与えたとき、天使って涙を流すのですね…
THE LAST CONCERT

STELLA

SOMETHING FOR JOEY
ジョーイ
ジョーイ、君の手のぬくもりは決して忘れないよ。
誰のために、その青春を賭けるのか!「ロッキー」に続いて贈る愛と涙の感動作
この映画は、終っても
しばらく明かりがつきません
《文部省特選》

SOMETHING FOR JOEY

全米を笑いで包んだ大ヒットコメディ!
カリボリ、カリボリ、嚙んで笑って、笑って嚙まれて、ドラキュラ伯爵が翔んできたその夜からニューヨークは大爆笑!?
LOVE at First Bite
ドラキュラ都へ行く
ジョージ・ハミルトン
スーザン＝セント・ジェームス
リチャード・ベンジャミン
アート・ジョンソン
〈カラー作品〉日本ヘラルド映画
製作メルビン・サイモン/脚本ロバート・カウフマン/監督スタン・ドラゴッティ/オリジナルサントラ盤◆LPキングレコード◆シングル「フライ・バイ・ナイト」キング・「恋のナイトライフ」ポリドール

LOVE AT FIRST BITE

NO.095『ベンジーの愛』(1977年 / ジョー・キャンプ監督 / アメリカ)
NO.096『ラストコンサート』(1976年 / ルイジ・コッツィ監督 / イタリア・日本)
NO.097『ジョーイ』(1977年 / ルー・アントニオ監督 / アメリカ)

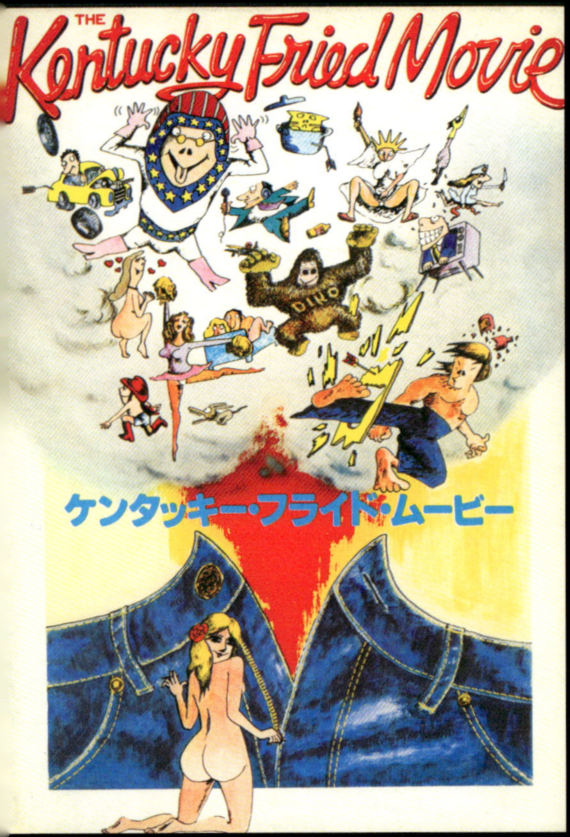

THE KENTUCKY FRIED MOVIE

TEEN WOLF

FANDANGO

ABSOLUTE BEGINNERS

NO.099『ケンタッキー・フライド・ムービー』（1978年 / ジョン・ランディス監督 / アメリカ）
NO.100『ティーン・ウルフ』（1986年 / ロッド・ダニエル監督 / アメリカ）
NO.101『ファンダンゴ』（1986年 / ケヴィン・レイノルズ監督 / アメリカ）
NO.102『ビギナーズ』（1986年 / ジュリアン・テンプル監督 / イギリス）

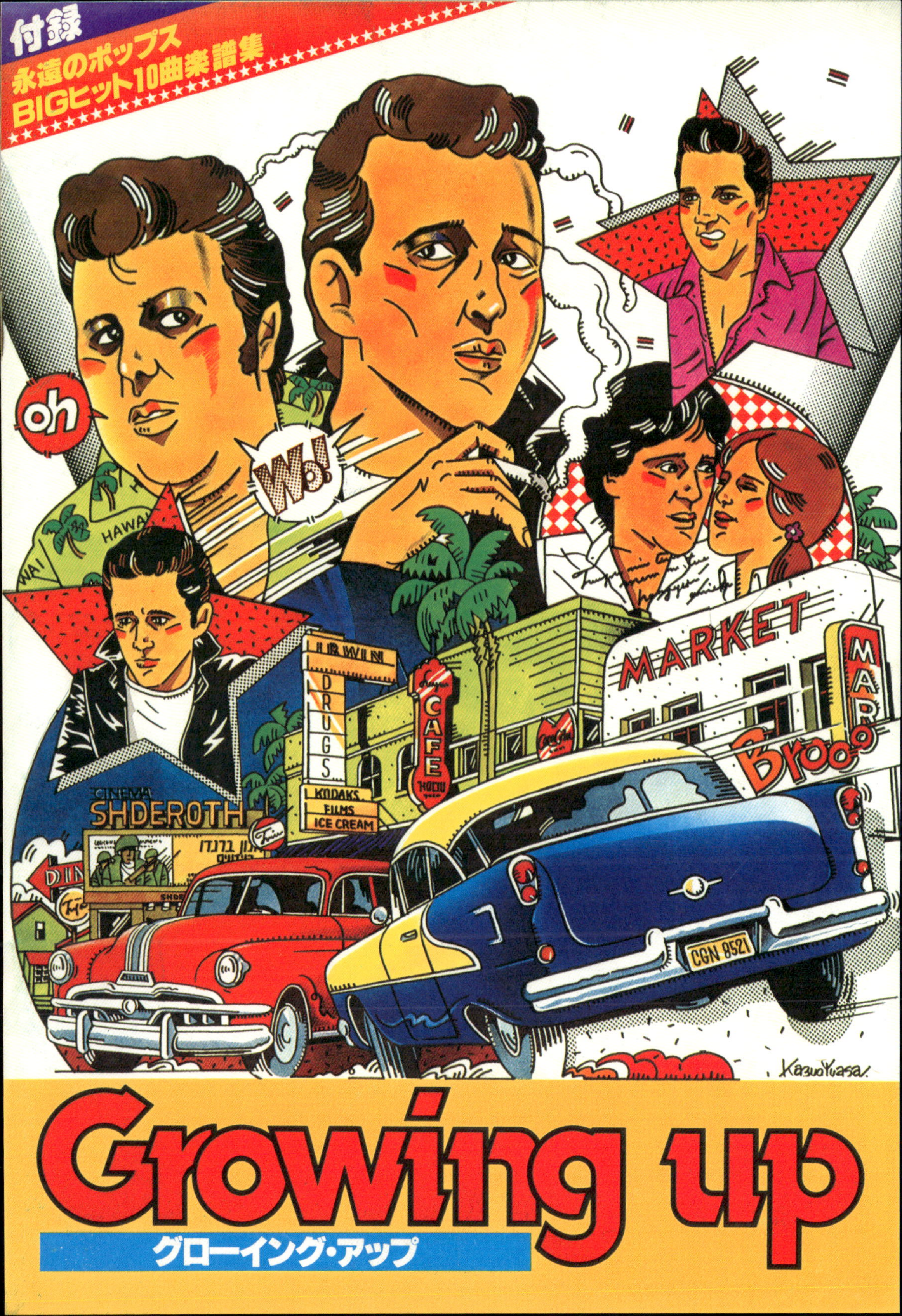

LEMON POPSICLE

C. THOMAS HOWELL in
ミスター・ソウルマン
SOUL MAN
A COMEDY WITH HEART AND SOUL.
NIPPON HERALD FILMS, INC. Presents
Herald

SOUL MAN

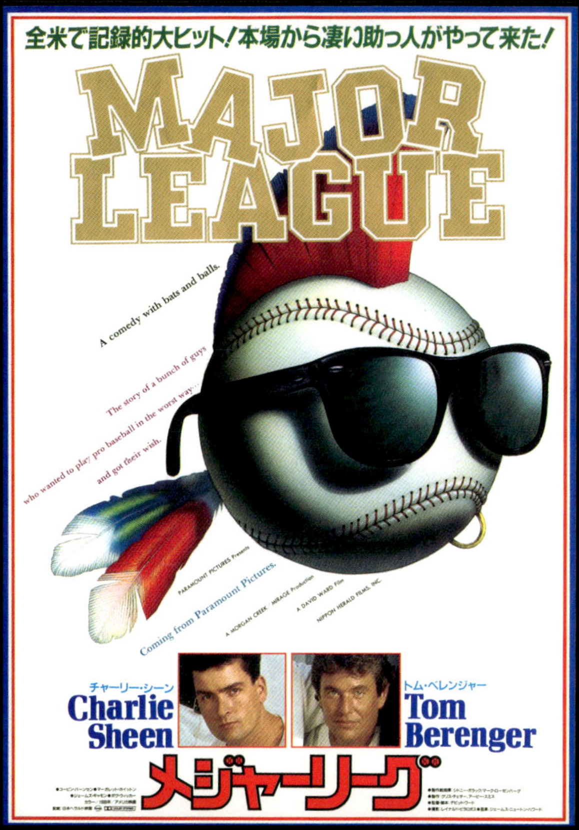
全米で記録的大ヒット！本場から凄い助っ人がやって来た！
MAJOR LEAGUE
A comedy with bats and balls.
The story of a bunch of guys who wanted to play pro baseball in the worst way... and got their wish.
Coming from Paramount Pictures.
チャーリー・シーン
Charlie Sheen
トム・ベレンジャー
Tom Berenger
メジャーリーグ

MAJOR LEAGUE

YOUNG CINEMA 1990
Heathers
人気急上昇ウィノナ・ライダー恋と謎の最新作
WINONA RYDER
ヘザース
ベロニカの熱い日
バッグの中身は殺人道具――女子高生エリート・グループ「ヘザース」とは…?

HEATHERS

リチャードドレイファス
この音楽に、あなたはきっと泣かされます。
MR HOLLAND'S Opus
陽のあたる教室

MR. HOLLAND'S OPUS

NO.104『ミスター・ソウルマン』（1987年 / スティーヴ・マイナー監督 / アメリカ）
NO.105『メジャーリーグ』（1989年 / デヴィッド・S・ウォード監督 / アメリカ）
NO.106『ヘザース／ベロニカの熱い日』（1990年 / マイケル・レーマン監督 / アメリカ）
NO.107『陽のあたる教室』（1996年 / スティーヴン・ヘレク監督 / アメリカ）

CHAPTER6

WESTERN & WAR FILMS

西部劇・戦争映画

コタ荒原の豪放凄絶の血戦！ 壮烈大西部劇!!
大《だい》酋《しゅう》長《ちょう》

70ミリ超大作というのは真っ赤なウソだった『戦場』
“男だけの試写会”でヒットをもぎ取った『U・ボート』

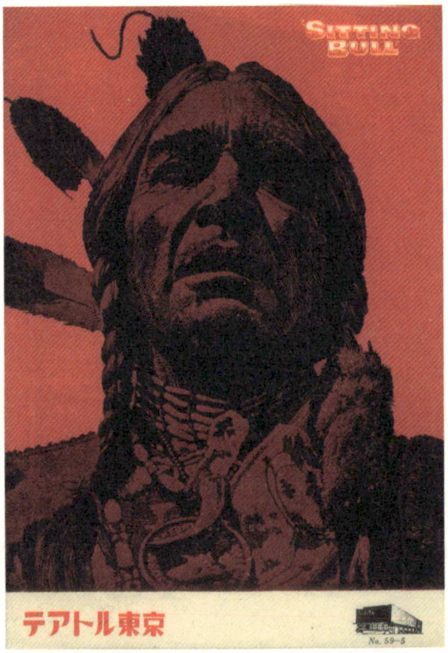

『大酋長』(1959年) パンフレット

『大酋長』公開時、劇場前でのヘラルドスタッフ

『征服されざる西部』(1960年) チラシ

西部劇や戦争映画といったジャンルは、基本的には男性観客をターゲットにしているから、学生にしろ、社会人にしろ、男性が頻繁に映画館に映画を見に行くのが当たり前だった時代には非常に大きな興行上のヴァリューを持っていると看做されていた訳だが、1970年代以降くらいからだろうか、いつの間にか映画観客の主力は女性ということになり、「女性観客にアピールしない映画は当たらない」という説がまことしやかに語られる時代が訪れるに至った。そうした時代のムードの中で、たとえば西部劇は、日本における時代劇とちょうど同じ軌跡を辿り、1970年代以降、その製作本数そのものが激減した。

ヘラルドにおける西部劇配給の歴史も、まさしくこうした西部劇の栄枯盛衰の歴史とリンクしている。Prologueで見てきたように、名古屋で欧米映画として産声を上げた後のヘラルド映画も、ヘラルドの名物宣伝部長として一時代を築いていく原正人が在籍していた洋映（元の太平洋映画）も、割当て本数を大幅に増やすべくヘラルドが吸収合併した老舗のニッポン・シネマ・コーポレーション（NCC）も、1950年代という時代にあっては一様に西部劇こそが最も稼げるジャンルであり、配給作品全体の中でのその比率も高かった。

そうした西部劇全盛の中でヘラルドが初年度である1958年のたった2本の割当てで公開した作品の一つが『大酋長』で、一見ハリウッド映画のように思えるものの、これは実はメキシコ映画だった。ほかにも、三年目の1960年の計6本の割当てのうちの2本、即ち『征服されざる西部』と『皆殺し砦』は共にハリウッド製の西部劇だった。もっとも、主演はどちらもジョン・ウェインやジミー・スチュアートやヘンリー・フォンダのような当時の西部劇の大スターではなく、前者がロバート・ライアン、後者がジョエル・マクリーという、通好みの俳優たちだった。『白昼の決闘』はグレゴリー・ペック主演、キング・ヴィダー監督によるA級西部劇だが、これは元々1951年に東宝配給で公開していたもののリバイバル公開だった。

1960年代に入ると、所謂マカロニ・ウェスタン・ブームが訪れる。イタリアへ渡ったクリント・イーストウッドやリー・ヴァン・クリーフ、そしてイタリア人のフランコ・ネロやジュリアーノ・ジェンマといったスターたちが活躍したマカロニ・ウェスタンは、日本では専ら東和や東京第一フィルムによる配給のイメージが強いが、ブームの中でヘラルドでも『ガンマン無頼』を含む“無頼”シリーズ3作など、何本かは扱っている。

後に営業本部長として『メジャーリーグ』(1989年)や『ロード・オブ・ザ・リング』三部作（2002～2004年）などのヒット作を手掛けた坂上直行は、「ヒット作品の背後には、累々たる死体の山がある」と強調するが、ヘラルド史上最も手酷く大コケした作品は坂上が宣伝プロデューサーとして手掛けた『さらばバルデス』だったかもしれない。『OK牧場の決闘』や『荒野の七人』で知られる西部劇の巨匠ジョン・スタージェス監督、主演もこれまた『荒野の七人』『ウェスタン』『レッド・サン』と西部劇のヒット作の多いチャールズ・ブロンソン。ヒットしない訳がないとも思われたが、公開された1974年には既に西部劇自体が最も客の入らないジャンルになってしまっていたため、一週間ももたずに上映打ち切りとなってしまったのだ。

一方の戦争映画だが、ヘラルドではその最初期である1960年に『撃墜王 アフリカの星』というスマッシュ・ヒットをものにしている。西ドイツ製の戦争映画という変わり種作品だが、主題曲「アフリカの星のボレロ」が大ヒットし、今日でも名作の誉れ高い作品としてソフト化されている。その後も、グラビア頁を観ていただければ如実に判る通り、レイ・ダントン主演の『タラワ肉弾特攻隊』(1959年)、アラン・ラッド主演の『戦う若者たち　地球の戦場』(1960年)、ヴァン・ジョンソン主演の『第8ジェット戦闘機隊』(1962年リバイバル公開)、そしてカーク・ダグラス主演の『零下の敵』(1963年）といった“いかにも”なタイトルの、絵力の強いポスターの、血沸き肉躍る、といったイメージがピッタリの戦争映画の数々を配給している。

ヘラルドが配給した戦争映画の大きな特徴として、他社ではほとんど例のなかったソヴィエト製の戦争映画を日本に紹介した点が挙げられる。1962年11月公開の『壮絶！敵中突破』、1964年12月公開の『怒りと響きの戦場』などの作品がある中で、ヘラルドが最初に手掛けたソヴィエト製戦争映画の作品が70ミリ総天然色テクニラマによる超大作『戦場』だった。因みに、ソヴィエト映画としてはそれよりも先に1960年10月に『大宇宙基地』というSF映画を配給している。……『戦場』が公開されたのは1962年1月で、この年の日本国内の興行成績のトップは20世紀フォックス社の超大作戦争映画『史上最大の作戦』だったが、日本人にはなじみの薄いソヴィエト製戦争映画である『戦場』も洋画としては9位（邦画・洋画併せると19位）に当たる1.5億の配給収入を挙げている。だが、実はこの結果大作『戦場』、70ミリの超大作というのは真っ赤なウソで、大作には違いないのだが、より一層大作感を出そうとして、35ミリのフィルムを粒子が荒くなるのを覚悟でわざと70ミリにブローアップして公開したのだった。また、テクニラマというのは70ミリ

『撃墜王 アフリカの星』（1957年）プレスシート

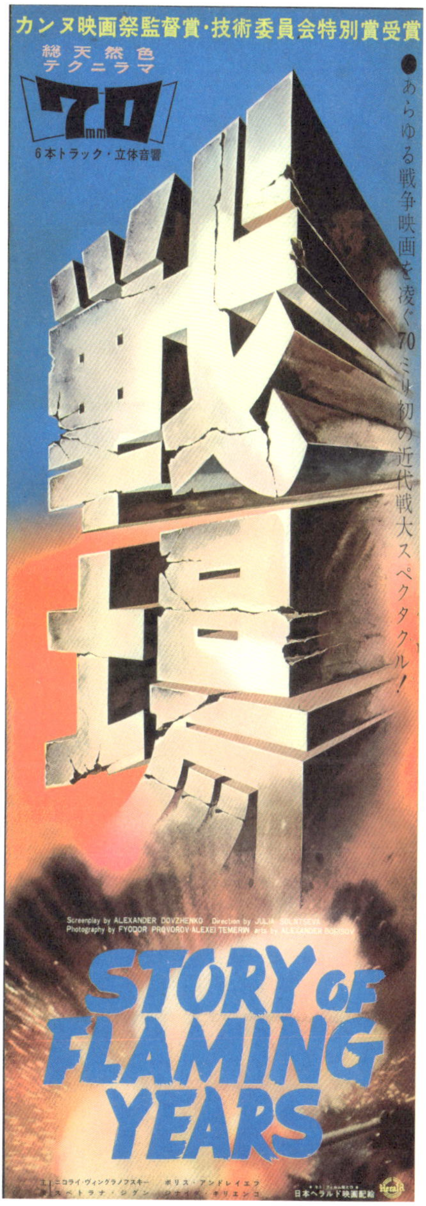

『戦場』（1962年）プレスシート

『戦場』公開当時、ビルボードの前で古川社長を中心に記念写真を撮影する当時のヘラルド幹部陣

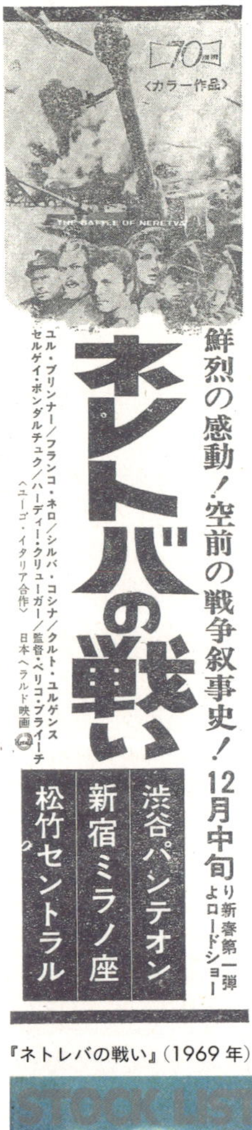

『ネトレバの戦い』（1969 年）雑誌広告

『U・ボート』を表紙に使用した 1982 年ストックリスト

での上映の際の画面アスペクト比のことを言うのだが、元々輸入したフィルムが 35 ミリなのだからこれも誇大広告以外の何物でもない。

その後は、同じく共産圏の映画として、ユーゴスラヴィアの『ネレトバの戦い』『風雪の太陽』を、それぞれ 1969 年 12 月、1973 年 11 月に公開している。前者は、筈見有弘宣伝プロデューサーが「『ネレトバの戦い』のような戦争映画の概念をこえた戦争映画を大衆にアピールするのは容易なことではありません」と「キネマ旬報」のインタビューに応えていた様に難しい作品だったが、セルゲイ・ボンダルチュク、ユル・ブリンナー、フランコ・ネロ、クルト・ユルゲンスといった国際的スター出演のユーゴ＝西独＝米＝伊合作であり、確かに国際的な大作だったこともあり、“セパミ”チェーンでの公開でそこそこのヒットとなったのだが、後者については、スターはリチャード・バートン一人の純粋なユーゴ映画で、惨敗となった。

ほかにも、ヘラルドが配給した戦争映画としては、ジャン＝ポール・ベルモンド主演の厭戦的なフランス製戦争映画『ダンケルク』（1965 年）、サミュエル・フラー監督の実体験に基づいた『最前線物語』（1981 年）といった第二次世界大戦物、『プラトーン』の大ヒットを受けて数多製作されたヴェトナム戦争物の中の秀作『ハンバーガー・ヒル』（1987 年）、南米パナマを舞台にしたスナイパーの物語である『山猫は眠らない』（1993 年）といった作品が話題となったが、ヘラルドの宣伝の底力という点で最も成功したのは 1982 年 1 月公開の『U・ボート』だろう。ウォルフガング・ペーターゼン監督による骨太な演出を受けて、“男だけの試写会”を実施するなどの正攻法で売った高橋渡宣伝プロデューサーの渾身の宣伝展開が功を奏し、最早第二次世界大戦物でもあるまい、と思われた 1982 年という時期に異例の大ヒットを記録し、後にはリバイバル公開もされている。

大テキサスの曠野に火をはく堂々二大スターの対決!!
豪華雄大の西部劇大作!
総天然色
西部劇のベテラン
バッド・ベティカー監督
製作　アルバート・J・コーエン
撮影　チャールス・P・ボイル
HORIZONS WEST
征服されざる西部
ロバート・ライアン
ロック・ハドソン
ジュリー・アダムス
ジョン・マッキンタイア
レイモンド・バー
ジム・アーネス
ヘラルド映画配給

SITTING BULL

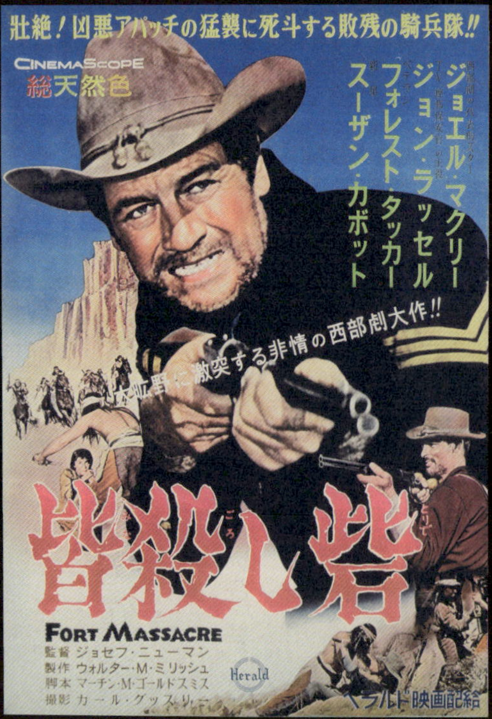

FORT MASSACRE

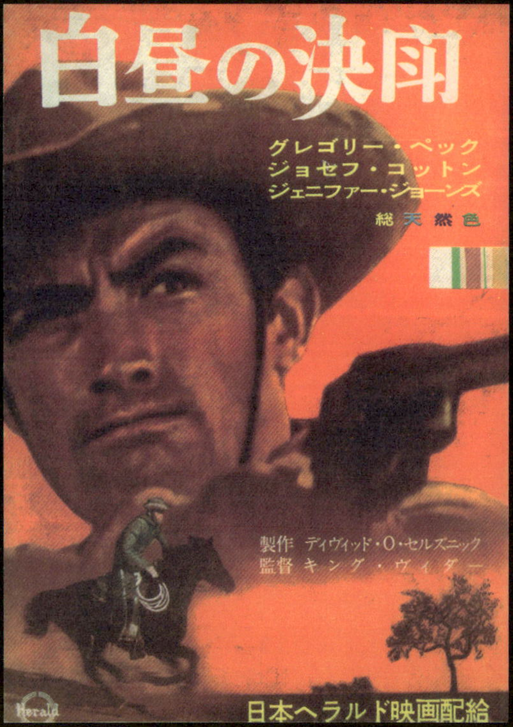

DUEL IN THE SUN

NO.109『大酋長』(1959年 / シドニー・サルコウ監督 / メキシコ)
NO.110『皆殺し砦』(1960年 / ジョセフ・M・ニューマン監督 / アメリカ)
NO.111『白昼の決闘』(1951年 / 1962年リバイバル公開 / キング・ヴィダー監督 / アメリカ)

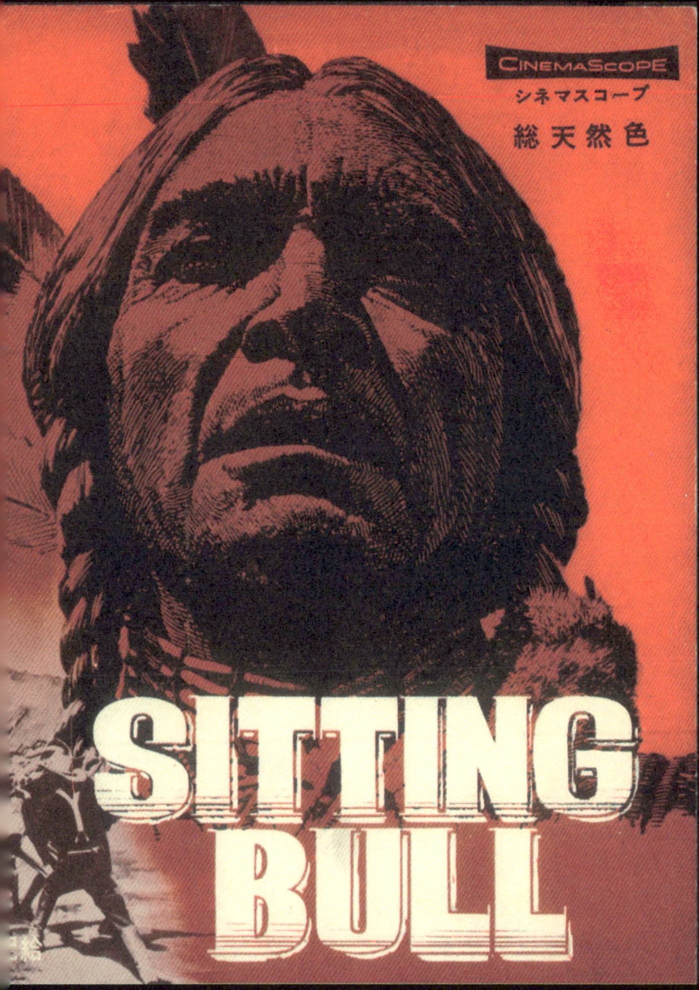
CinemaScope
シネマスコープ
総天然色
SITTING BULL

沈む夕陽の血を浴びて
流浪にすさぶ髭面が
ガンをかついでやって来た！
ウルトラスコープ
イーストマンカラー
フランコ・ネロ／コレ・キトシュ／ホセ・スワレス／フーゴ・ブランコ
フランコ・ネロの
ガンマン無頼
必殺0.3秒の抜き射ち！凄腕5匹をぶっ飛ばす一瞬の逆手射ち！増々冴える鮮烈の無頼殺法！
FRANCO NERO in
TEXAS, ADDIO
EASTMANCOLOR-ULTRASCOPE
監督 フェルディナンド・バルディ
撮影 エンツォ・バルボーニ
音楽 アントン・アブリル
日本ヘラルド映画

TEXAS, ADDIO

さらばバルデス
CHARLES BRONSON in a film of
JOHN STURGESS
THE VALDEZ' HORSES
大平原の夕陽がきょうも男の孤独を告げる！
いま空しく吹き過ぎるのは風——少年ジェミーが夢をたくしたブロンソンが荒野を旅立つ！
チャールズ・ブロンソン

THE VALDEZ' HORSES

NO.112『ガンマン無頼』（1967年 / フェルディナンド・バルディ監督 / イタリア・スペイン）
NO.113『さらばバルデス』（1974年 / ジョン・スタージェス監督 / アメリカ・フランス・イタリア）

DER STERN VON AFRIKA

NO.114『撃墜王 アフリカの星』(1960年 / アルフレッド・ワイデンマン監督 / 西ドイツ)

TARAWA BEACHHEAD

ALL THE YOUNG MEN

NO.115『タラワ肉弾特攻隊』（1959年／ポール・ウェンドコス監督／アメリカ）
NO.116『戦う若者たち』（1960年／ホール・バートレット監督／アメリカ）

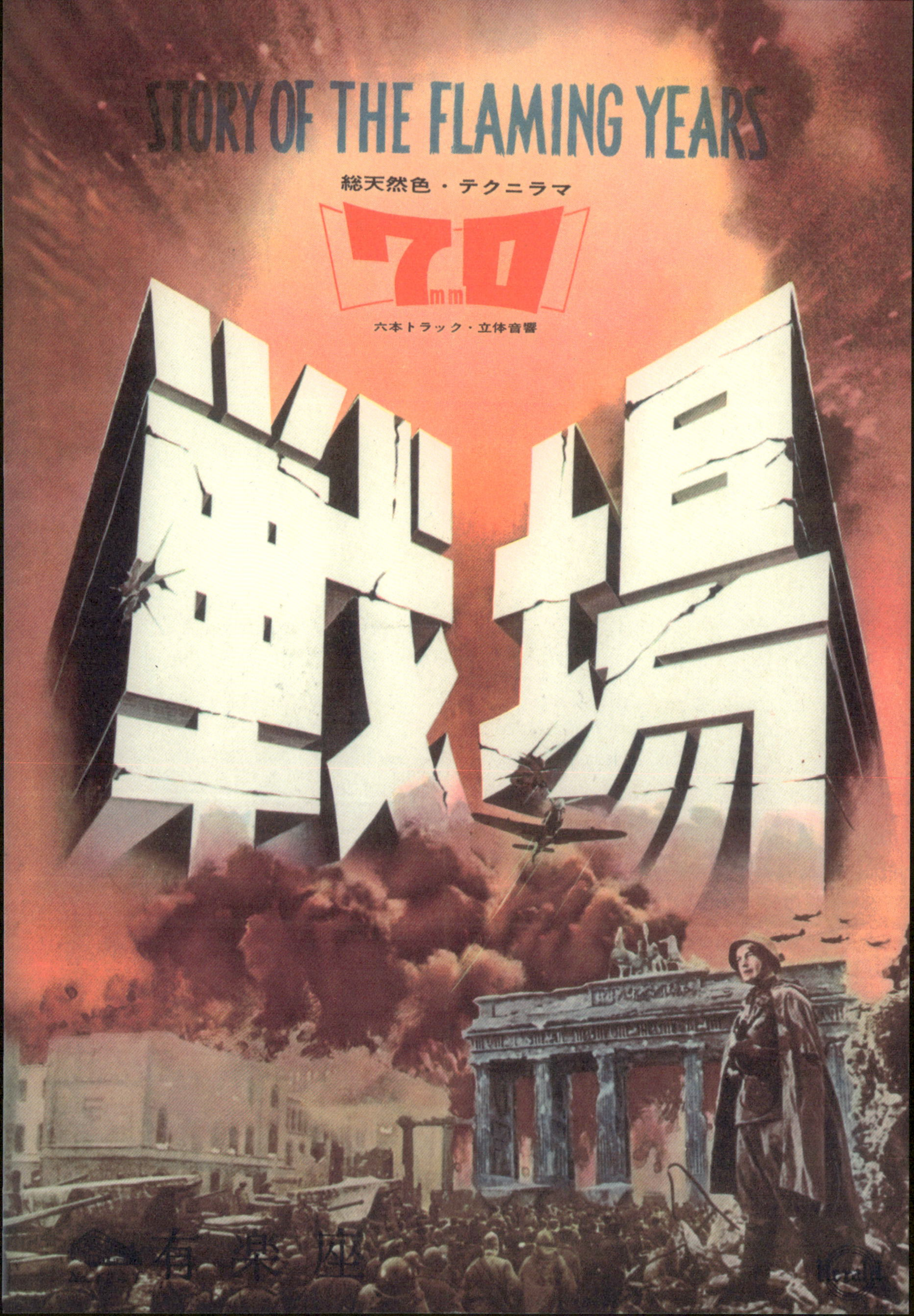

POVSTY PLAMENNYKH LET

NO.117『戦場』(1962年／ユーリア・ソーンツェワ監督／ソ連)

血を浴び 泥をけり 累々の屍を越えて、一瞬の生と死に交錯する人間の叫びと運命！地獄の戦場にうねる文豪S.シーモノフの戦争文学ー完璧の映画化！
シネマスコープ／チェコ映画祭グランプリ受賞作品
怒りと響きの戦場
Herald
日本ヘラルド映画

ZHIVYEI I MERTVYE

'61年度ベニス映画祭銀賞受賞
Herald
壮絶！敵中突破
独ソ大攻防戦の真只中、ナチ包囲網をぶち破る命知らずの野郎共！
PEACE FOR THE NEW COMER
日本ヘラルド映画

MIR VKHODYASHCHEMU

"MEN OF THE FIGHTING LADY"
総天然色
急降直下で突っ込む凄絶の肉弾爆撃！見よ、海空最前線に炸烈する戦斗機隊魂！！
第8ジェット戦闘機隊
アンドルー・マートン監督
ヴァン・ジョンスン ウォルター・ピジョン ルイス・カルハーン 主演
音楽 ミクロス・ローザ
技術指導 ポール・N・グレイ中佐
M-G-M作品
日本ヘラルド映画
Herald

MEN OF THE FIGHTING LADY

NO.118『怒りと響きの戦場』（1964年／アレクサンドル・ストルペル監督／ソ連）
NO.119『壮絶！敵中突破』（1962年／アレクサンドル・アロフ監督、ウラジミール・ナウーモフ監督／ソ連）
NO.120『第八ジェット戦闘機隊』（1955年／1962年リバイバル公開／アンドリュー・マートン監督／アメリカ）

カラー作品■シネマスコープ
この奇襲作戦が
第二次大戦の歴史をかえた！
物量のナチス帝国崩壊の口火を切った怒濤の激戦！
鮮烈のヒューマニズムで描く堂々3時間にわたる感動の戦争叙事史！
国際的大スター豪華顔合せ■ユル・ブリンナー■フランコ・ネロ■セルゲイ・ボンダルチュク■ハーディー・クリューガー
■シルバ・コシナ■クルト・ユルゲンス■オーソン・ウエルス■監督ベリコ・フライーチ■撮影トミスラフ・ピンター
ネレトバの戦い
THE BATTLE OF NERETVA
Herald
日本ヘラルド映画

BITKA NA NERETVI

NO.121『ネレトバの戦い』(1969年 / ヴェリコ・ブライーチ監督 / ユーゴスラヴィア・西ドイツ・アメリカ・イタリア)

THE HOOK

WEEK-END A ZUYDCOOTE

SUTJESKA

900万のドイツ人が哭いた——無敵の潜水艦Uボートの凄まじい反撃！
ein Film von WOLFGANG PETERSEN
Das Boot
頭上に敵艦のスクリュー音！炸裂する爆雷！きしむ船体——それでも行け、進め、地獄を突っ切れ！
U・ボート
ユルゲン・プロホノフ／ヘルベルト・グレーネマイヤー
クラウス・ヴェンネマン／フーベルトゥス・ベンクシュ
マルティン・ゼメルロッゲ
DOLBY STEREO
IN SELECTED THEATRES
西ドイツ映画〈カラー作品〉
日本ヘラルド映画
Herald
映倫
原作■ロタール・ギュンター・ブーフハイム
製作■ギュンター・ロールバッハ
監督■ヴォルフガング・ペーターゼン
美術■ロルフ・ツェートバウアー
撮影■ヨスト・ヴァカーノ
音楽■クラウス・ドルディンガー
バヴァリア・アトリエ／ラディアントフィルム作品
原作・早川書房刊
DAS BOOT

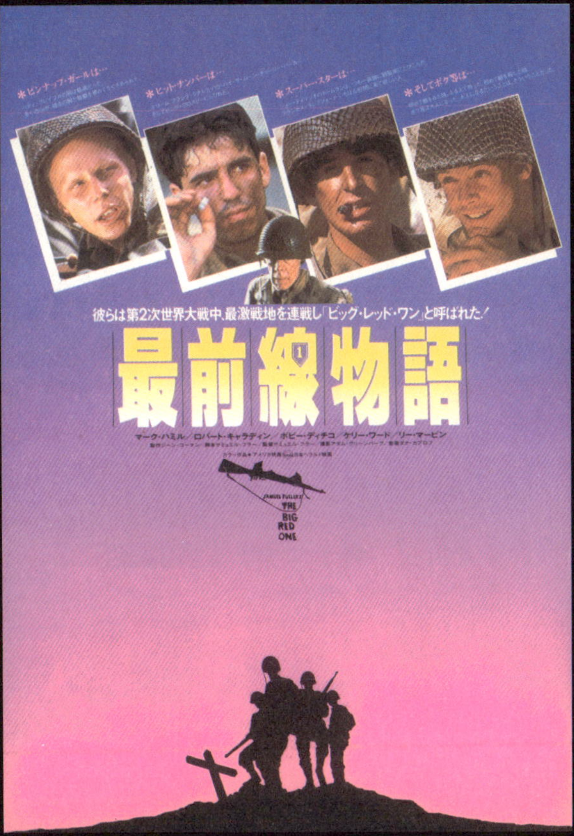
彼らは第2次世界大戦中,最激戦地を連戦し「ビッグ・レッド・ワン」と呼ばれた!
最前線物語
マーク・ハミル/ロバート・キャラディン/ボビー・ディチコ/ケリー・ワード/リー・マービン

THE BIG RED ONE

東部戦線異常あり!
史上最低最悪の戦車隊が動き出した!
第27囚人戦車隊
WHEELS of TERROR
殺人、窃盗、政治犯、スケこましなど、
ありとあらゆる前科者を集めた前代未聞の最前線部隊!
ブルース・デイヴィソン/キース・スザラブカ/ジェイ・O・サンダース/ドン・W・モファット
デビッド・パトック・ケリー/デビッド・キャラダイン/オリバー・リード

WHEELS OF TERROR

1969年5月アシャウ・バレー。
ベトナム戦争史上
最も過酷な
戦闘がくり返された
"937高地"
生きるために
戦わねばならなかった
若者たちの痛切な青春——。
"明日はオレたちがミンチにされるかもしれない"
ハンバーガー・ヒル
戦っている時だけが青春だった。

戦っている時だけが青春だった。
HAMBURGER HILL
ハンバーガー・ヒル

HAMBURGER HILL

NO.126『最前線物語』(1981年/サミュエル・フラー監督/アメリカ)
NO.127『第27囚人戦車隊』(1987年/ゴードン・ヘスラー監督/アメリカ・イギリス・デンマーク)
NO.128『ハンバーガー・ヒル』(1987年/ジョン・アーヴィン監督/アメリカ)

殺した数だけ美しくなる。
トム・ベレンジャー主演
全米1000万人を緊張させた衝撃のドラマ!!
山猫は眠らない
SNIPER

NO.129『山猫は眠らない』（1993年／ルイス・ロッサ監督／アメリカ）

CHAPTER7

THRILLER, SUSPENSE & SPY FILMS

スリラー・サスペンス&スパイ物

『キングコング』との相乗効果を狙った『カサンドラ・クロス』本家ボンド・シリーズに挑んだ『ネバーセイ・ネバーアゲイン』

Herald TIMES
国際政治の"仕掛人"
NATO要人ら相次ぎ怪死
「エスピオナージ」緊急特集号
昭和49年3月1日（金曜日）
日本ヘラルド映画
あわや西欧陣営崩壊へ
ソ連国家保安委 KGB大佐が亡命
西側重大リスト持参？
「蛇」が躍る諜報の世界暴く
英・仏・西独に波及
フ大佐告白の裏付か
SCE部長に疑惑
CIAへ移送
巨大なカラクリの全貌公開へ
「フラゾフ大佐亡命」事件

『エスピオナージ』（1973年）特殊宣材

LE PASSAGER DE LA PLUIE
雨の訪問者
日本ヘラルド映画 Herald フランス映画

『雨の訪問者』（1970年）試写状

パリで強烈な大ヒット！第一級のサスペンス!!
シルバーブルーの雨に濡れてパリ女性の心を捉えた魅惑のサスペンスがきらめく——
赤いバッグのなぞは？
LE PASSAGER DE LA PLUIE
カラー作品
雨の訪問者
18日(土)よりGW第1弾ロードショー
有楽座

『雨の訪問者』（1970年）新聞広告

スリラー＆サスペンスというジャンルは大抵一括りにされるが、実際は多種多様な作品が含まれ得る。スパイ物もシチュエーションの一つとして含まれるし、サイコパスに付け狙われる恐怖を描いたものや要人暗殺の陰謀を巡る攻防など、あるいは作品のテイストとして、コミカルな味付けのものも、ホラーに近いものもある。たとえば、1967年公開の『ジャガーの眼』はマリー・ラフォレ演じるヒロインが国際的なスパイ戦に巻き込まれるという内容、1972年公開の『雨のパスポート』はスパイとして逮捕された夫を救うために新妻が奮闘するという内容だが、どちらもコメディというジャンルに入れてもおかしくない。一方で1972年公開の『象牙色のアイドル』は寄宿舎を舞台にした連続失踪事件を、1974年公開の『夜をみつめて』はロンドンの高級住宅街を舞台に精神的に追い込まれていく人妻の姿を、同じく『暗闇にベルが鳴る』は女子学生寮に掛かってきた謎の電話からヒロインが恐怖のどん底に突き落とされる姿を描いているが、結末はいずれもホラー映画と呼びたくなるようなものだった。

因みに、『夜をみつめて』はそれまでブエナビスタで配給されていたアブコ・エンバシー社作品だが、1973年9月から同社作品は配給提携契約によりヘラルドで配給されるようになった。ほかにも、知能の高いイルカを暗殺の道具に用いようとする異色サスペンスでマイク・ニコルズ監督の『イルカの日』（1974年）、国際的なスパイ戦をシリアスに描いたポリティカル・サスペンスの『エスピオナージ』（1974年）といった、ハリウッド・スターたちが主演する作品群がエンバシーによってヘラルドにもたらされた。

時期をやや遡るが、サスペンスというジャンルで最も成功した作品の一つは、筈見有弘宣伝プロデューサーが女性観客を意識した“クール・サスペンス”という宣伝方針で大ヒットをものにした1970年4月公開の『雨の訪問者』だろう。この作品は、『さらば友よ』でブロンソンに惚れ込んだ脚本家のセバスチャン・ジャプリゾがブロンソンのために書いた脚本を、名匠ルネ・クレマンが監督しただけあって、ブロンソン自身にとっても代表作となった。因みに、『さらば友よ』と『雨の訪問者』を製作したポーランド人のプロデューサー、セルジュ・シルベルマンこそ、後にヘラルドが社運を賭けて取り組むことになる黒澤明監督の畢生の大作『乱』（1985年）に共同プロデューサーとして加わることになる人物だ。——もっとも、『さらば友よ』『雨の訪問者』の日本での成功を担ったヘラルドとの共同作業だというのに、ヘラルドのことを少しも信用しようとしない態度に、『乱』の時の原正人プロデューサーは苦々しい思いを抱かされたという。だが、人を信用しないのはポーランドに生まれ戦時中はユダヤ人としてナチスの強制収容所に入れられていたという経歴が関係しているのだろうし、またそれこそが百戦錬磨のプロデューサーとして生き残ってきた処世術だったのだろう。

『カサンドラ・クロス』（1976年）前売り券

1974年1月公開の『ダラスの熱い日』は、ケネディ大統領暗殺の真相を大胆な仮説で描いたサスペンス映画だが、バート・ランカスター、ロバート・ライアンという男くさいキャスティング、上映される劇場も日比谷映画、新宿プラザという男性映画路線の劇場といういわば正攻法の布陣で、堅実なヒットを記録した。本作やアブコ・エンバシーの作品など、1970年代半ばからはヘラルドの配給作品にもハリウッド・スターが主演するそこそこの大作映画というものが増えてきた。これはヘラルドのみの新傾向というよりは、ヨーロッパ映画がハリウッド・メジャーの作品と互角に勝負していけた日本の市場が、次第にハリウッド映画がブロックバスター的に独り勝ちする傾向に変わり、その一方でヨーロッパの芸術的な薫り高き作品はより小さなマーケットへシフトしていくという変化の時期に差し掛かっていたことによる。この市場の変化に対応すべく、ヘラルドではフォックスやMGM日本代表としてハリウッドに信用のある難波敏を1974年に常務（後に副社長）として招き、また古川博三常務（後に社長）がハリウッドに駐在してアメリカの映画人たちとの様々なパイプを築くなど、着々と次の時代への布石を打っていた。

『カサンドラ・クロス』（1976年）新聞広告（関西）

当初デザインされたポスターは、興行者を集めた会議で「井の頭線が脱線したくらいにしか見えない」と指摘され、ボツとなった。

そうした中、1977年の正月興行は、老舗東和と挑戦者ヘラルドというインディペンデント系洋画配給会社のトップを競う二社が正面から激突する熾烈な戦いを繰り広げたことで記憶されている。ポスト『ジョーズ』の本命として、一年前から3億円超の宣伝費を投じた東和の『キングコング』は有楽座、テアトル東京、丸の内東宝など東宝系超拡大の全国180館一斉公開。一方のヘラルドは伊＝英合作オール・スター映画『カサンドラ・クロス』で日比谷映画での公開だが、贔屓目に見ても実力差は横綱と小結ほどあった。しかし、宣伝の構えだけは西の横綱として『キングコング』との頂上決戦ムードを醸成し、ジャーナリストや興行関係者に抽選で選ばれた一般の映画ファン30名を加えた100名余を1976年12月6日のローマでの完成披露試写会＆パーティに招待し、業界内外の度肝を抜いた。こうした大規模なジャンケットはその後各映画会社が実施するようになったが、その先駆けがこの作品だった。最終的には『キン

『ミッドナイト・クロス』（1982年）で来日したジョン・トラボルタと当時の日本ヘラルド映画関西支社宣伝部の村富寿一、田中正和

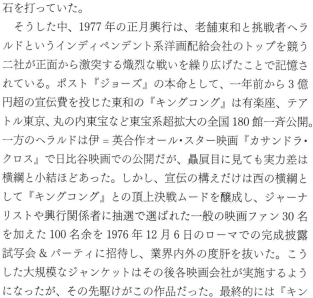

グコング』の30.9億に対して『カサンドラ・クロス』は15.3億とダブルスコアで東和に軍配が上がってはいるものの、1976年12月18日の両作品の公開初日には、有楽座の前で愛嬌を振りまく“キングコング・ガールズ”めがけて、『カサンドラ・クロス』の中に出てくる防護服を着たアルバイト学生たちが宣伝部員和田泰弘の指揮によりおもちゃの機関銃で攻撃、驚いて脚立から落ちそうになった東和の宣伝部員を東スポが写真に撮り、翌日の新聞で「コング、落ちる」と報じるなど、相乗効果もあっての大健闘だった。因みに、山口県のある劇場では両作品を上映していたが、フィルム巻が混ざってしまい、上映中の『カサンドラ・クロス』で列車が鉄橋を越えた途端にキングコングが吠えるシーンに変わり、場内が大騒ぎになったという。

その後も、ヘラルドではブライアン・デ・パルマ監督の『殺しのドレス』(1981年)『ミッドナイト・クロス』(1982年)を連続公開してデ・パルマ・ブームを起こし、『雨の訪問者』のセバスチャン・ジャプリゾ原作・脚本による『殺意の夏』(1985年)、スティーヴン・キング原作の『ミザリー』(1991年)、デイヴィッド・リンチ監督の『ツイン・ピークス／ローラ・パーマー最期の7日間』(1992年)、そしてシャロン・ストーンがブレイクしたポール・ヴァーホーヴェン監督の『氷の微笑』(1992年)といったサスペンス物で話題をさらったが、話題という点では何といっても1983年12月公開のショーン・コネリーのジェームズ・ボンド役復帰作『ネバーセイ・ネバーアゲイン』だろう。

本家である英国イオン・プロ製作の007シリーズで6作品ボンド役を演じた後、更なる大スターへの階段を昇って行ったコネリーが12年振りにボンド役を演じることになったこの作品、1965年にシリーズ第四作として製作された『007／サンダーボール作戦』の権利を所有していた米国のケヴィン・マクローリーが、同作と同じ脚本を基に再映画化を計画し、ロジャー・ムーア主演の本家の『007／オクトパシー』と一騎打ちとなる形でコネリーを主演に製作された。日本の配給収入ではムーア版が19.4億で1983年度第4位、本作は12.2億で1984年度の第6位となった。

その後も、ヘラルドでは米国ではコメディ扱いで惨敗した『トゥルー・ライズ』(1994年)をサスペンス・アクションとして宣伝し成功させ、『評決のとき』(1996年)『相続人』(1998年)のジョン・グリシャム原作物で気を吐いたのだった。

007最新作ショーン・コネリー主演
SEAN CONNERY is 007 in
NEVER SAY NEVER AGAIN
ネバーセイ・ネバーアゲイン
ショーン・コネリー／キム・ベイシンジャー／バーバラ・カレラ
製作ジャック・シュワルツマン／製作総指揮ケビン・マクローリー
監督アービン・カーシュナー／松竹・日本ヘラルド映画共同提供・配給
¥1200

『ネバーセイ・ネバーアゲイン』（1983年）前売り券

話題、前売最高！正月人気を断然独占！
シリーズかってない面白さ！
これぞ"本物"ボンド！
聞こえてきた！熱狂の声が！
全米で〈007〉最大のヒット！
熱い興奮が遂に日本上陸！
10日（土）より新春ロードショー！
初日全館オールナイト実施！
松竹セントラル
丸の内松竹
パンテオン
ミラノ座
新宿京王1
ピカデリー
グランド1
大宮オリンピア
17日（土）よりロードショー！
千葉京成
千葉劇場
SEAN CONNERY JAMES BOND
NEVER SAY NEVER AGAIN
ショーン・コネリー主演シリーズ最新弾！
007
ネバーセイ・ネバーアゲイン

『ネバーセイ・ネバーアゲイン』（1983年）新聞広告

大阪・梅田のゴルフ練習ドームの壁面に出現させた『トゥルー・ライズ』の巨大広告

NO.130『ジャガーの眼』（1967年／クロード・シャブロル監督／フランス）

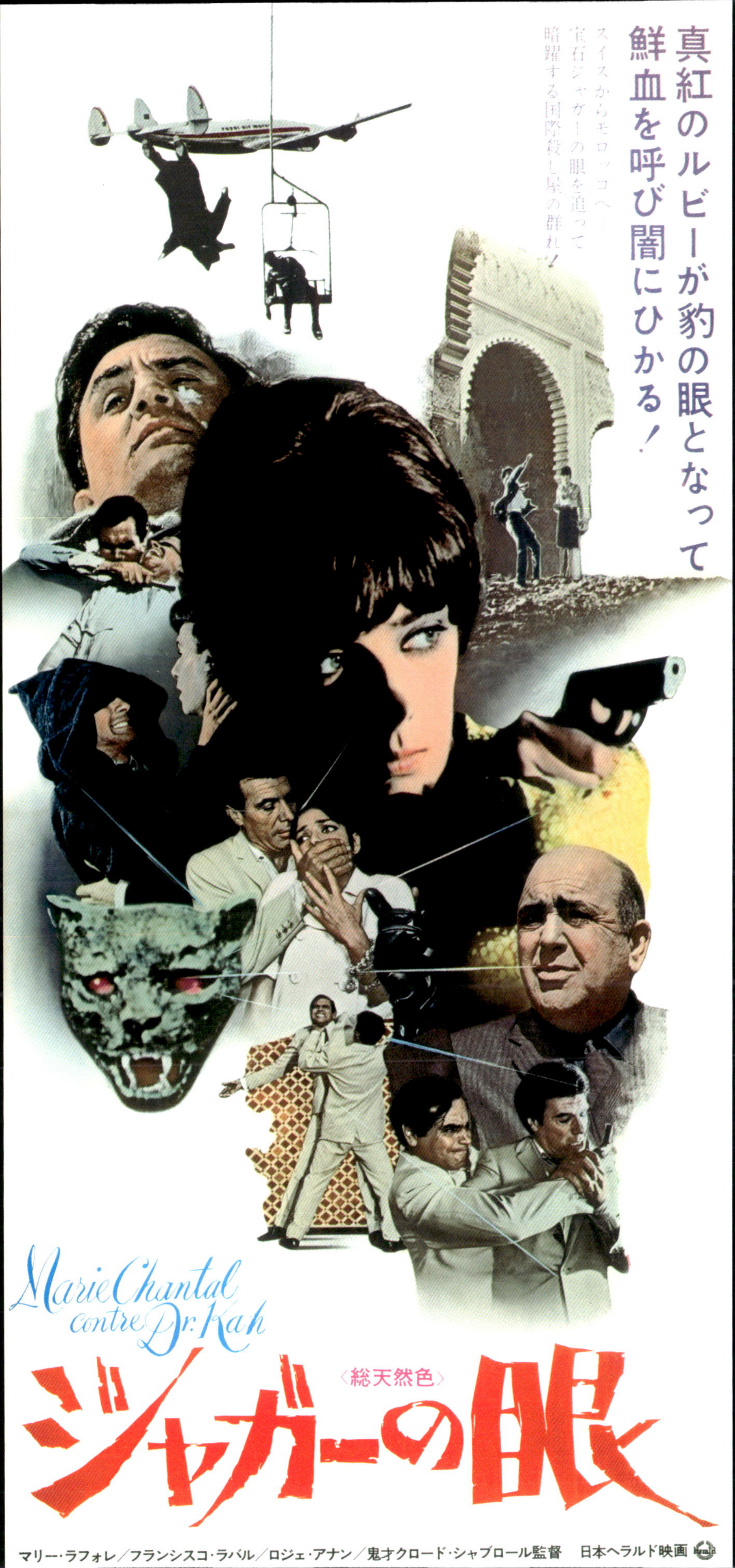
真紅のルビーが豹の眼となって
鮮血を呼び闇にひかる！
スイスからモロッコへ—
宝石ジャガーの眼を追って
暗躍する国際殺し屋の群れ！
Marie Chantal contre Dr. Kah
〈総天然色〉
ジャガーの眼
マリー・ラフォレ／フランシスコ・ラバル／ロジェ・アナン／鬼才クロード・シャブロール監督
日本ヘラルド映画

LE PASSAGER DE LA PLUIE

catch me a spy
霧のロンドンから緑のブカレストへ
銀のエア・ラインに愛とサスペンスが揺ぐ
しのび寄る足音は通り雨か‥‥心もふるえる‥‥‥

CATCH ME A SPY

象牙色のアイドル
＊「初恋」のジョン・モルダー・ブラウンが、美少女のコレクションをする――
ジョン・モルダー・ブラウン■リリー・パルマー
ママの胸で信じられぬ事を考えていた!
カラー作品
lilli palmer john moulder brown
The Finishing School
日本ヘラルド映画
Herald

THE FINISHING SCHOOL

エリザベス・テーラー
ローレンス・ハーベイ
ビリー・ホワイトロー
■カラー作品
夜をみつめて
NIGHT WATCH

NIGHT WATCH

EXECUTIVE ACTION

■"裏切者"のリストを持って、KGB高官フラソフ大佐、西側に政治的亡命を要求！
■その事実をめぐって、CIAディビス局長、自からフラソフに訊問の嵐！
■CIA はフラソフに6ヵ月間の隔離生活を送らせ、その間にリストによるスパイの捜査開始！
■リストに記名されている政府の要人次々と自殺！フラソフは逆スパイか？コンピューターと頭脳との死斗 の結末は？
エスピオナージ
〈カラー作品〉
ユル・ブリンナー
ヘンリー・フォンダ
ダーク・ボガード
フィリップ・ノワレ
ミシェル・ブーケ
ビルナ・リージ
マリー・デュボア
製作・監督アンリ・ベルヌイユ
音楽エンニオ・モリコーネ
原作・角川書店　サントラ盤・ビクターレコード
Herald
日本ヘラルド映画

LE SERPENT

GEORGE C.SCOTT in
a MIKE NICHOLS film
THE DAY OF THE DOLPHIN

THE DAY OF THE DOLPHIN

NO.136『エスピオナージ』（1974年 / アンリ・ヴェルヌイユ監督 / フランス・イタリア・西ドイツ）
NO.137『イルカの日』（1974年 / マイク・ニコルズ監督 / アメリカ）

THE CASSANDRA CROSSING

BLACK CHRISTMAS

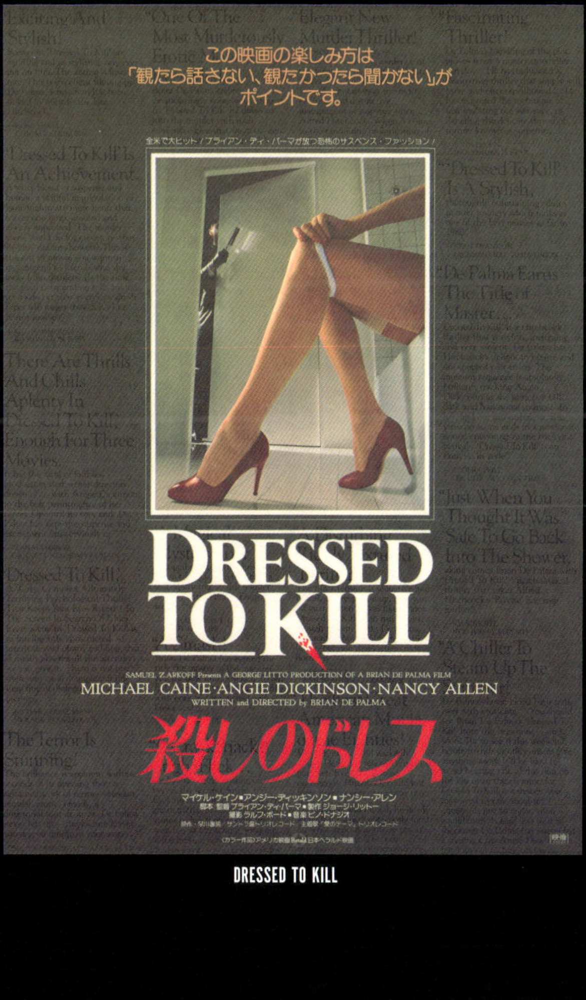

DRESSED TO KILL

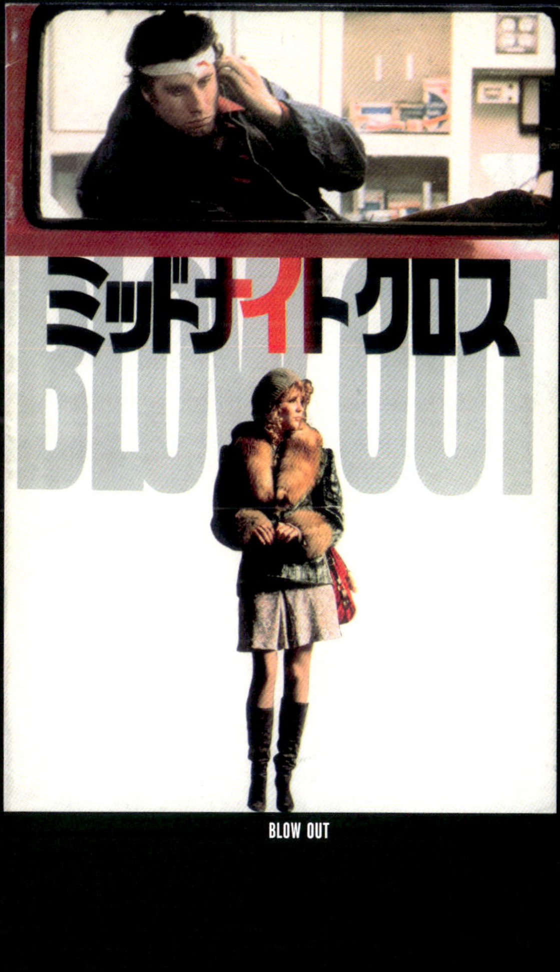

BLOW OUT

NO.139『暗闇にベルが鳴る』(1975年 / ボブ・クラーク監督 / カナダ)
NO.140『殺しのドレス』(1981年 / ブライアン・デ・パルマ監督 / アメリカ)
NO.141『ミッドナイトクロス』(1982年 / ブライアン・デ・パルマ監督 / アメリカ)

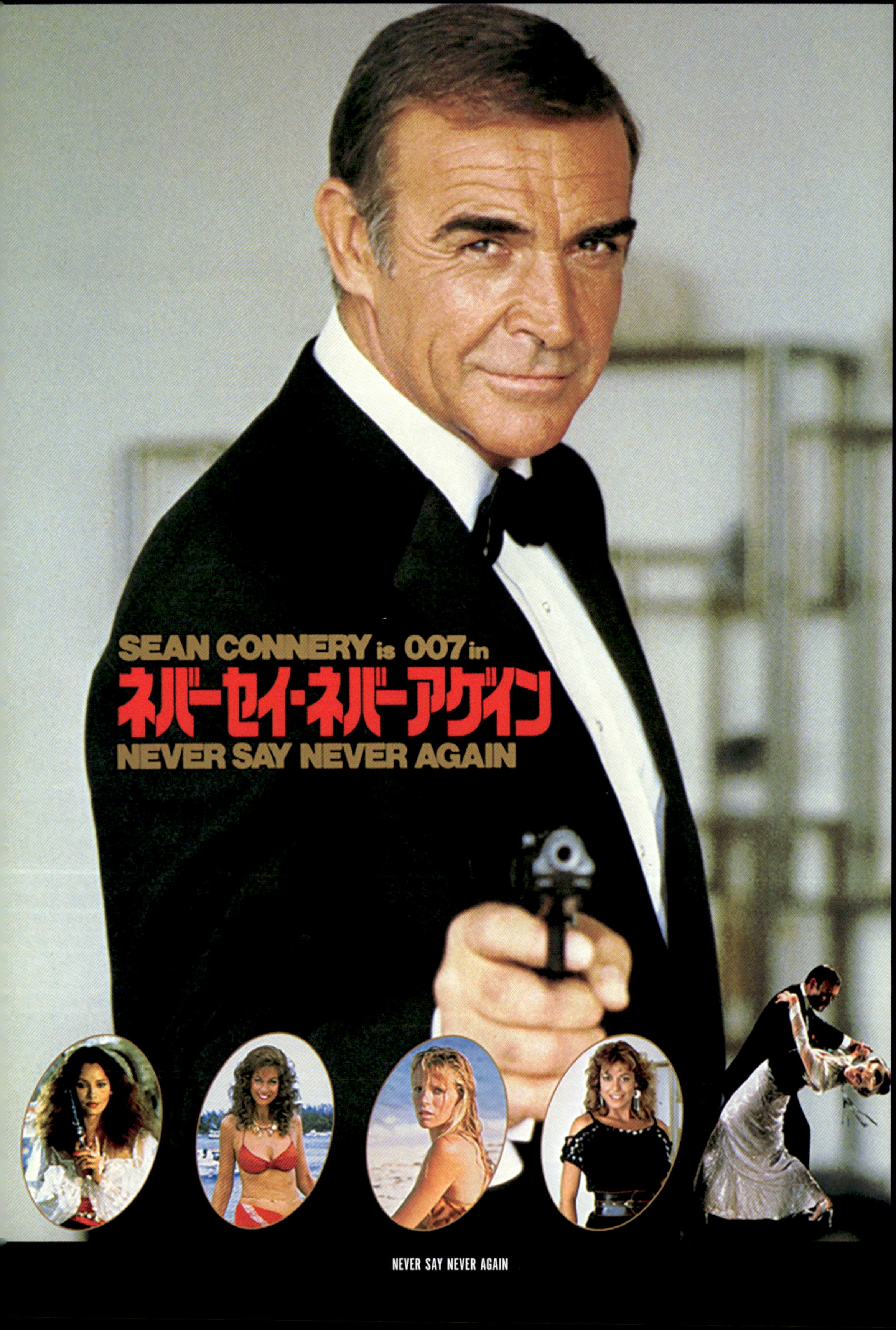

NO.142『ネバーセイ・ネバーアゲイン』(1983年 / アーヴィン・カーシュナー監督 / アメリカ)

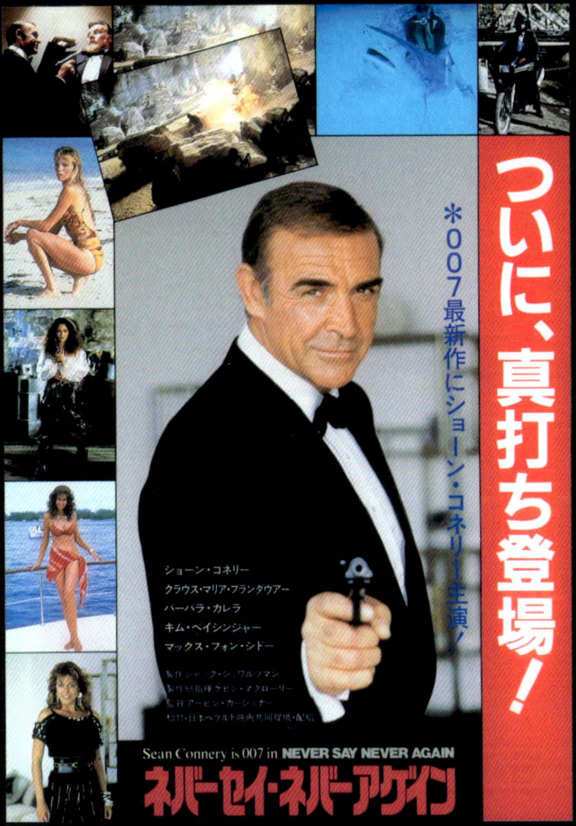

NEVER SAY NEVER AGAIN

A brutal murder. A brilliant killer.
A cop who can't resist the danger.
氷の微笑《びしょう》
BASIC INSTINCT

NO.143『氷の微笑』（1992年 / ポール・ヴァーホーヴェン監督 / アメリカ）

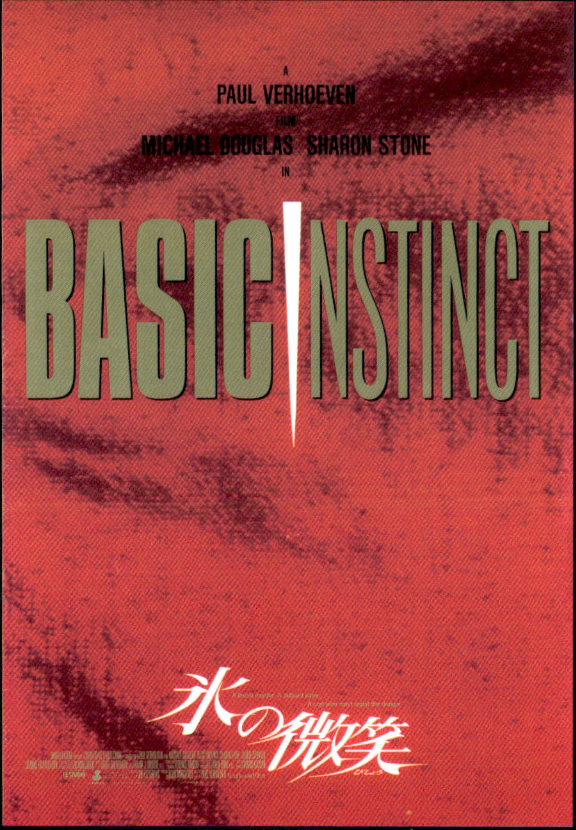

BASIC INSTICT

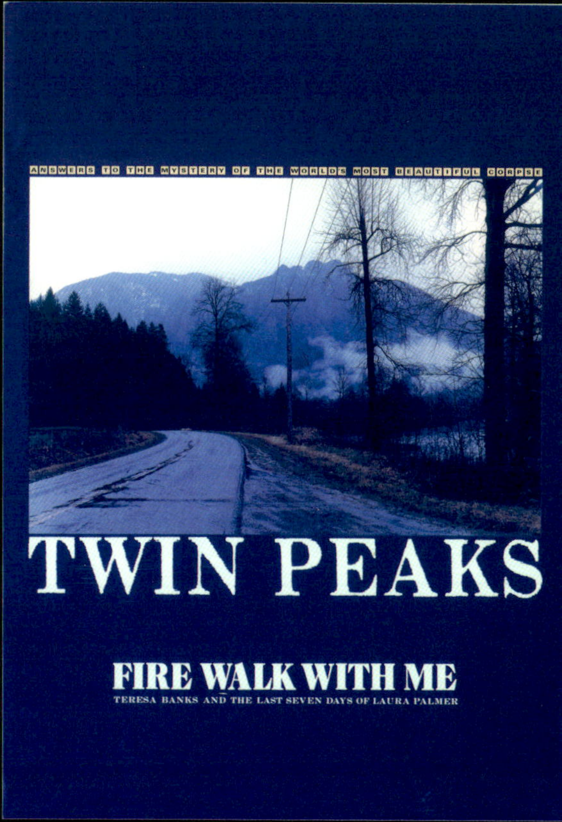

TWIN PEAKS: FIRE WALK WITH ME

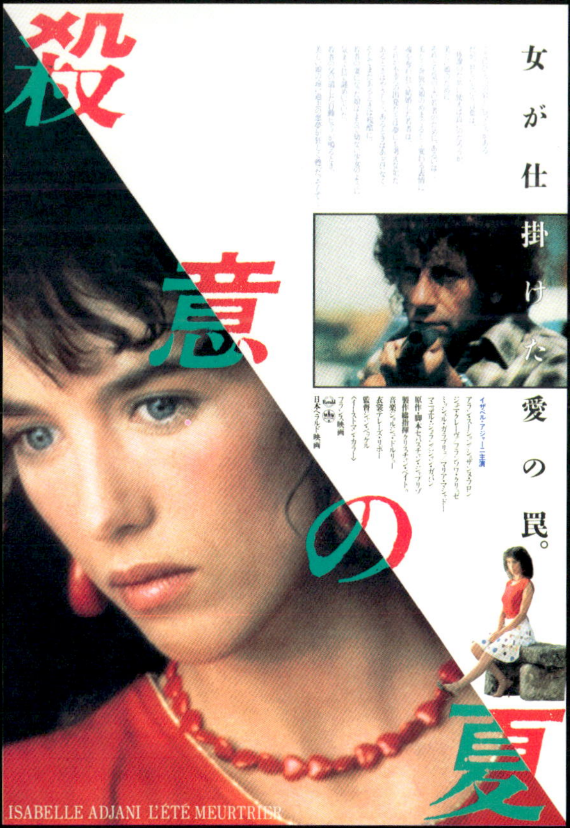

L 'ETE MEURTRIER

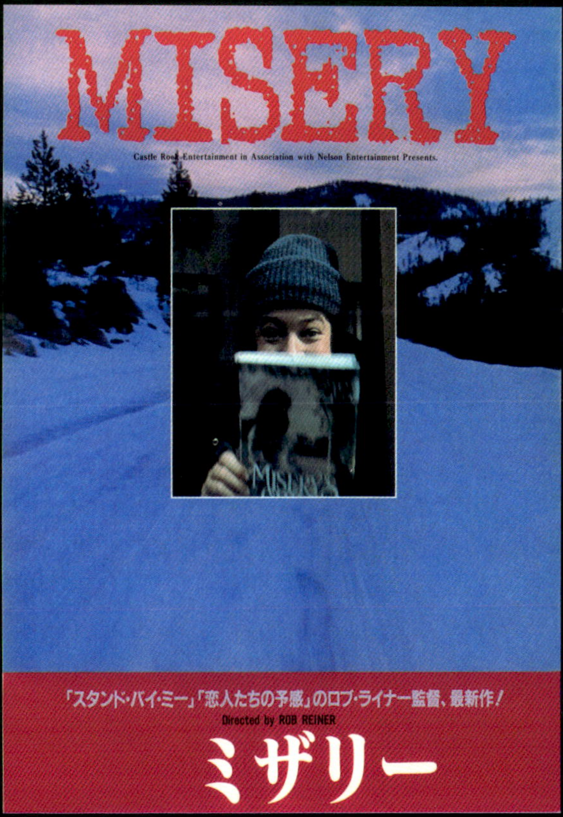

MISERY

TRUE LIES

A TIME TO KILL

THE GINGERBREAD MAN

DESPERATE MEASURES

NO.147『トゥルーライズ』(1994年 / ジェームズ・キャメロン監督 / アメリカ)
NO.148『評決のとき』(1996年 / ジョエル・シューマッカー監督 / アメリカ)
NO.149『相続人』(1998年 / ロバート・アルトマン監督 / アメリカ)
NO.150『絶体×絶命』(1998年 / バーベット・シュローダー監督 / アメリカ)

CHAPTER8

EROTICISM & VIOLENCE

エロティシズム&バイオレンス

世間を騒がせた“エマニエル・ボーナス”から
『グレート・ハンティング』やらせ疑惑もみ消しの真相まで

Emmanuelle
エマニエル夫人
日本ヘラルド映画
近日ロードショー

『エマニエル夫人』（1974 年）宣伝用のたばこ

シルヴィア・クリステルと古川勝巳社長

カンヌ映画祭 と
エマニエル・ツアー
EMMANUELLE TOUR
このツアーのみどころ
●カンヌ映画祭へはオブザーバーとして出席できます。
●パリでは「エマニエル夫人」及びフランスでも未公開の「続エマニエル夫人」のノーカット版を特別試写室にて上映致します。
●エマニエル夫人、女優「シルビア・クリステル」とのティーパーティーを予定しております。
費　用：¥348,000.−
期　間：昭和51年5月20日(木)〜5月27日(木) 8日間
募集人員：60名様(募集締切日4月24日(土)但し、定員になり次第〆切)
企画：日本ヘラルド映画株式会社
主催：日本交通公社(運輸大臣登録第64号)

ヘラルド事業部が企画し、JTBと組んで実施した
エマニエル・ツアーのチラシ

新橋駅前ビル 1 号館 3 階にあったヘラルドの試写室は、業界では“エマニエル試写室”と呼ばれていた。つまり、この豪華な革張りのキネット社製椅子の試写室は『エマニエル夫人』で儲かったお金で作った試写室だ、という訳だ。実際のところ、『エマニエル夫人』ほど仕入れ原価に対して利益効率の良かった作品は後にも先にもないはずだ。インディペンデント系配給会社の他社がまだ劇場上映権のみを買っていた時期に、ヘラルドはこの作品を音楽著作権なども含めたオール・ライツで購入しているが、その金額はフラットで 2 千万円程度だったと言われている（因みに、同時期にヘラルドは CIC 配給の『ジョーズ』のマーチャンダイジングの権利を買ってビジネス展開に成功している）。さて、それに対して『エマニエル夫人』の収入のほうは劇場の配給収入だけで 15.6 億円もの記録を打ち立てたのだ。1975 年当時「『エマニエル夫人』大ヒットでヘラルド映画社員に臨時ボーナス」という記事が週刊誌に書かれたり、大阪の東梅田地下街では新聞の号外になって張り出されたりしたという。社員に対するボーナスはもちろん桁外れで、もらった額は人によって査定もあっただろうが、「ボーナス袋が立つほど厚みがあった」とも「役員クラスなら東京近郊に土地を買えた」とも言われている。ヘラルドでは『エマニエル夫人』の大ヒットの勢いのまま、ヘラルド出版から写真集を出したり、JTB とタイアップして、フランスまでノーカット版を見に行く「エマニエル・ツアー」を企画したりと、この社会現象にまでなった作品での様々なビジネスでさらに自信を深めた。

『エマニエル夫人』成功の理由はいくつもあるが、映画のシーンにはない、フランスの写真家フランシス・ジャコペッティの特写による写真を、100 万円も払ってポスターのキー・ビジュアルに選んだことと、女性映画のイメージがある日比谷のみゆき座でのロードショーとし、女性客にアピールしたことが大きかった。だが、そういった意外に思える決断というのも、一朝一夕でできる芸当ではない。ヘラルドでは、エロスやバイオレンスといったジャンルの映画においても冒険的な試みの蓄積があったのだ。

パゾリーニの『アポロンの地獄』（1969 年）を買い付けたとき、古川勝巳社長は「今日、ええポルノ映画を買うて来たわ」と言いつつ、何とこれを「70 ミリでやろう」と言い出したのだという。さすがに 70 ミリにはしなかったものの、この難解かつグ

ロテスクな作品を、ヘラルドでは「現代欧州映画の革命児パゾリーニがギリシャ悲劇「オイディプス」に挑む問題の秀作！」としてみゆき座で公開し、見事にヒットさせ、1969年度のキネマ旬報賞外国語映画第一位作品賞・外国映画監督賞を獲得した。

テレンス・ヤング監督の『アマゾネス』(1973年) も専らエロス路線で売った作品だが、この作品では6名の“アマゾネス・ガールズ”を来日させ、日テレの『11.P.M.』への出演や六本木での記者会見に際して裸を披露させることにしていた。ところが、マネージャーが安請け合いして彼女たちにちゃんと話していなかったため、「そんな話聞いていない」と大モメになり、結局、臨時ボーナスを出すからと説得して6人のうち3人の若い娘だけが脱いだ。脱がなかった年長の女優は、通訳として付いて頂いた戸田奈津子さんの話では「顔はきれいな人でしたけど、胸がすごい垂れ乳で、折りたたんでブラジャーに入れていたような見たこともないオッパイの方で、見せるに見せられなかったのでしょうね (笑)」とのこと。因みに、同作品のタイトルを付けた井関惺によれば、「本来なら『アマゾンズ』のはずだけど、勝巳社長が“アマゾネス”と呼んでいたので、そう読むのだと思い込んでいた」という。“アマゾネス・ガールズ”たちが脱ぐことに抵抗したのは、彼女たちがいわば素人だったからだが、同じく裸の記者会見をやった『色情日記』(1971年) のサンドラ・ジュリアンの場合は、脱ぐ覚悟はあったものの、直前に「生理になってしまって歩けない」というので、当時、若手宣伝部員の坂上直行がおぶって記者会見場に連れて行ったという。

勝巳社長が「お客さんの心を掴むにはエロが必要」との持論を持っていたこともあり、裸を売りにした作品は、古くは1959年の『パリのお嬢さん』(後に『ストリップお嬢さん』とタイトルを変えて再公開) から、1960年代以降は『豊かなる成熟　女体本能の告白』(1961年)、『濡れた砂丘』(1963年)、『濡れた夜』(1965年) の“濡れたシリーズ”や『花弁が濡れるとき』(1968年)、『花弁のうずき』(1970年) の“花弁シリーズ”、ゲンズブール＆バーキンのエロティック・ノワール『ガラスの墓標』(1971年)、『歓喜のたわむれ』(1968年)、『世界浴場物語』(1969年) といった説明不要のタイトルから意味不明の『快楽地獄　エロチコン』(1973年) まで、更に1986年の『ナインハーフ』といった作品まで綿々と続くが、中でも力を入れたのが1980年公開の『カリギュラ』だった。製作兼共同監督のボブ・クッチョーネのニューヨークのペントハウスで裸の女の子たちを撮影して『11.P.M.』で紹介させたり、来日キャンペーンも行ったが、作製したTVスポットの内容が過激すぎて関西のすべての局で断られたりと、ポルノと知らされずに出演していたピーター・オトゥールがクッチョーネを訴えるなどお騒がせの話題が多かった映画製作プロセスにも負けないくらい、物議を醸した宣伝キャンペーンだった。

パリで『エマニエル夫人』無修正版（1975年）公開劇場の前に立つ当時のヘラルドのスタッフ

『アマゾネス』PRのために来日した“アマゾネス・ガールズ”一行

『パリのお嬢さん』（1959年）ポスター（上）と、同作のタイトルを変更・再公開した『ストリップお嬢さん』ポスター（下）

来日したゲンズブールとバーキン。バーキンのお腹にはのちに女優になるシャルロットがいた

「カリギュラ」（1980年）で来日したボブ・クッチョーネと“ペントハウス・ペット”たち

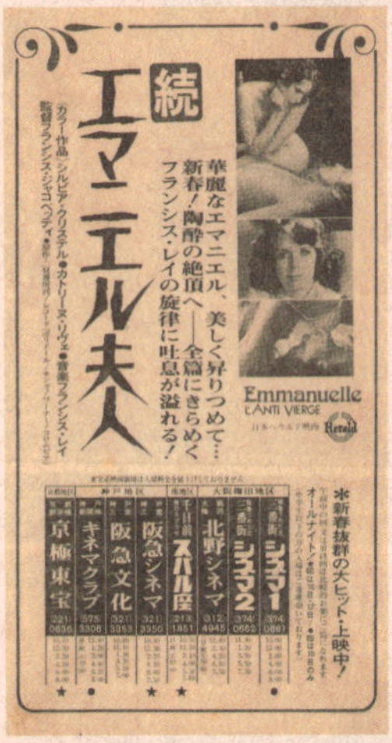

『続エマニエル夫人』の新聞広告（関西）

超ヒット作『グレート・ハンティング』の、大阪・北野劇場での初日の様子。同劇場は当時1Fにあったが、シネコンになった今、こんな光景は見られない

一方、バイオレンス路線もまた、1960年代の『太陽のはらわた』（1963年）、『鎖の大陸』（1964年）といった作品あたりからもう一つのヘラルドが得意としたジャンルだったが、この路線の白眉は何と言っても『グレート・ハンティング』に尽きるだろう。元々は、火災を起こしたビルの屋上から人が飛び降りるシーンなどを集めたキワモノ映画を50万ドルで買ってきたものの、いまひとつインパクトのあるシーンがないため、国際部がいろいろと捜したところ、イタリアの別会社のフィルムの中に“ライオンに人が喰われるシーン”があるというのでそれを買って繋ぎ合わせ、そのシーンを売りに大宣伝をかけたところ、丸の内東宝ほか東京・横浜地区11館だけで7.4億の一興行チェーン新記録を打ち立てる大ヒットを記録した。ところが、今となっては時効だが、この“ライオンに人が喰われるシーン”がやらせ以外の何物でもなかった。井関惺によれば、上映する劇場のロビーに飾る8枚組のカラー・スチールのセットを作製したところ、印刷を担当した三映印刷の担当営業だった岩瀬厳から「喰われる脚のカットを良く見ると、かすかにパイプが映っている」と指摘があり、急遽8枚組からその1枚だけを回収して劇場に配布したという。もっとも、坂上直行によれば、この話は当時の宣伝部員ですら知らされておらず、本当にライオンに喰われたシーンだと信じていたという。

1974年12月公開の『エマニエル夫人』、1976年3月公開の『グレート・ハンティング』は“宣伝のヘラルド”の実力を業界内外にまざまざと見せつけた。だが、金脈を掘り当てても大ヒットの実績が上がれば買い付け額も上がってしまう。前者で『続エマニエル夫人』（1975年）、『エマニエル夫人〈成人版〉』（1977年）、後者で『グレート・ハンティング2』（1977年）、『グレート・ハンティング'84』（1983年）という続編も配給しているが、買い付け額はオリジナル版を遥かに上回り、収益は期待値には遠く及ばない、というインディペンデント配給会社ならではのジレンマも味わっている。

めくるめく光の中で父を殺め……
王冠の下で母を抱いた……
白日がえぐり出した華麗なる残酷！
優秀映画鑑賞会特薦
《カラー作品》
アポロンの地獄
鬼才ピエロ・パオロ・パゾリーニ監督・脚本
フランコ・チッティ／シルバーナ・マンガーノ／アリダ・バリ／イタリア映画
日本ヘラルド映画
Herald

LE DEJEUNER SUR L'HERBE

MADEMOISELLE STRIP-TEASE

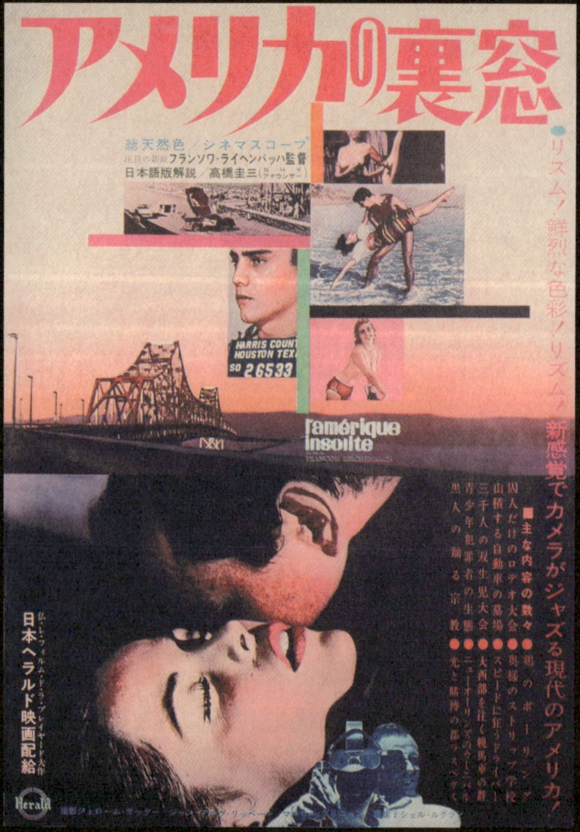

L'AMERIQUE INSOLITE

NO.152『草の上の昼食』(1963年／ジャン・ルノワール監督／フランス)
NO.153『ストリップお嬢さん』(『パリのお嬢さん』改題／1959年／ピエール・フウコォ監督／フランス)
NO.154『アメリカの裏窓』(1961年／フランソワ・レシャンバック監督／フランス)

●私刑！暴動！白人女の肌に這う黒い指！炸裂する強烈なモダンジャズ！残酷と愛欲にむせかえる異様なショッキング映画！
les tripes au soleil
輸出禁止実に五ケ年！遂に日本のみ公開！
太陽のはらわた
グレゴワール・アスラン
ジャック・リシャール
デューク・セック
新鋭クロード・ベルナール・オーベール監督
音楽 アンドレ・オディール
撮影 ジャン・イスナール
日本ヘラルド映画

LES TRIPES AU SOLEIL

●新しきフランス・エロチシズムの開花！愛欲浜辺にただれる異常な三角関係！
シネマスコープ
濡れた砂丘
新鋭 ヨゼ・ベナツェラフ監督／鬼才 フレデリック・ダール 原作・脚本
フランス・フィルム・ユニベール大作 日本ヘルラド映画
Herald

L' ETERNITE POUR NOUS

NO.155『太陽のはらわた』(1963 年 / クロード・ベルナール=オーベール監督 / フランス)
NO.156『濡れた砂丘』(1963 年 / ジョゼ・ベナゼラフ監督 / フランス)

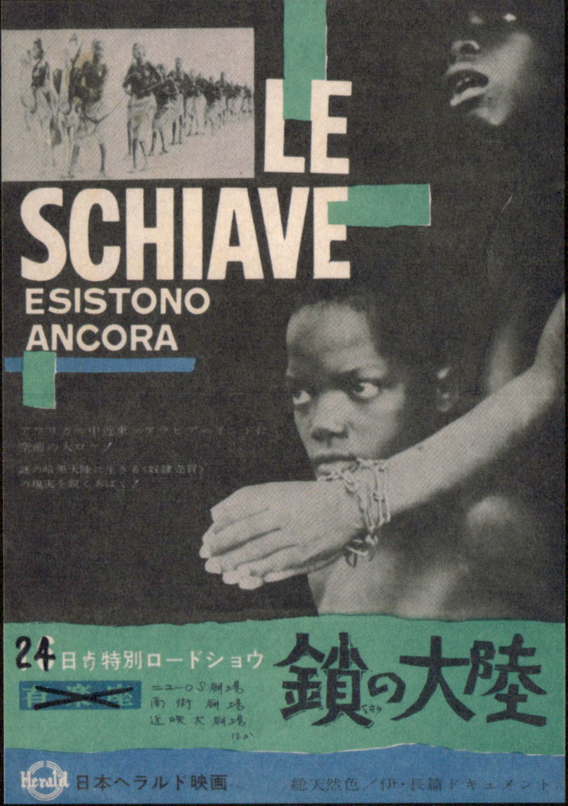

LE SHIAVE ESISTONO ANCORA

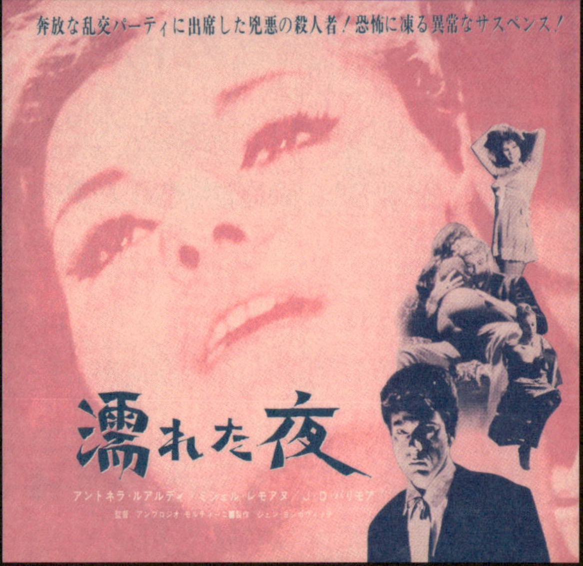

SEXY PARTY

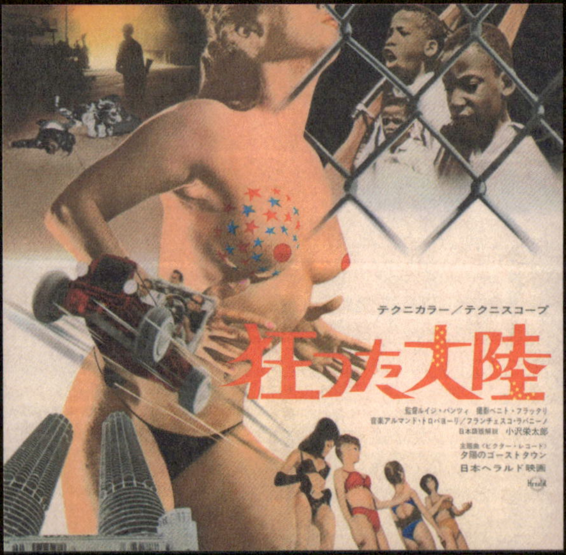

AMERICA, PEASE DI DIO

QUIET DAYS IN CLICHY

LSD
5ドルで天国!?

ACID

白夜にくりひろげる
乱交の饗宴!
スウェーデン女流監督が
強烈・大胆に描く
女性SEXの神秘!
歓喜のたわむれ
ハリエット・アンデルソン
グンネル・リンドブロム
アニタ・ビョルク
LOVING COUPLES
日本ヘラルド映画
新春第2弾ロードショウ決定
丸の内松竹 (201) 3720

ALSKANDE PAR

快楽地獄
エロチコン
カラー作品〈成人映画〉
…ディープ…ディープ…カモン…カモン…
女の舌が舐め勝つか!アメリカの手が隠しきるか!
とことん恥部をさらけ出すエロチコン!
M-33,431-CT COL
mutual discretion
36 & 32, are desir
genial & flexible
& adventurous sw
Extremely attract
compatible & abo
日本ヘラルド映画

EROTICON

ローマ大浴場から
タイ式トルコ風呂まで……
世界の美女の大パレード!!
好奇と衝撃の長篇記録!
成人映画
男子禁制の女湯をかくしカメラが覗く!!
〈カラー作品〉
PLEASURE OF THE BATH
世界浴場物語

VOLUPTES DU BAIN

NO.161『LSD・5ドルで天国!?』(1968年 / ジュゼッペ・M・スコテーゼ監督 / イタリア)
NO.162『歓喜のたわむれ』(1968年 / マイ・ゼッタリング監督 / スウェーデン)
NO.163『快楽地獄エロチコン』(1973年 / バーナード・L・サケット監督 / アメリカ)
NO.164『世界浴場物語』(1969年 / ウェルナー・クンツ監督 / フランス・西ドイツ)

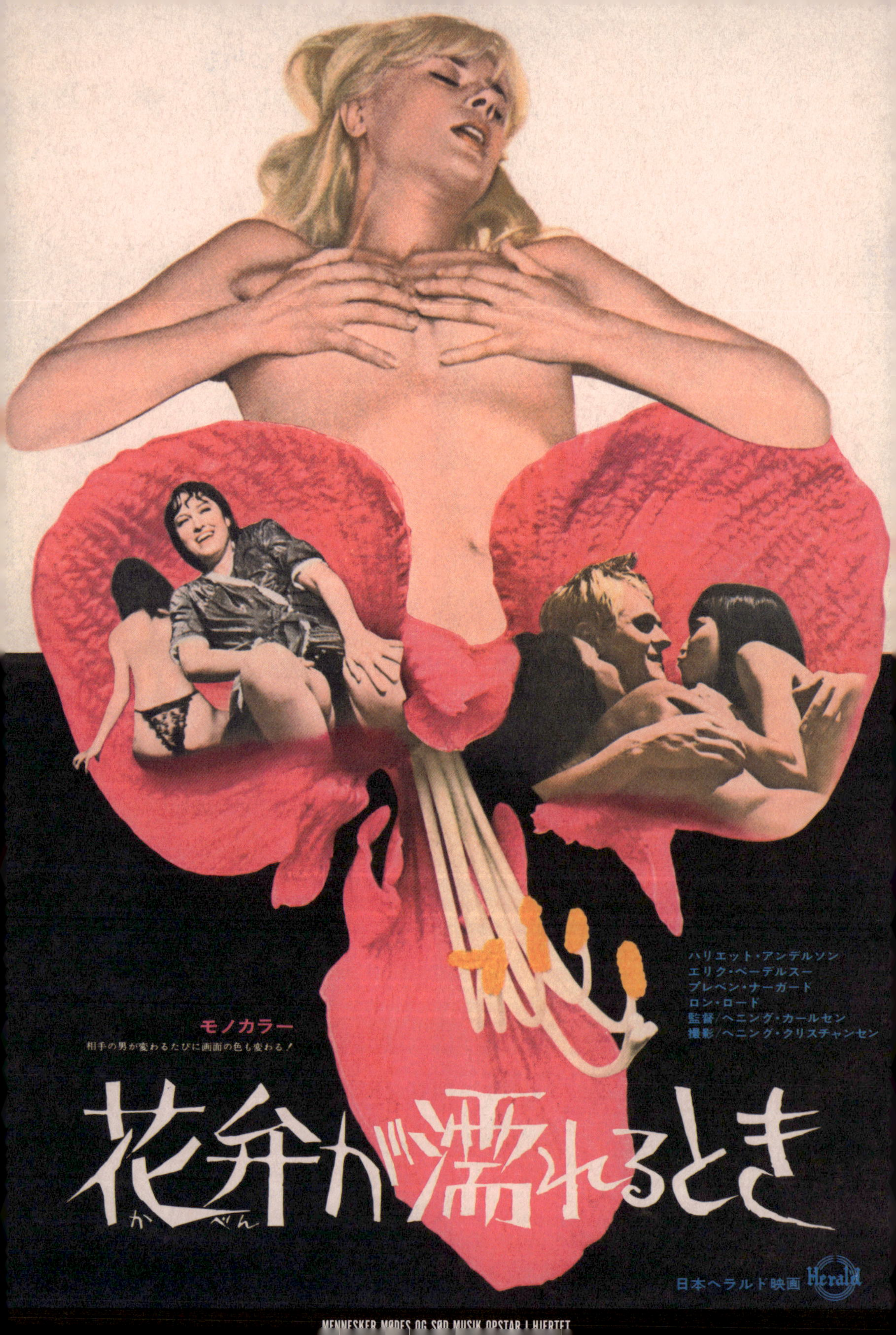

ハリエット・アンデルソン
エリク・ペーデルスー
プレベン・ナーガード
ロン・ロード
監督／ヘニング・カールセン
撮影／ヘニング・クリスチャンセン
モノカラー
相手の男が変わるたびに画面の色も変わる！
花《か》弁《べん》が濡れるとき
日本ヘラルド映画
Herald
MENNESKER MØDES OG SØD MUSIK OPSTAR I HJERTET

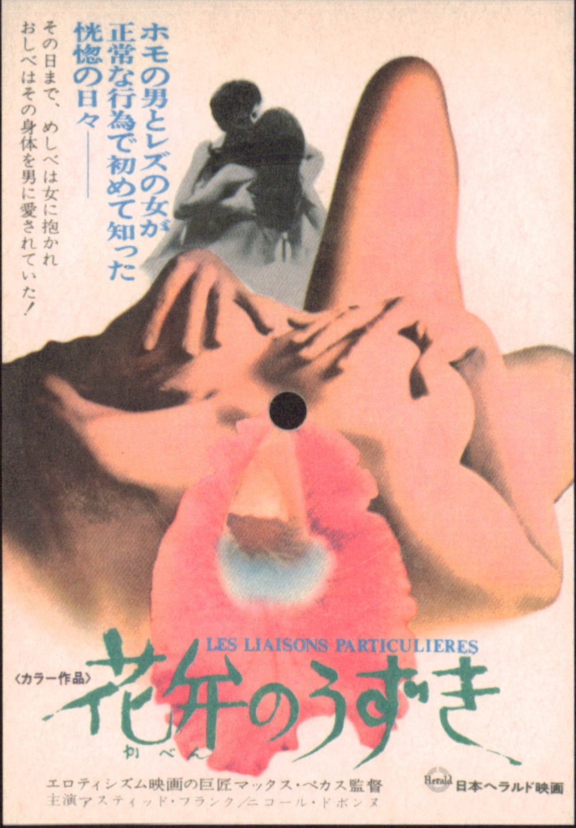
ホモの男とレズの女が
正常な行為で初めて知った
恍惚の日々――
その日まで、めしべは女に抱かれ
おしべはその身体を男に愛されていた!
LES LIAISONS PARTICULIERES
〈カラー作品〉
花弁《かべん》のうずき
エロティシズム映画の巨匠マックス・ペカス監督
主演アスティッド・フランク/ニコール・ドボンヌ
日本ヘラルド映画

LES LIAISON PARTICULIERES

男が2人　私の前と後から……唇が!乳房が!身体が!
求めても、求めても、欲しがるのです!男を呼ぶのです!
■ポルノ界に登場した新星サンドラ・ジュリアン/官能のSEX演技で話題呼ぶ衝撃の告白日記公開!
色情日記
カラー作品/成人映画
イブ・バンサン
監督マックス・ペカス
日本ヘラルド映画

JE SUIS UNE NYMPHOMANE

SERGE GAINSBOURG
JANE BIRKIN dans
CANNABIS
un film de PIERRE KORALNIK

CANNABIS

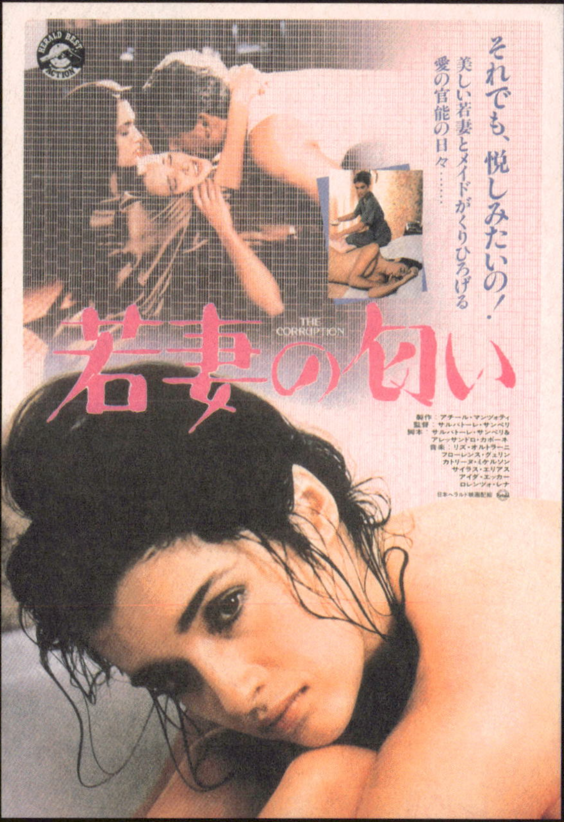
それでも、悦しみたいの!
美しい若妻とメイドがくりひろげる
愛の官能の日々……
THE CORRUPTION
若妻の匂い
製作:アチール・マンツォティ
監督:サルバトーレ・サンペリ
脚本:サルバトーレ・サンペリ&
アレッサンドロ・カポーネ
音楽:リズ・オルトラーニ
フローレンス・グェリン
カトリーヌ・ミケルソン
サイラス・エリアス
アイダ・エッカー
ロレンツォ・レナ
日本ヘラルド映画配給

THE CORRUPTION

NO.166『花弁のうずき』(1970年 / マックス・ペカス監督 / フランス)
NO.167『色情日記』(1971年 / マックス・ペカス監督 / フランス)
NO.168『ガラスの墓標』(1971年 / ピエール・コラルニック監督 / フランス・イタリア/西ドイツ)
NO.169『若妻の匂い』(1987年 / サルヴァトーレ・サンペリ監督 / イタリア・フランス)

THE AMAZONS

THE AMAZONS

THE AMAZONS

THE REMINISCENCES 5

『アマゾネス』ガールのキャンペーンでは、来日したでっかいお姉ちゃんたちについて回っていたんですが、テレビ番組「11 P.M.」への出演時や六本木交差点の本屋の裏にあったビルで行なった記者会見に際して裸になることになっていたのに、そんな話聞いていない、と大モメになりました。マネージャーが安請け合いして彼女たちにちゃんと言っていなかったんでしょうね。サンドラ・ジュリアンなど、ポルノ女優は皆、覚悟して来るんですが、アマゾネスたちはいわば素人ですからね。結局、臨時ボーナスを出すからということで六人のうち三人の若い娘は脱ぎましたね。脱がなかった中の一人は顔はきれいな人でしたけれど、胸がすごい垂れ乳で、折りたたんでブラジャーに入れていたような見たこともないオッパイの方で、見せるに見せられなかったんでしょうね（笑）。

——戸田奈津子

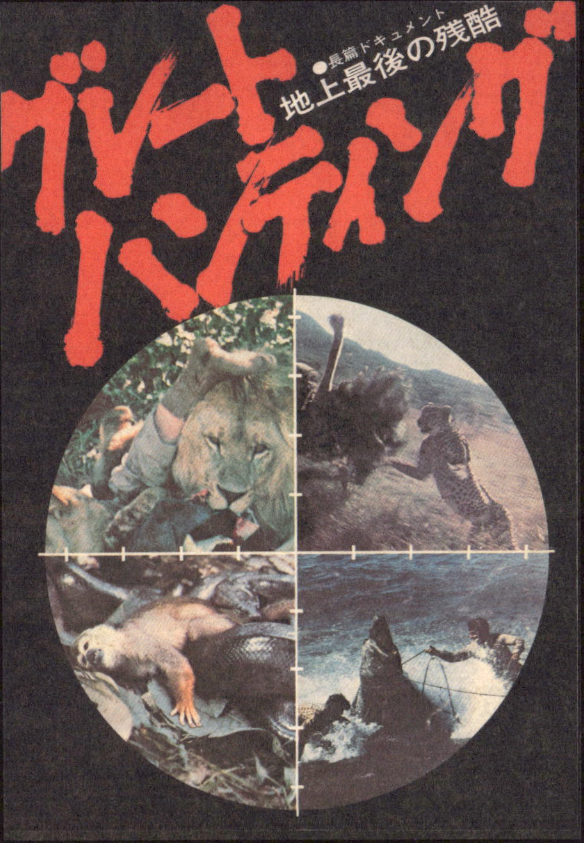
●長篇ドキュメント
地上最後の残酷
グレートハンティング

ライオンが人間を喰い
人間が人間を狩る!
あまりの衝撃に
世界中が身震いした
恐るべきドキュメント!
20世紀文明の切り口からしたたり落ちる
残酷の血、そして恐怖の脂汗――
アルベルト・モラビアは叫ぶ
人類に未来はあるのかと……
監督・撮影/アントニオ・クリマーティ
マリオ・モッラ
ナレーション台本/アルベルト・モラビア
サントラ盤/オデオン・レコード
グレート
地上最後の残酷
長篇ドキュメント
日本語解説版
ハンティング
日本ヘラルド映画
Herald

ULTIME GRIDA DALLA SAVANA

グレートハンティング
THE GREAT HUNTING II
2
≪人喰いライオン≫の
興奮もさめやらぬいま
太陽の返り血を浴びて
登場する衝撃の続篇――
今度は何が飛び出すのか!

SAVANA VIOLENTA

安らかな〈死〉ではなく、
凄まじい〈生存〉を選んだ!
これは恐るべき真実の記録である!
■アンデス山中での旅客機遭難事故以来
三年間沈黙を守った秘密のフィルムが
いま初めて語る信じられぬ生還のドラマ!
監督■アルバロ・J・コバセビッチ
音楽■アンジェル・パラ
ブラジル映画/日本ヘラルド映画
LA
ODISEA
ANDES
人肉で生き残った16人の若者
アンデスの
聖《せい》餐《さん》
長篇ドキュメンタリー
〈カラー作品〉

LA ODISEA DE LOS ANDES

NO.171『グレートハンティング/地上最後の残酷』(1976年/アントニオ・クリマーティ監督、マリオ・モッラ監督/イタリア)
NO.172『グレートハンティング2』(1977年/アントニオ・クリマーティ監督、マリオ・モッラ監督/イタリア)
NO.173『人肉で生き残った16人の若者/アンデスの聖餐』(1976年/アルバロ・J・コバセビッチ監督/ブラジル)

唇に愛の華咲きほころばせ…
昼さがりの光にさえ肌を許す
背徳のおまえ――エマニエル
エマニエル夫人
〈カラー作品〉
シルビア・クリステル アラン・キュニー マリカ・グリーン 監督ジュスト・ジャエキン
原作エマニエル・アルサン サントラ盤ワーナー・レコード
Herald
★あの禁断の書――エロチックな話題と興奮の渦巻く中でついに衝撃の映画化！
Emmanuelle

EMMANUELLE

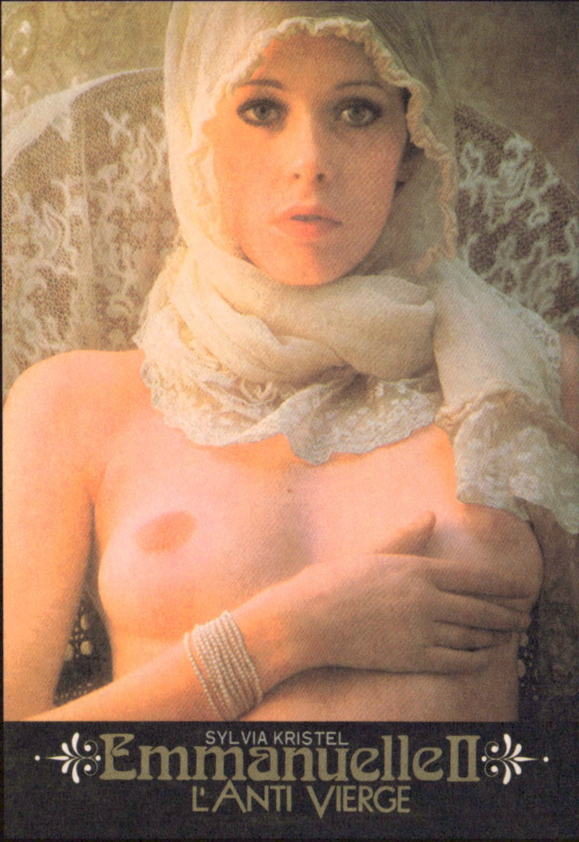

EMMANUELLE, L'ANTI VIERGE

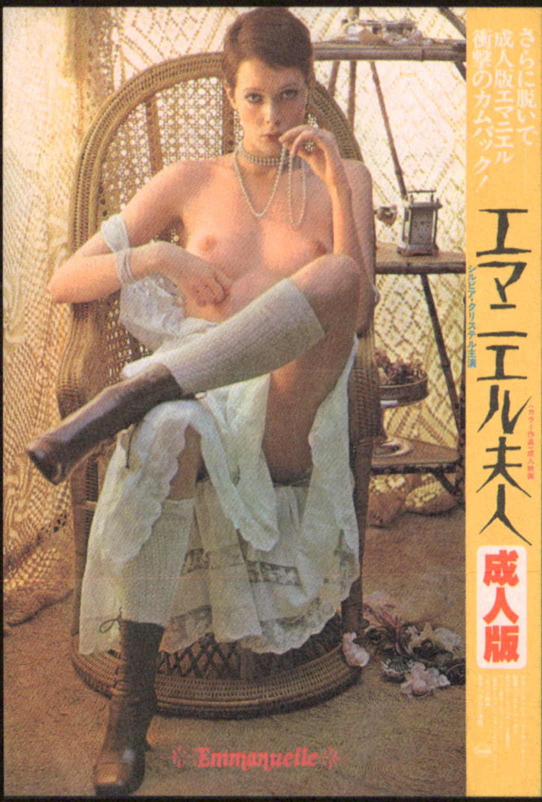

EMMANUELLE

NO.175『続エマニエル夫人』（1975年 / フランシス・ジャコベッティ監督 / フランス）
NO.176『エマニエル夫人／成人版』（1977年 / ジュスト・ジャカン監督 / フランス）

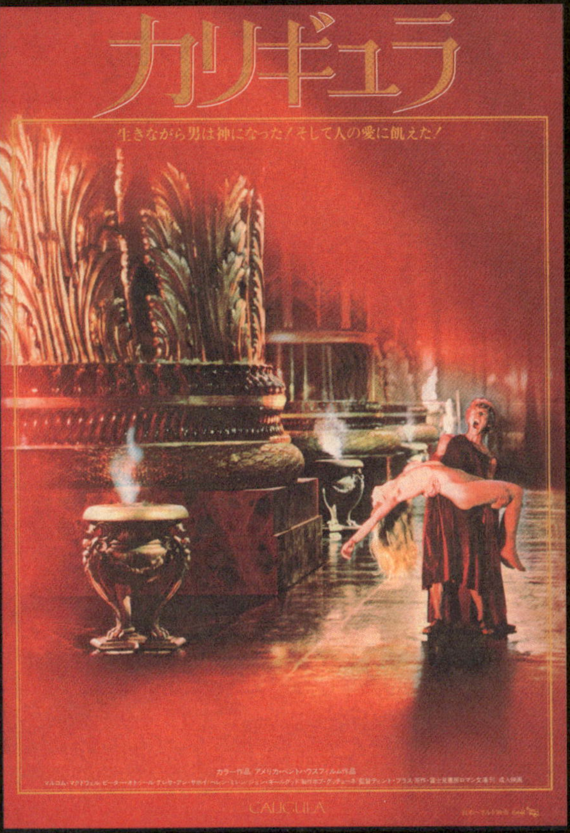
カリギュラ
生きながら男は神になった！そして人の愛に飢えた！
CALIGULA

CALIGULA

JACK NICHOLSON JESSICA LANGE
in the film of BOB RAFELSON
THE POSTMAN ALWAYS RINGS TWICE
Based on the novel by JAMES M. CAIN

THE POSTMAN ALWAYS RINGS TWICE

輝き時に出逢った男と女に
愛のルールはいらない。
"なれていくのが怖かった…"
NINE 1/2 WEEKS
ナインハーフ
ミッキー・ローク／キム・ベイシンジャー主演
「フラッシュダンス」のエイドリアン・ライン監督作品

NINE 1/2 WEEKS

15才の私は発見されるために、そこにいた。
愛人
ラマン
L'amant

L'AMANT

NO.177『カリギュラ』（1980年 / ティント・ブラス監督 / アメリカ）
NO.178『郵便配達は二度ベルを鳴らす』（1981年 / ボブ・ラフェルソン監督 / アメリカ）
NO.179『ナインハーフ』（1986年 / エイドリアン・ライン監督 / アメリカ）
NO.180『愛人／ラマン』（1992年 / ジャン=ジャック・アノー監督 / フランス・イギリス）

CHAPTER9

ACTION! ACTION! ACTION!

アクション！　アクション！　アクション！

は俺の出番だ！
強の男が
の暗黒組織相手に
を開始

『コンボイ』大キャンペーン、『エンテベ急襲』の顛末、そして「必殺バズーカ発射ツアーin CHINA」中止の真相？

『コンボイ』（1978年）ツアー・キャラバン時の様子（上、下）

『コンボイ』（1987年）大阪グランドホテルで記者会見に臨むアリ・マックグロウ

インディペンデント系洋画配給会社としては後発のヘラルドでは、長い間大スターの主演作やハリウッドの大作映画の権利を獲得することはできなかった。そんな中で、ある意味で最もヘラルドらしい路線というのが、そこそこの中堅スターが主演の、アクション一辺倒の、しかしどこかワン・ポイント面白いB級アクションだった。ヘラルド配給開始から二年目の1959年の『やくざ特急』は長距離トラック運転手が密輸組織と渡り合う話だが、西部劇や戦争映画などとともに、この手のB級アクションは1960年代くらいまでは定番の路線だった。1970年代になり様々なヒット作で力を付けてくると、同じアクション路線でも、イタリア産業界の陰謀を描いたジャン＝マリア・ボロンテ主演の『黒い砂漠』（1974年）、カリブ海の客船を舞台にしたリチャード・ハリス主演の海洋アクション『黄金のランデブー』（1978年）、警察の追っ手を交わすプロの逃げ屋を描いたライアン・オニール主演の『ザ・ドライバー』（1978年）、アルプスを疾走する列車を舞台にしたロバート・ショー主演の『アバランチエクスプレス』（1979年）といった、そのスターでお客が呼べるほどの存在ではないが、一応スターと認知されているクラスの俳優が主演する作品が増えてきて、結果はともあれ“大作”の構えで売るようになった。

そんな時代を象徴する作品が、1978年公開のサム・ペキンパー監督作品『コンボイ』だろう。全米公開よりも二週間以上早い1978年6月10日に世界に先駆けてのロードショー公開、という売りでブッキングされていたこの注目の作品は、しかしながら製作会社のEMIとペキンパー監督の間のトラブルから完成が大幅に遅れ、フィルムが日本に到着するのが公開直前になるため、宣伝展開上の大きなハンディを負っていた。公開の一ヵ月前にはヒロイン役のアリ・マックグロウを呼んで来日キャンペーンを行っているが、テレビやスポーツ新聞、週刊誌は別として、月刊誌などは間に合わないタイミング。そこで、話題を盛り上げるために行ったのが、映画の中に登場する全長17.5m、18輪、350馬力のモンスター・トラックを宣伝のために輸入して、全国でツアー・キャラバンを展開する大キャンペーンだった。残念ながら日本では道路交通法の規制で公道は走れないことが判明したものの、トレーラーで全国各地に運び、たとえば大阪では万博記念公園、札幌では中島公園のような広いスペースにトラックを設置し“コンボイ・ガール”が愛嬌を振りまくイヴェントで、映画のスケール感を伝えるには十分な効果をもたらしたと言えるだろう。余談だが、ヘラルド発祥の地である名古屋では、当時、中部支社の宣伝を担当していた広江邦生が新聞広告の原稿を作っているときに、古川勝巳社長がひょっこり顔を出して広告の絵柄に意見を言うことがあったという。ド迫力のモンスター・トラック自体が主役といえるアクション一辺倒の『コンボイ』には濡れ場などはなかったものの、勝巳社長は別の作品のキャビネ・ファイルから女の裸の写真を選んで持ってくると、「エロの要素があったほうが客が入るわ」と言って本編には出てこない裸の胸の写真を広告の中に入れたという。おおらかな時代ならではのエピソードだ。

同時期に、やはりヘラルドにとっての畢生の大作として、日本のみならず北米を除く世界配給権を獲得したのが、チャールズ・ブロンソン主演の『エンテベ急襲』だった。1976年6月に起こった、アラブ・ゲリラにハイジャックされたエールフランス機の247人の人質をイスラエル精鋭部隊がウガンダのエンテベ空港で奇襲をかけて奪還した実話を描いたこの作品、ヘラルドは東宝系で1977年春の公開を予定していたが、全く同じ題材をビデオで撮影したワーナーのオール・スター映画『エンテベの勝利』が松竹系で急遽1976年12月に公開され、しかもアラブ諸国からの抗議によって一週間で上映が打ち切りとなってしまった。ヘラルドでは政治性を避けるためにタイトルを『サンダーボルトGO！』とアクション映画っぽく改めて公開を目指したが、香港などでは公開され、よい成績を残したものの結局日本国内ではお蔵入りにせざるを得なくなった。

1980年代になりビデオ市場が成熟してくると、B級アクション映画は二次利用としてのビデオ収入の見込める手堅い路線として再び注目を集めるようになった。メナハム・ゴーラン＆ヨーラム・グローバスのキャノン・グループ、ロジャー・コーマンのコンコード、ロイド・カウフマンのトロマなどの作品は、まともに宣伝費をかけて全国公開するには作品として弱いけれども、ともかくも劇場公開作品としてビデオ化すれば確実に利益が出ると見なされ、B級アクションに特化した専門の劇場を作って連続的に公開していく「ヘラルド・ベスト・アクション」プロジェクトが1987年にスタートした。このプロジェクトは、宣伝部の中に別途ミニ配給会社を置くような形で、チーフ宣伝プロデューサー大渕順雄を責任者に、宣材物作成などの宣伝業務とパブリシティは谷川建司が担当してスタートした。因みに谷川は前年度に関西支社宣伝部勤務で、夏休みと年末年始にニューヨークで山ほどB級アクション映画を見てきて、この手の作品はスターが出ていなくても面白い、というレポートを八十河瑞雄常務に提出していた。会社の思惑とたまたま一致しただけとはいえ、入社三年目の若手宣伝マンが意見書を出すと、

『エンテベ急襲』（1977年）
キネマ旬報での紹介記事

『サンダーボルトGO！』（1977年）
キネマ旬報でのラインナップ広告

「ヘラルド・ベスト・アクション」スタート時の雑誌広告

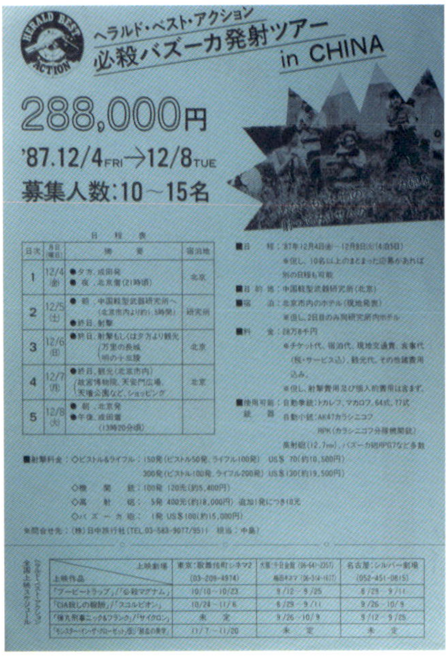
HERALD BEST ACTION
ヘラルド・ベスト・アクション
必殺バズーカ発射ツアー in CHINA
288,000円
'87.12/4FRI→12/8TUE
募集人数:10～15名
「必殺バズーカ発射ツアー in CHINA」募集チラシ

世論に"撃たれた"日本ヘラルド社
バズーカ砲ツアー中止
今回は不発に終わったが日本でもバズーカ砲の使い手が増えつつある？
お騒がせ
人騒がせなバズーカ砲ツアーは、世論パワーに負けて不発に終わった――映画配給会社・日本ヘラルド社（東京都港区）と日中旅行社が、中国での実弾発射ツアーを企画、宣伝していたが「法律には違反していないが、世間をお騒がせするのは不本意」と同ツアーの中止を決めた。
× × ×
「ウチとしては旅行代理店への行政指導を検討していた段階。暴力団などに悪用される恐れがあるので確かに好ましいことではないが、業者への圧力は全くかけていません」――旅行業者を監督する運輸省旅行業課では、当事者の自主撤退だと強調する。
そもそもこのツアー、日本ヘラルド社が東京、大阪、名古屋にアクション作品専門の映画館をつくったことがきっかけ。映画を見るだけでは物足りないというファンを対象にキャンペーンの一環として企画された。問題のバズーカ砲などの射撃は北京市郊外にある人民解放軍の中国軽型武器研究所で行うことになっていたという。ガンマニアやサバイバルゲームといういわゆる"戦争ごっこ"の愛好者から日中旅行社に100件以上の問い合わせがあったというからビックリ。
さらに、新聞報道でこのツアーが取り上げられてし

ツアー中止を伝える「東京スポーツ」記事（1987年9月5日）

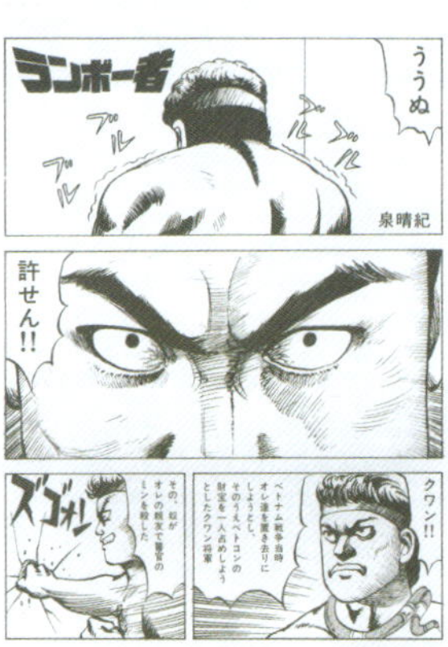
ランボー者
ううぬ
泉晴紀
許せん!!
クワン!!
ベトナム戦争当時オレ達を置き去りにしようとし、そのうえベトコンの財宝を一人占めしようとしたクワン将軍
その、奴がオレの親友で警官のミンを殺した
ズゴォ!

『ランボー者』『吐きだめのヒーロー』のパンフレットに描かれたマンガ

すぐに「ならばお前がそれをやれ」と担当にしてしまう柔軟さが、ヘラルドという会社の特徴であり、"チャレンジ精神"だったと言えるかもしれない。

「ヘラルド・ベスト・アクション」は、都内では新宿・池袋に専門劇場を構え、『アメリカン忍者』（1987年）、『大統領暗殺指令』（1988年）、『吐きだめのヒーロー』（1987年）、『ドラゴン忍者』（1987年）などヴァラエティに富んだラインナップを二本立て興行で展開したが、それとは別に、チャック・ノリスの『地獄のコマンド』（1986年）、『ブラドッグ／地獄のヒーロー3』（1988年）、チャールズ・ブロンソンの『スーパー・マグナム』（1986年）など多少なりとも知名度のあるスターの作品は、メインストリームの作品を地方で上映する際の併映作品（スプラッシュ作品）として用いられ、いずれの場合も劇場公開作品としてビデオ販売で利益を上げていった。件の『エンテベ急襲』も巡り巡って「ベスト・アクション」に組み入れられ、『特攻サンダーボルト作戦』（1987年）のタイトルで10年目にして公開されたのだった。

中には、『ランボー者』のように、そのタイトルが「いくら何でもふざけ過ぎだ」と怒られることもあったが、『必殺コマンド』（1987年）の際に企画した「必殺バズーカ発射ツアー in CHINA」が読売新聞社会面で批判的な見出しの下に記事になって中止に追い込まれた事件の際には、むしろ「いいパブリシティになった」と却って褒められたりした。同ツアーは「ベスト・アクション」上映劇場でクイズを実施、正解者の中から抽選で、日中旅行社が主宰する中国での「バズーカ発射ツアー」に招待するという企画に『月刊GUN』編集部を絡め、ツアー告知は劇場と『月刊GUN』誌上で行なう代わりに、取材して記事を書く『月刊GUN』編集者と「ベスト・アクション」側の当選者のツアー代金は日中旅行社が負担する、というものだった。ヘラルドとしては、中止になっても宣伝に繋がったからいいとして、日中旅行社の担当者は降格処分になったそうで気の毒なことをした。

と肉体とダイナマイト!!死の大密輸行につっぱしる恐怖の地獄特急!!
RANDVISION
監督・脚本
ケン・ヒューズ
主演
ビクター・マチュア
ダイアナ・ドース
パトリック・アレン　ジーン・アンダーソン
ウェル・セトンプロ製作
Herald
やくざ特急
The LONG HAUL
ヘラルド映画株式会社 配給

NO.182『黒い砂漠』（1974年 / フランチェスコ・ロージ監督 / イタリア）

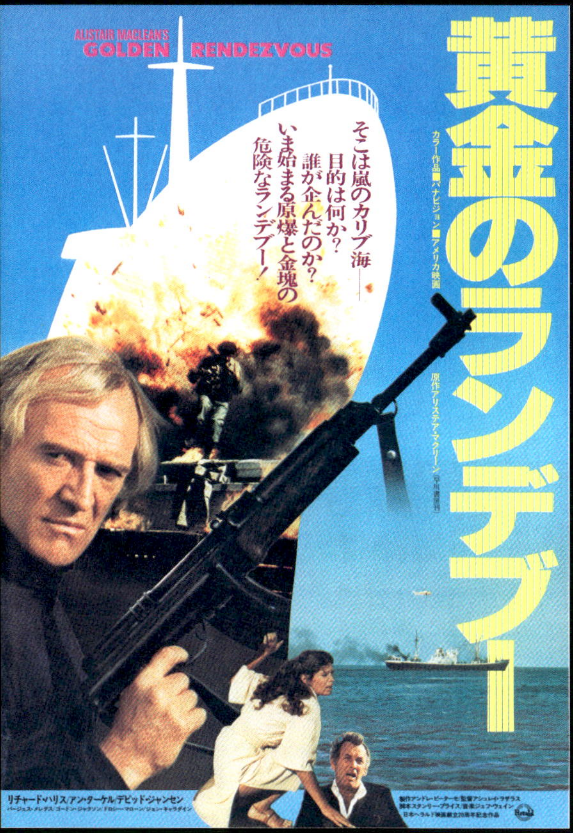
ALISTAIR MACLEAN'S
GOLDEN RENDEZVOUS
黄金のランデブー
カラー作品■パナビジョン■アメリカ映画
そこは嵐のカリブ海——
目的は何か？
誰が企んだのか？
いま始まる原爆と金塊の
危険なランデブー！
原作アリステア・マクリーン（早川書房刊）
リチャード・ハリス/アン・ターケル/デビッド・ジャンセン

GOLDEN RENDEZVOUS

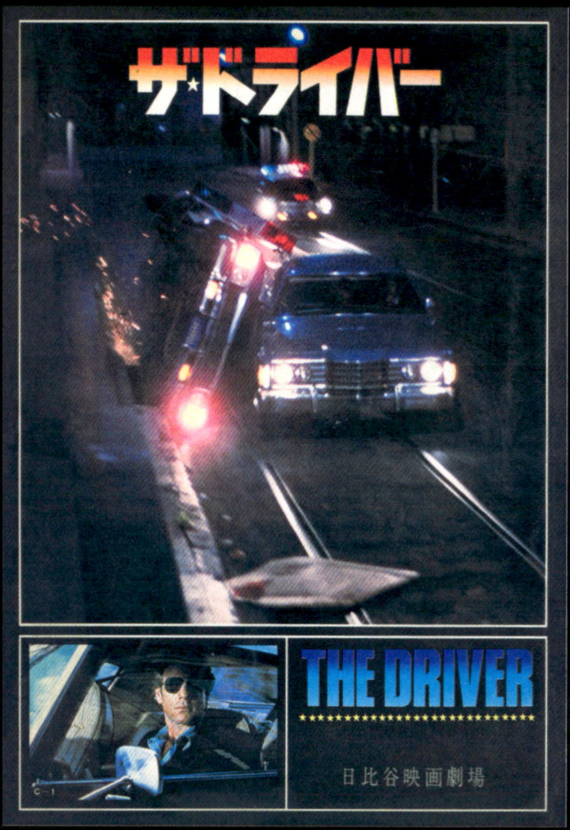
ザ・ドライバー
THE DRIVER
日比谷映画劇場

THE DRIVER

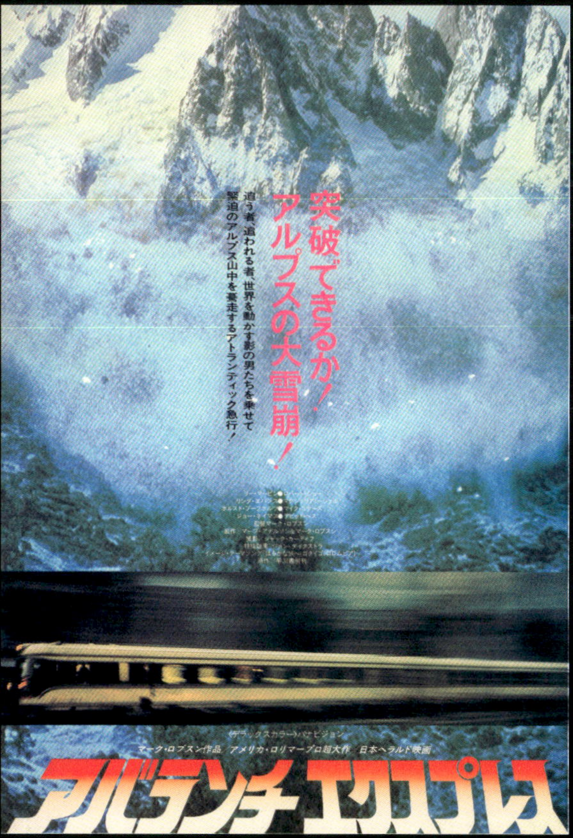
突破できるか！
アルプスの大雪崩！
追う者、追われる者、世界を動かす影の男たちを乗せて
緊迫のアルプス山中を驀走するアトランティック急行！
マーク・ロブスン作品 アメリカ・ロリマープロ超大作 日本ヘラルド映画
アバランチエクスプレス

AVALANCHE EXPRESS

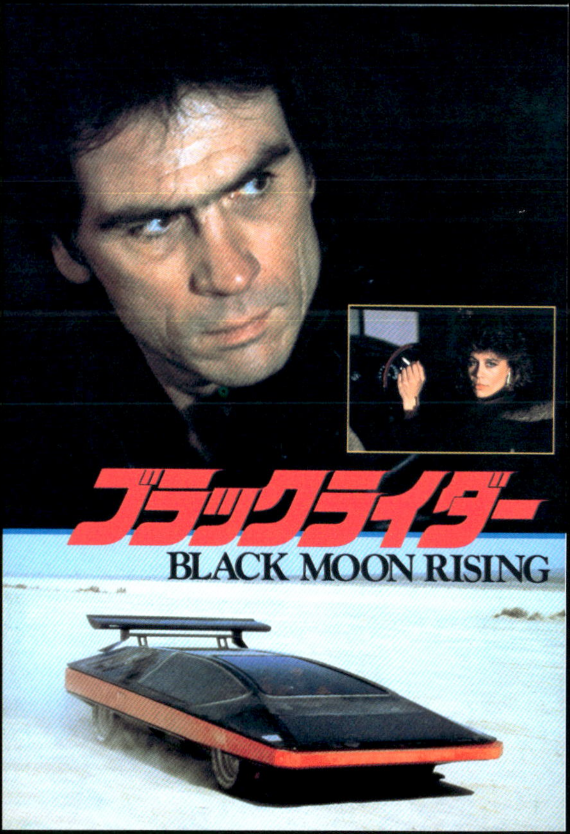
ブラックライダー
BLACK MOON RISING

BLACK MOON RISING

NO.183『黄金のランデブー』（1978年 / アシュレイ・ラザルス監督 / イギリス・南アフリカ）
NO.184『ザ・ドライバー』（1978年 / ウォルター・ヒル監督 / アメリカ）
NO.185『アバランチエクスプレス』（1979年 / マーク・ロブソン監督 / アメリカ）
NO.186『ブラックライダー』（1986年 / ハーレイ・コークリス監督 / アメリカ）

〈カラー作品〉アメリカ・EMI超大作
日本ヘラルド映画創立20周年記念作品
コンボイ
■4チャンネル超ステレオ音響

CONVOY

動き出した　もう誰にも俺たちを止める力はない！
コンボイ
A FILM OF SAM PEKINPAH
CONVOY
コンボイとは"船団"のことである
Herald
日本ヘラルド映画創立20周年記念作品
クリス・クリストファーソン/アリ・マックグロー/バート・ヤング/アーネスト・ボーグナイン　■サム・ペキンパー監督 4チャンネル超ステレオ音響/カラー作品
EMI

a SAM PECKINPAH Film
MACK
CONVOY
EMI

CONVOY

MACK
動き出した
もう誰にも俺たちを止める
力はない！
巨大な18輪トラックが100台
コンボイを組んでやってくる！
コンボイとは"船団"のことである
■サム・ペキンパー監督
コンボイ

CONVOY

INVASION U.S.A.

NO.188『地獄のコマンド』(1986年 / ジョセフ・ジトー監督 / アメリカ)

地獄の戦場から帰って来たヒーロー、あの《ブラドック大佐》が再び挑む50人の子供達救出作戦!
感動と興奮のアクション炸裂!
全米大ヒット・シリーズ最新作!
チャック・ノリス
地獄のヒーロー3
ブラドック
CHUCK NORRIS
BRADDOCK

BRADDOCK: MISSING IN ACTION Ⅲ

CHARLES BRONSON
IS BACK TO BATTLE NEW YORK'S SAVAGE STREET KILLERS
DEATH WISH 3
驚異の破壊力を秘めた475ウィルディ・マグナムが火を噴く!
俺が掟だ!炎の怒りに
包まれて、やっぱり
あいつが帰って来た!
チャールズ・ブロンソン
スーパー・マグナム

DEATH WISH 3

俺たち制御不能《アウト・オブ・コントロール》!
HARLEY DAVIDSON AND THE MARLBORO MAN
たった2人で巨大麻薬シンジケートに戦いを挑む。全米熱狂のスーパー痛快アドベンチャーRIDE ON!!
「マイアミ・バイス」の
主演:ミッキー・ロークMICKEY ROURKE/ドン・ジョンソンDON JOHNSON
ハーレーダビッドソン&マルボロマン
●MICKEY ROURKE/DON JOHNSON/CHELSEA FIELD/TOM SIZEMORE/VANESSA WILLIAMS/DANIEL BALDWIN●Directed by SIMON WINCER●Produced by JERE HENSHAW●Written by DON MICHAEL PAUL●Director of Photography DAVID EGGBY A.S.C.●Music by BASIL POLEDOURIS

HARLEY DAVIDSON AND THE MARLBORO MAN

OPERATION THUNDERBOLT

大統領を救え!
史上最強のスナイパーに狙われた大統領の運命は?
策略と陰謀のうずまく中南米を舞台に、CIA、軍隊、女スパイが織りなす暗殺アクション!
大統領暗殺指令
HOUR OF THE ASSASSIN

HOUR OF THE ASSASSIN

《サンタマリア》—この国にはアマチュアは必要ない!
何の目的で!?——たった一人ラテン・アメリカの
狂気の国へ乗り込み、独裁政治の支配者たちに
立ち向う元米軍コマンド部隊の勇士!
HERALD BEST ACTION
MISSIONKILL
必殺コマンド
ロバート・ギンティ/キャメロン・ミッチェル/メレーテ・ヴェン・カンプ/オリビア・ダボ/ヘンリー・ダロー/サンディ・バロン
製作総指揮ハワード・ゴールドハーブ&アンドレ・ダジャウイ/製作・監督デビッド・ウィンタース/撮影トム・デノーヴァ/音楽ジェッセ・フレデリック&ジェフ・コッズ

MISSION KILL

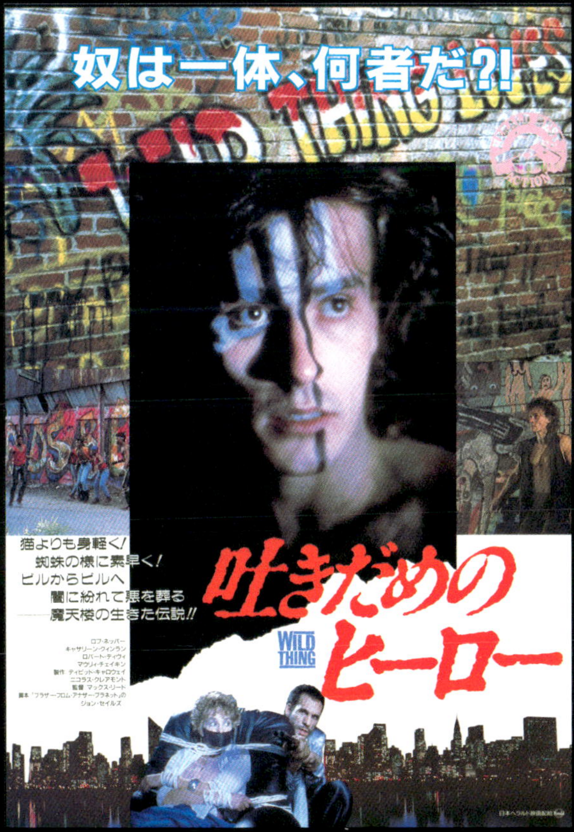

奴は一体、何者だ?!
猫よりも身軽く!
蜘蛛の様に素早く!
ビルからビルへ
闇に紛れて悪を葬る
——魔天楼の生きた伝説!!
吐きだめのヒーロー
WILD THING
ロブ・ネッパー
キャサリーン・クィンラン
ロバート・ディヴィ
マウリィ・チェイキン
製作 ディビット・キャロウェイ
ニコラス・クレアモント
監督 マックス・リード
脚本「ブラザー・フロム・アナザー・プラネット」の
ジョン・セイルズ

WILD THING

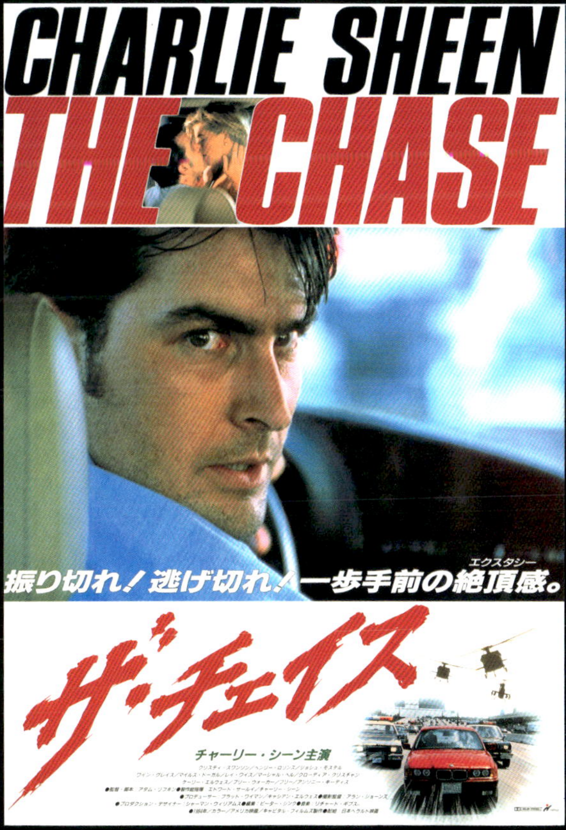

CHARLIE SHEEN
THE CHASE
振り切れ!逃げ切れ!一歩手前の絶頂感《エクスタシー》。
ザ・チェイス
チャーリー・シーン主演

THE CHASE

NO.193『大統領暗殺指令』(1988 年 / ルイス・ロッサ監督 / アメリカ)
NO.194『必殺コマンド』(1987 年 / デヴィッド・ウィンターズ監督 / アメリカ)
NO.195『吐きだめのヒーロー』(1987 年 / マックス・リード監督 / アメリカ)
NO.196『ザ・チェイス』(1994 年 / アダム・リフキン監督 / アメリカ)

HERALD BEST ACTION
一塵の風が走り、閃光が過ぎ去った時
そこに青い目の忍者がいた!
全米の忍者ブームのなか
頂点に立つ男、
〈マイケル・ダディコフ〉!
今、驚異の技が光る!
アメリカン忍者
AMERICAN NINJA
マイケル・ダディコフ/ジュディー・アロンソン/グッチ・クック/ドン・スチュワート/ジョン・フジオカ/タダシ・ヤマシタ
製作:メナハム・ゴーラン&ヨーラム・グローバス
監督:サム・ファーステンバーグ◆脚本:ポール・デ・ミルシュ◆撮影:ハナニア・ベア◆武術振り付け:マイク・ストーン
日本ヘラルド映画配給

AMERICAN NINJA

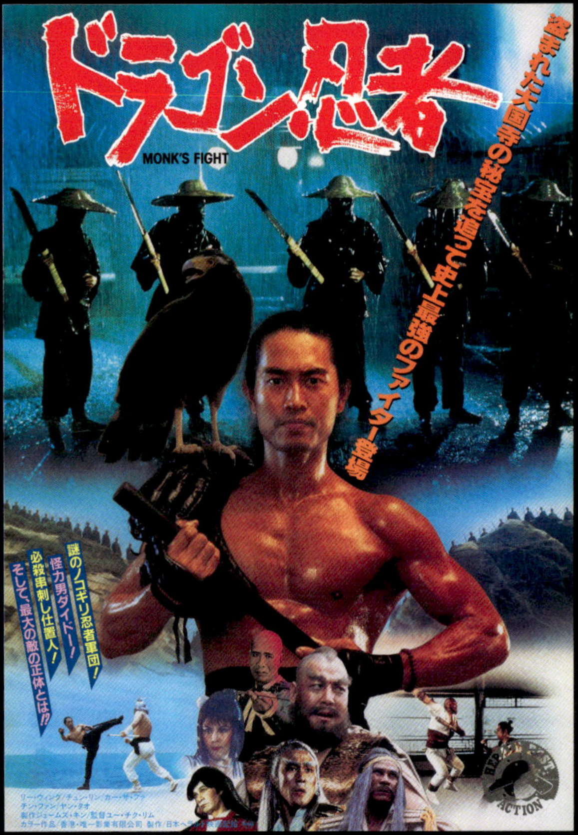
ドラゴン忍者
MONK'S FIGHT
盗まれた大国寺の秘宝を追って史上最強のファイター登場
謎のノコギリ忍者軍団!
怪力男ダイドー!
必殺串刺し仕置人!
そして、最大の敵の正体とは!?
ACTION

MONK'S FIGHT

無敗の女族軍団へ殴り込む不敵なドラゴン!
アマゾネス
対
ドラゴン
世紀の激突
監督アル・ブラドリー
HERALD BEST ACTION
AMAZONS and SUPERMEN
イタリア映画・日本ヘラルド映画

AMAZONS AND SUPERMEN

DOLPH LUNDGREN
レッド
スコルピオン

RED SCORPION

NO.197『アメリカン忍者』(1987年 / サム・ファーステンバーグ監督 / アメリカ)
NO.198『ドラゴン忍者』(1987年 / ユー・チク・リム監督 / 香港)
NO.199『アマゾネス対ドラゴン/世紀の激突』(1975年 / アル・ブラッドレイ監督 / イタリア・香港)
NO.200『レッド・スコルピオン』(1989年 / ジョセフ・ジトー監督 / アメリカ)

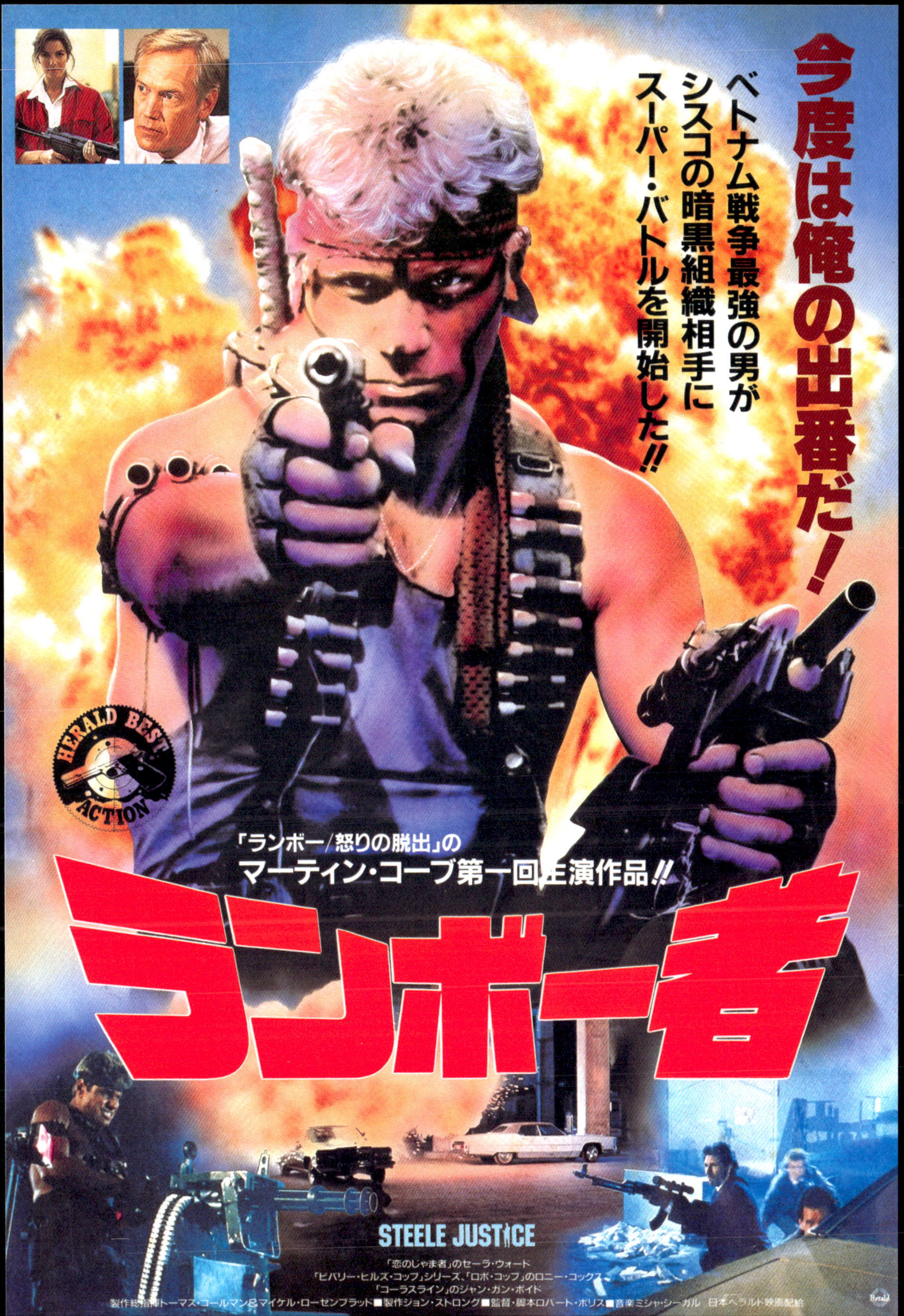
今度は俺の出番だ！
ベトナム戦争最強の男が
シスコの暗黒組織相手に
スーパー・バトルを開始した!!
HERALD BEST ACTION
「ランボー/怒りの脱出」の
マーティン・コーブ第一回主演作品!!
ランボー者
STEELE JUSTICE
「恋のじゃま者」のセーラ・ウォート
「ビバリー・ヒルズ・コップ」シリーズ、「ロボ・コップ」のロニー・コックス
「コーラスライン」のジャン・ガン・ボイド
製作総指揮トーマス・コールマン&マイケル・ローゼンブラット■製作ジョン・ストロング■監督・脚本ロバート・ボリス■音楽ミシャ・シーガル　日本ヘラルド映画配給
Herald

STEELE JUSTICE

デミ・ムーア
彼女は、そして、女性を超えた。
リドリー・スコット監督作品
G.I.ジェーン
ラルゴ・エンターテインメント スコット・フリー ロジャー・バーンバウム／スコット・フリー／ムーヴィング・ピクチャーズ リドリー・スコット
デミ・ムーア"G.I.ジェーン" ヴィゴ・モーテンセン and アン・バンクロフト 音楽 トレヴァー・ジョーンズ ルイス・ディ・ジャイモ マリリン・ヴァンス
ピエトロ・スカリア アーサー・マックス ヒュー・ジョンソン ナイジェル・ウール ダニエル・アレキサンドラ
ジュリー・バーグマン・センダー クリス・ザーパス ロジャー・バーンバウム デミ・ムーア スザンヌ・トッド
ダニエル・アレキサンドラ デビッド・トゥーイ and ダニエル・アレキサンドラ リドリー・スコット
ポリドール 日本ビクター 日本ヘラルド映画 日本ヘラルド映画
©1997 HOLLYWOOD PICTURES COMPANY and TRAP-TWO-ZERO PRODUCTIONS, INC.
http://www.jvc-victor.co.jp/movie/jane/

G.I. JANE

CHAPTER10

HORROR & SPLATTER

ホラー＆スプラッター

“悪魔シリーズの日本ヘラルド映画”から 1980年代のスプラッター・ブーム創出まで

『悪魔のはらわた』（1974年）パンフレット

『第1回スプラッタームービーフェスティバル』チラシ

ヘラルドが、いわゆるホラー映画というジャンルの作品として最初に公開したのは、おそらく1974年8月公開の『悪魔のはらわた』で、これはアンディ・ウォーホルがプロデュースした商業映画第一作（『チェルシー・ガールズ』等は全米で商業公開されたが実験映画である）だった。これが「配収三〜四億円」（『キネマ旬報』）のヒットを記録したことを受けて、翌年の2月、今度はヒッチコックの名作『サイコ』の元となったエド・ゲイン事件を題材に新進気鋭のトビー・フーパー監督が手掛けたドキュメンタリー風の怪作『悪魔のいけにえ』を“悪魔シリーズ”第二弾として公開すると、再び「予想以上の好稼働」（『キネマ旬報』）となり、以後“悪魔シリーズの日本ヘラルド映画”としてコンスタントにこのジャンルの作品を配給することになった。

因みに、『悪魔のいけにえ』は試写室でも評判となり、たとえばオネエ・キャラでテレビやラジオなどでタレント活動を始めた頃のおすぎとピーコなどが、試写で「ギャーッ!!」と悲鳴をあげて、様々な場所で「椅子から飛び上がるほど怖い」と語るなど、応援団的な形でその怖さを伝えてくれる人たちがいたことがヒットの要因の一つとしてあったという。当時のヘラルドがあった新橋駅前ビル一号館3階というのはワンフロアーの広いスペースで、試写を観終えて出てきた映画評論家や編集者、タレントといった人たちが目の前の応接スペースでコーヒーを飲みながら観たばかりの映画について宣伝部員らと口角泡を飛ばして語り合う、サロン的な雰囲気があったのだ。

“悪魔シリーズ”はその後も『悪魔の墓場』（1975年）、トビー・フーパー監督の第二弾『悪魔の沼』（1976年）、超常現象物『悪魔の棲む家』（1980年）、“スプラッシュ（＝併映作としての地方のみの公開作品）”となった『悪魔の受胎』（1985年）と続き、劇場予告編などでも“悪魔シリーズの日本ヘラルド映画”を謳っていた。他にも、爬虫類が大発生する『吸血の群れ』（1975年）、インディオの悪霊を描く『マニトウ』（1978年）、ジョージ・A・ロメロ監督の『ゾンビ』（1979年）、イタリアン・ホラー『ザ・ショック』（1979年）、ジョー・カーペンター監督の『ザ・フォッグ』（1980年）、近親相姦物『恐怖のいけにえ』、変身シーンが有名なジョー・ダンテ監督の『ハウリング』（1981年）とジョン・ランディス監督の『狼男アメリカン』（1982年）、意味不明雰囲気タイトルの『ゾンゲリア』(1981年)、“スプラッシュ”扱いとなったトビー・フーパー第三作『死霊伝説』(1982年)、猟奇ホラー『マニアック』(1982年)、イタリアン・ホラー『シャドー』(1983年)と、1980年代半ばまで毎年のようにホラー映画を公開し、一部のマニアックなファン層からは熱烈な支持を受けていた。

そんな中、1985年5月、第一回東京国際映画祭の関連企画として、渋谷パンテオンにて「TAKARAファンタスティック映画祭」が開催された。翌年からはその名を「東京国際ファンタスティック映画祭」と改めることになったこの映画祭は、1990年から始まった姉妹映画祭「ゆうばり国際冒険・ファンタスティック映画祭」とともに、フランスの「アボリアッツ・ファンタスティック映画祭」の熱気を肌で知る小松沢陽一がプロデューサーを務め、「東京ファンタ」の愛称で一時代を画した。

ヘラルドは第一回目の「TAKARAファンタ」にウェス・クレイヴン監督の『エルム街の悪夢』(1986年)、杉井ギサブロー監督のアニメ『銀河鉄道の夜』(1985年)、ジョージ・A・ロメロ監督の『クリープショー』(1986年)、サム・ライミ監督の第二弾『XYZマーダーズ』(1986年)、そしてラッセル・マルケイ監督の『レイザーバック』(1985年)と最多の五作品を出品、以後も毎回、得意のホラー映画やスプラッター映画を提供することになる。ヘラルドにとっては「東京ファンタ」はその分野の新作をいち早くコアなファン層に提示して前景気を煽るショウケース的な役割を果たしてくれた。その意味で、ヘラルドと「東京ファンタ」はある種の共犯関係として機能していたといってよい。

たとえば、1987年の「東京ファンタ」では、トロマの『モンスター・イン・ザ・クローゼット』を上映する際に、来場者からその邦題を募集するキャンペーンを実施した。選考結果発表は雑誌『ぴあ』で行ない、結果的にはそのままのタイトルにサブタイトルとして『暗闇の悪魔』を付ける形に落ち着いたものの、応募作の中には『私をタンスに連れてって』『家具調モンスター』など傑作も多かった。ところで、第一回目の「TAKARAファンタ」に先だつ1985年2月、ニュー東宝シネマ2をメイン劇場に、無名のサム・ライミ監督による『死霊のはらわた』がヘラルド配給で公開され、俄かな“スプラッター・ブーム”が巻き起こった。The Evil Deadという原題のこの作品の邦題に「はらわた」を入れようと主張したのは当時の小河俊夫宣伝部長だが、スプラッターという言葉自体も、本プレスシートを作成する前のワープロ打ちの仮プレスの段階で「今、ホラー映画ファンの間で問題となっている〈スプラッター・ムービー〉を知っているか」と強調されている。誰が言い出した言葉だったか今となっては定かではないものの、当時、自主製作映画っぽいこの不思議な作品の持つキッチュな感覚を面白がってくれた編集者やライターの人たちが一緒になって騒いでくれたことは間違

『第1回納涼血まみれフェスティバル』チラシ

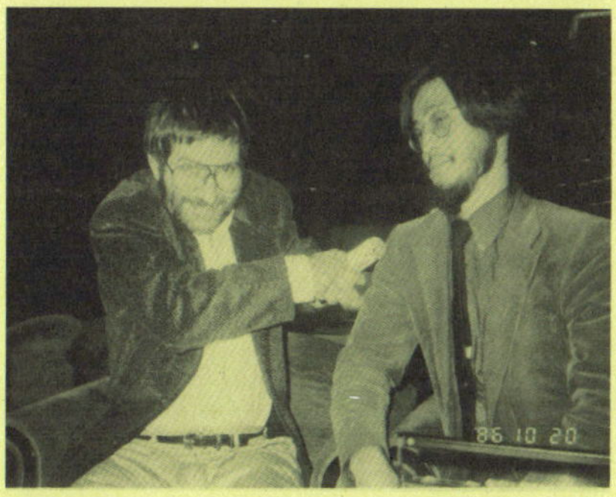
『悪魔のいけにえ2』(1986年)で来日したトビー・フーパー監督と谷川建司

『悪魔のいけにえ2』(1986年)新聞広告(関西支社)

「モンスター・イン・ザ・クローゼット」タイトル正式決定！
東京国際ファンタスティック映画祭'87にて募集致しました「モンスター……」の邦題は、下記の通り正式決定致しました。多数のご応募ありがとうございました。
タイトル「モンスター・イン・ザ・クローゼット——暗闇の悪魔——」
●最優秀最低賞：該当作ナシ
●優秀最低賞：「暗闇の悪魔」
●最低賞：「私をたんすにつれてって！」
「天下無敵のタンスゴン」
「家具調モンスター」
●等外賞：
●問題外賞
※応募総数：526通
※選者：塩田時敏、小松沢陽一、日本ヘラルド映画
身も凍りつくおかしさと、腹もよじれる恐さを体験して下さい。
タンスにモン（スター）、押入れにモン（スター）もうあなたは逃げられない!!
モンスター・イン・ザ・クローゼット 暗闇の悪魔
鮮血の美学
11月7日まで
歌舞伎町シネマ2

『モンスター・イン・ザ・クローゼット』（1987年）で「東京ファンタ」とタイアップして行ったタイトル募集キャンペーン

LIFEFORCE
●解説
●物語
スペースバンパイア
8月中旬よりロードショー
日比谷スカラ座ほか

『スペースバンパイア』（1985年）仮プレス

全米で記録的大ヒット！
世界最高のSFXスタッフが結集した
SFホラー超大作——
あと4日！
のバンパイアがやってくる！
スペースバンパイア
10日
銀河鉄道の夜
第1回 スプラッタームービー フェスティバル 明後8日

『スペースバンパイア』新聞広告

いない。この作品の宣伝に取り組んでいた1984年12月当時のヘラルド宣伝部でも皆ノリノリで、その頃、何かの完成披露試写会の試写状を封筒に入れて封をする作業を皆で手分けしてやっていたりすると、封筒を「皮」、中身の試写状を「はらわた」と隠語で呼び、「こっち、はらわた頂戴！」などという会話が飛び交っていた。──因みに、所ジョージが司会を務めた日本テレビの深夜情報番組「TV海賊チャンネル」で、『死霊のはらわた』の宣伝のためにゾンビのラバーマスクを被って唸るように宣伝告知したのは、当時の宣伝部の末席にいた谷川建司である。

誰も期待しない2月の閑散期の公開ながら『死霊のはらわた』は予想外のスマッシュ・ヒットを記録し、その勢いで8月には「TAKARAファンタ」を成功裏に終えていた渋谷パンテオンで、過去の“悪魔シリーズ”等のプリントを品川倉庫から総動員し、「第1回スプラッタームービーフェスティバル」というイヴェントまで成功させた（翌1986年に大阪でも開催したが、タイトルはよりどぎつい「第1回納霊血まみれフェスティバル」とした）。この年から翌1986年にかけて、ヘラルドではニール・ジョーダン監督の御伽噺ホラー『狼の血族』、「TAKARAファンタ」で好評だった『エルム街の悪夢』、『クリープショー』と『XYZマーダーズ』の二本立て興行、と、この分野の新作を矢継ぎ早に公開しているが、中でも大評判となったのが、『悪魔のいけにえ』以来の付き合いとなるトビー・フーパー監督の『スペースバンパイア』（1985年）だった。因みにフーパーは、当時日の出の勢いだったメナハム・ゴーランとヨーラム・グローバス率いるキャノン・フィルムの許で、『スペースバンパイア』『スペースインベーダー』（1986年）、『悪魔のいけにえ2』（1986年）の新作三本を立て続けに発表、その全てをヘラルドが配給している。

『スペースバンパイア』で話題を呼んだのが、「バンパイアがあなたの精気を吸いにやって来る!!」という大渕順雄宣伝プロデューサーによる惹句で、確かに映画の中で胸も露なマティルダ・メイ（バンパイア）が男にキスをすると、男は見る見る干からびてミイラの様になってしまうのだが、この惹句を声に出して読むと別の意味にも聞こえる、というヘラルドの宣伝らしい傑作コピーだった。また、山本勝弘デザインによる同作品のイラスト・ポスターは、キャノン側が大層気に入ったため東南アジア配給でも使用されることになった。ヘラルドのクリエイティヴ力は世界でも通用していたのである。

不気味な自動のこぎりが唸る！
人肉を切りきざむ音がする！
20世紀に人骨で家具を、人肉でソーセージを作りつづけたテキサスの
想像を絶するこの大残酷を
全篇正視できるか？
〈カラー作品〉
製作■ジェイ・パースレイ
監督■タブ・フーパー
撮影■ダニエル・パール
音楽■ウェイン・ベル
マリリン・バーンズ
アレン・ダンズィガー
ホール・A・パーティン
メリカ映画／日本ヘラルド映画
rald
悪魔のいけにえ
"THE TEXAS CHAINSAW MASSACRE"

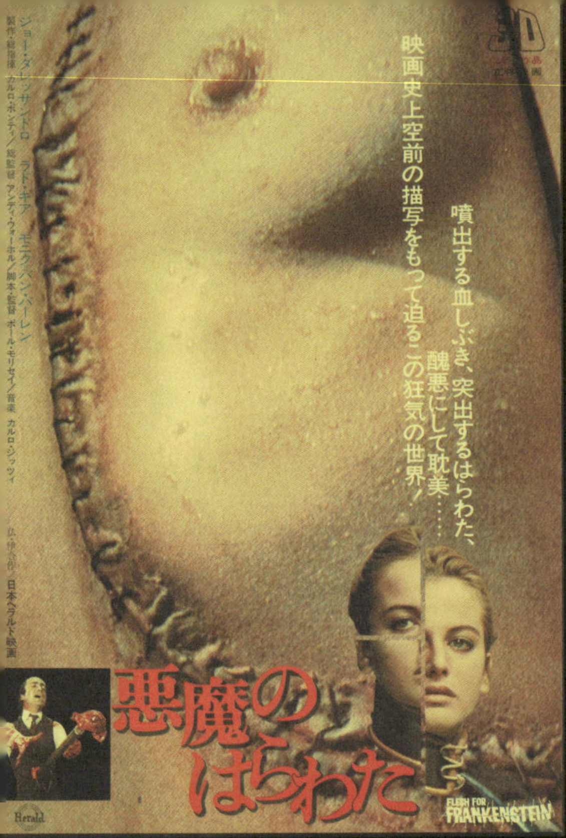
3D
噴出する血しぶき、突出するはらわた、
醜悪にして耽美……
映画史上空前の描写をもって迫るこの狂気の世界！
ジョー・ダレッサンドロ　ウド・キア　モニク・ヴァン・ヴーレン
製作・総指揮 カルロ・ポンティ／総監督 アンディ・ウォーホル／脚本・監督 ポール・モリセイ／音楽 カルロ・ジッツィ
仏・伊合作／日本ヘラルド映画
悪魔のはらわた
FLESH FOR FRANKENSTEIN
Herald

FLESH FOR FRANKENSTEIN

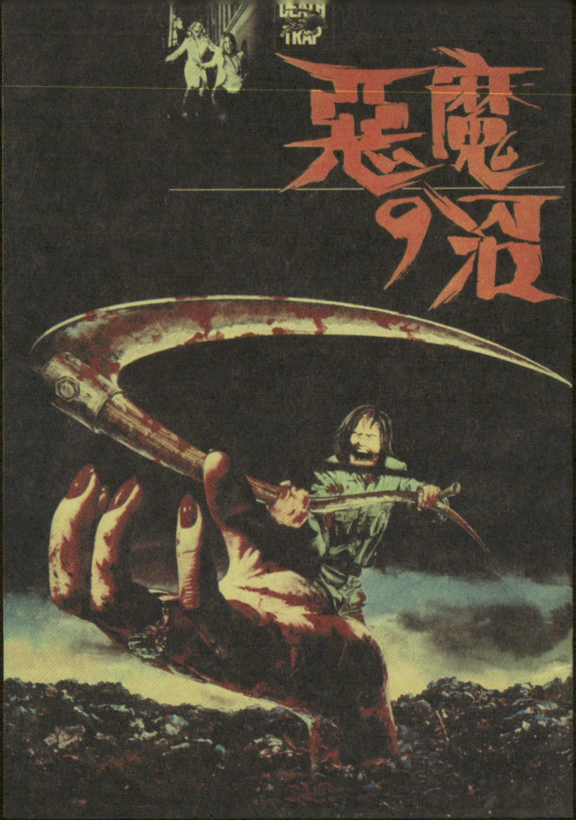
DEATH TRAP
悪魔の沼

DEATH TRAP

CANNIBAL APOCALYPSE

恐怖のいけにえ
THE UNSEEN
一夜の宿がまねいた血の惨劇！
美しい三姉妹が狂人のいけにえに！

THE UNSEEN

NO.204『悪魔のはらわた』（1974年 / ポール・モリセイ監督 / イタリア・フランス）
NO.205『悪魔の沼』（1976年 / トビー・フーパー監督 / アメリカ）
NO.206『地獄の謝肉祭』（1981年 / アンソニー・M・ドーソン監督 / イタリア）
NO.207『恐怖のいけにえ』（1980年 / ピーター・フォレグ監督 / アメリカ）

悪魔の棲む家
逃げ出したくても、それが出来ない!ここは私達の家だ!
1975年12月、ニューヨーク郊外アミティヴィル…これはラッツ一家が実際に体験したことである。
THE AMITYVILLE HORROR
スチュアート・ローゼンバーグ監督作品／ジェームズ・ブローリン／マーゴット・キダー／ロッド・スタイガー／製作ロナルド・サラント&エリオット・ガイシンジャー／原作ジェイ・アンソン／音楽ラロ・シフリン（カラー作品）／原作本・徳間書店刊／日本ヘラルド映画
Herald

THE AMITYVILLE HORROR

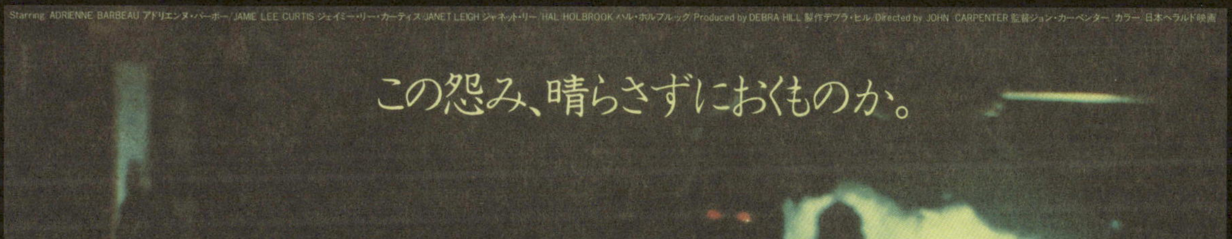
Starring ADRIENNE BARBEAU アドリエンヌ・バーボー/JAMIE LEE CURTIS ジェイミー・リー・カーティス/JANET LEIGH ジャネット・リー/HAL HOLBROOK ハル・ホルブルック/Produced by DEBRA HILL 製作デブラ・ヒル/Directed by JOHN CARPENTER 監督ジョン・カーペンター カラー 日本ヘラルド映画
この怨み、晴らさずにおくものか。
ザ・フォッグ
霧
THE FOG
Herald

THE FOG

NO.208『悪魔の棲む家』（1980年／スチュアート・ローゼンバーグ監督／アメリカ）
NO.209『ザ・フォッグ』（1980年／ジョン・カーペンター監督／アメリカ）

ZOMBIE: DAWN OF THE DEAD

NO.210『ゾンビ』(1979年 / ジョージ・A・ロメロ監督 / アメリカ・イタリア)

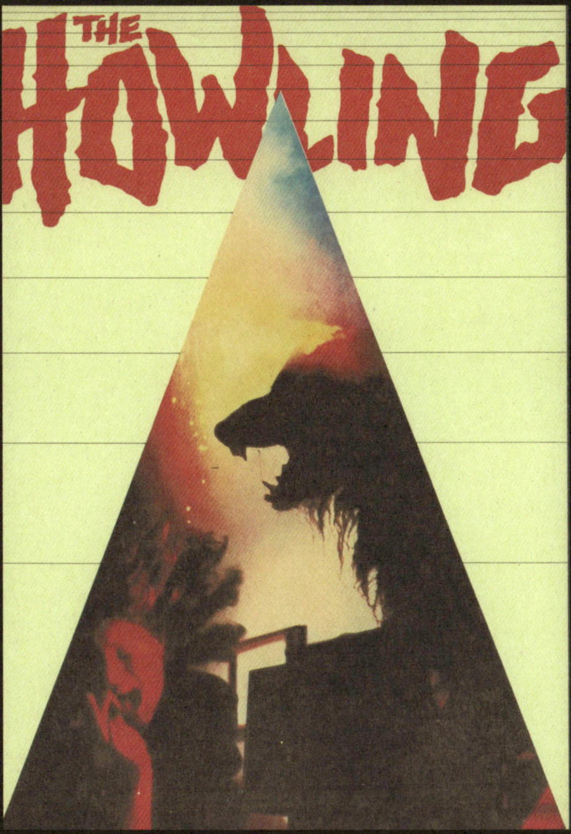
THE HOWLING

THE HOWLING

愛する妻も《ゾンビ》なのか！
この町に生者はいないのか！
「エイリアン」の作家が宇宙から地球へ、新しい恐怖を運んできた！
ゾンゲリア
DEAD & BURIED
〈カラー作品〉

DEAD & BURIED

ニューイングランドの小さなリゾート・タウン『セーラムズ・ロット』
この町には近ずくな！
恐しい事件が待ちうけている
「キャリー」「シャイニング」に続くスティーブン・キング原作恐怖の3部作！
死霊伝説《しりょう でんせつ》
SALEM'S LOT
デビッド・ソウル
ジェイムス・メイスン
ランス・カーウィン
ボニー・ベデリア
トビー・フーパー監督作品
製作総指揮 スターリング・シリファント
原作 スティーブン・キング
〈カラー作品〉アメリカ映画
日本ヘラルド映画

SALEM'S LOT

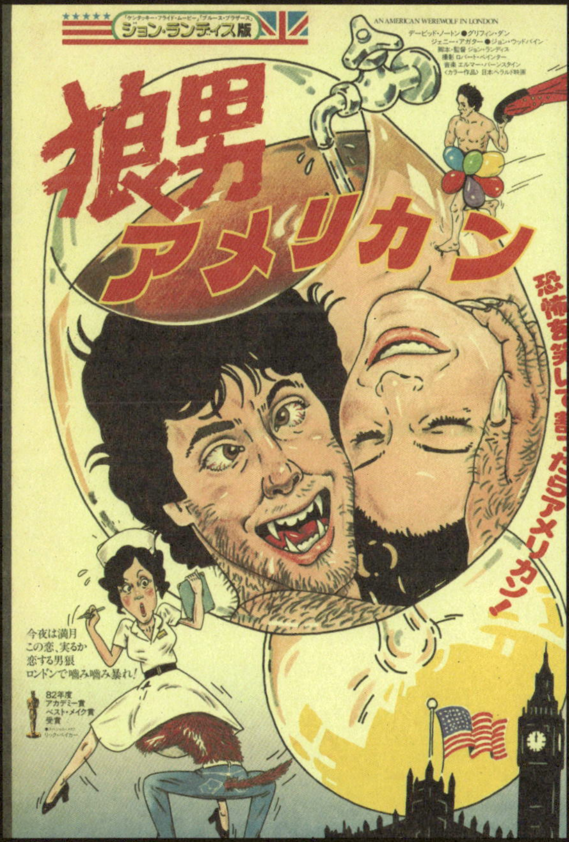
「ケンタッキー・フライド・ムービー」「ブルース・ブラザース」
ジョン・ランディス版
AN AMERICAN WEREWOLF IN LONDON
デービッド・ノートン●グリフィン・ダン
ジェニー・アガター●ジョン・ウッドバイン
脚本・監督 ジョン・ランディス
撮影 ロバート・ペインター
音楽 エルマー・バーンスタイン
〈カラー作品〉日本ヘラルド映画
狼男アメリカン
今夜は満月
この恋、実るか
恋する男狼
ロンドンで噛み噛み暴れ！
82年度
アカデミー賞
ベスト・メイク賞
受賞

AN AMERICAN WEREWOLF IN LONDON

NO.211『ハウリング』（1981年／ジョー・ダンテ監督／アメリカ）
NO.212『ゾンゲリア』（1981年／ゲイリー・A・シャーマン監督／アメリカ）
NO.213『死霊伝説』（1982年／トビー・フーパー監督／アメリカ）
NO.214『狼男アメリカン』（1982年／ジョン・ランディス監督／アメリカ）

女を殺して
女の何を
コレクトするのか！
ニューヨークの夜、絶叫とともに、また一人美女が惨殺された！
Maniac
ベイビー、夜は出歩くなと言ったろう！
マニアック
ジョー・スピーネル
キャロライン・マンロー
ケリー・パイパー
ハイラ・マロー
監督 ウィリアム・ラスティグ
音楽 ジェイ・チャタウェイ
特殊メーキャップ効果 トム・サビーニ
〈カラー作品〉アメリカ映画
日本ヘラルド映画
Herald

MANIAC

エイリアン
宇宙に轟く絶叫！炸裂する鮮血！
宇宙悪魔の標的は女だ！
悪魔の受胎
いったい何が飛びだすか！
惑星女性探険隊を
次々と襲うエイリアン！
果して目的は？
もう逃げ場はないのか！
■平均年令31才の
ヤング・クルーが作り上げた
SFX・スペース・ショッカー！
INSEMINOID

INSEMINOID

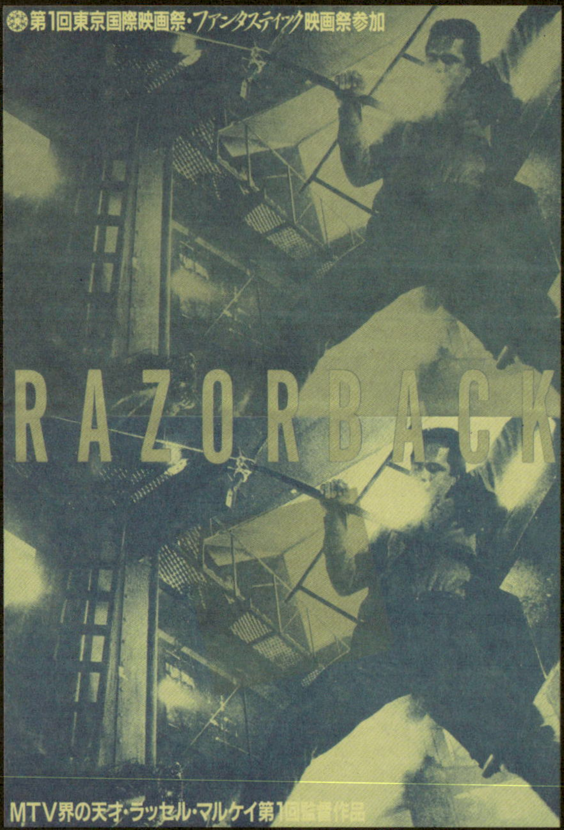

第1回東京国際映画祭・ファンタスティック映画祭参加
RAZORBACK
MTV界の天才・ラッセル・マルケイ第1回監督作品

RAZORBACK

狼の血族

THE COMPANY OF WOLVES

NO.215『マニアック』（1982年／ウィリアム・ラスティグ監督／アメリカ）
NO.216『悪魔の受胎』（1985年／ノーマン・J・ウォーレン監督／イギリス）
NO.217『レイザーバック』（1985年／ラッセル・マルケイ監督／オーストラリア）
NO.218『狼の血族』（1985年／ニール・ジョーダン監督／イギリス）

EVIL
DEAD
CAN THEY BE STOPPED?

死霊のはらわた
〈スタッフ STAFF〉
製作 ロバート・G・タパート Produced by ROBERT G TAPERT
監督 サム・ライミ Directed by SAM RAIMI
脚本 サム・ライミ Written by SAM RAIMI
特殊メイク トム・サリバン Creator of Special Make-up Effects TOM SULLIVAN
撮影 ティム・フィロ Photography and Lighting TIM PHILO
〈キャスト CAST〉
アッシュ ブルース・キャンベル Ash BRUCE CAMPBELL
シェリル エレン・サンドワイス Cheryl ELLEN SANDWEISS
リンダ ベッツィー・ベイカー Linda BETSY BAKER
スコット ハル・デルリック Scott HAL DELRICH
シェリー サラ・ヨーク Shelly SARAH YORK
物語――死霊を永遠の眠りから醒ました者は、その罪を償わなければならない。

THE EVIL DEAD

全米を異常震撼させた 残忍ホラー・ベスト1! これが問題のスプラッタ・ムービー!
先が楽しみな(恐ろしい?)二人の美青年23歳の日・米対決!
早川 光氏
《解説》
腕がちぎれる首が飛ぶ!血管逆噴射!空前のスーパー・ホラー!
'83年度・米ファンゴリア誌選出
恐怖映画第1位受賞
第12回パリ国際SF・ファンタスティック映画祭
審査員特別賞/観客賞受賞
死霊のはらわた
EVIL DEAD〈カラー作品〉アメリカ映画
スプラッタ・ムービーこそ現代の一番の爆笑発明だ!
エッセイスト
羽仁未央さん
製作費はナント、わずか35万ドル
1983年度ベストテンを総なめにしたスプラッタ・ムービーの決定版、遂に日本上陸!
特殊メイクのトム・サリバンは凄いテクニシャン!
監督サム・ライミは若干23歳の美青年!
デトロイトは才能の宝庫だ!

THE EVIL DEAD

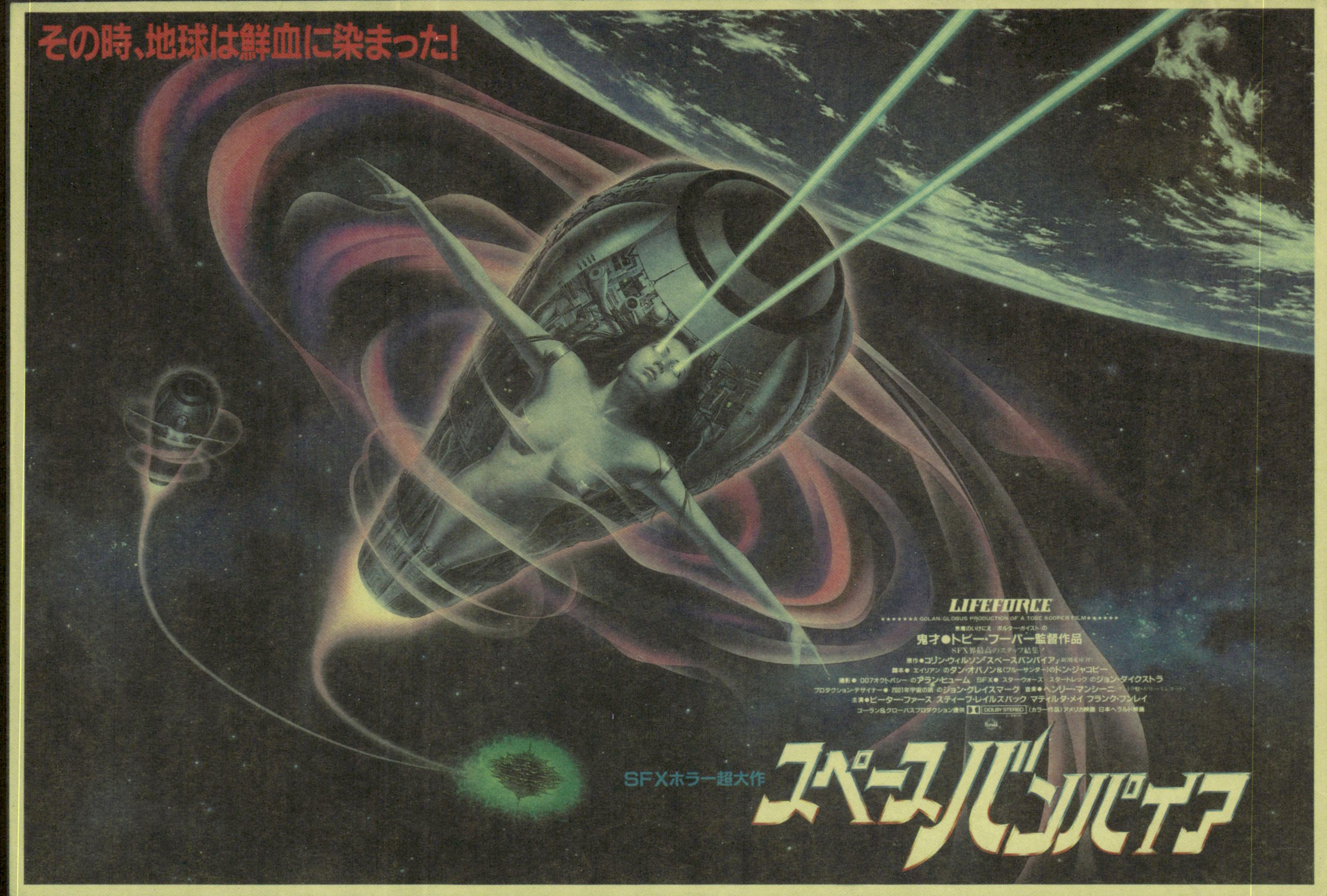
その時、地球は鮮血に染まった!
LIFEFORCE
★★★★★★A GOLAN-GLOBUS PRODUCTION OF A TOBE HOOPER FILM★★★★★★
悪魔のいけにえ ポルターガイスト の
鬼才●トビー・フーパー監督作品
SFX界最高のスタッフ結集!
原作●コリン・ウィルソン「スペースバンパイア」(新潮文庫刊)
脚本● エイリアン のダン・オバノン&〈ブルーサンダー〉のドン・ジャコビー
撮影● 007オクトパシー のアラン・ヒューム SFX● スター・ウォーズ スタートレック のジョン・ダイクストラ
プロダクション・デザイナー● 2001年宇宙の旅 のジョン・グレイスマーク 音楽●ヘンリー・マンシーニ
主演●ピーター・ファース スティーブ・レイルズバック マティルダ・メイ フランク・フィンレイ
コーラン&グローバスプロダクション提供 DOLBY STEREO 〈カラー作品〉アメリカ映画 日本ヘラルド映画
SFXホラー超大作
スペースバンパイア

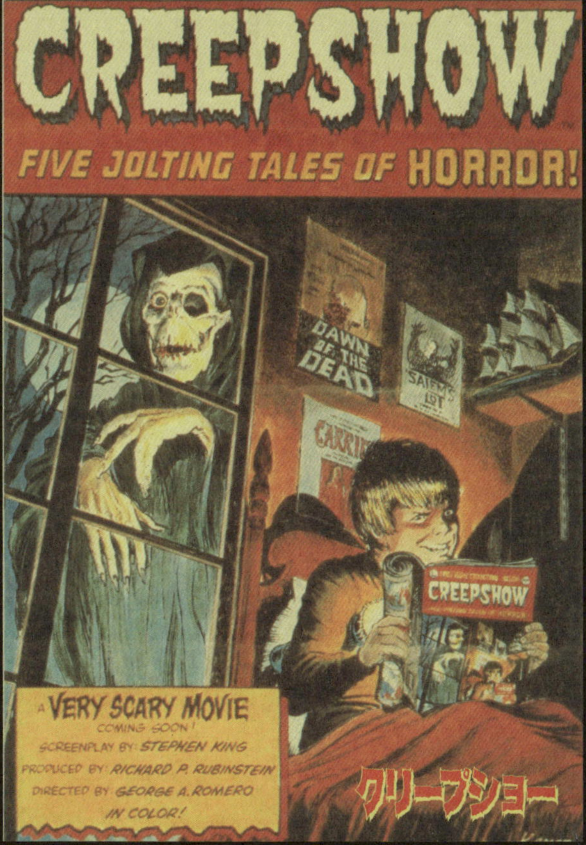

CREEPSHOW

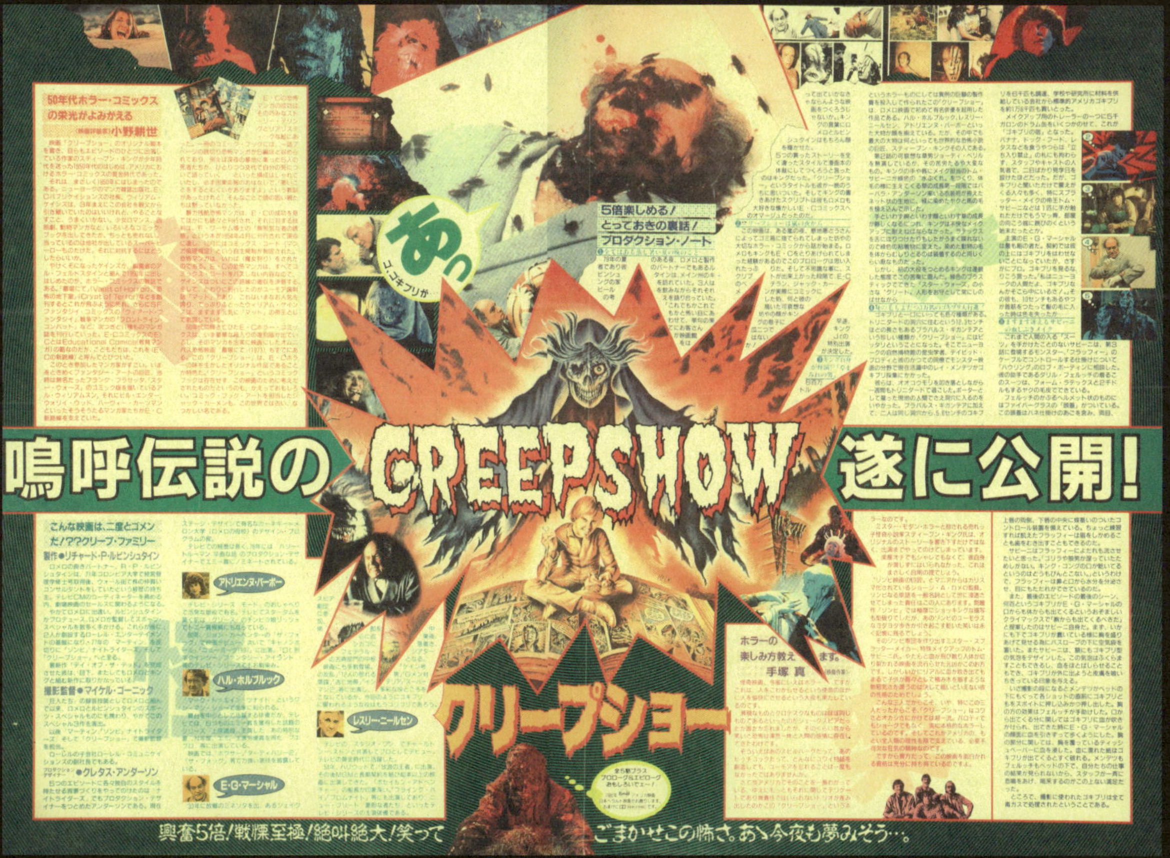

CREEPSHOW

A NIGHTMARE ON ELM STREET

NO.222『エルム街の悪夢』（1986年 / ウェス・クレイヴン監督 / アメリカ）

INVADERS FROM MARS

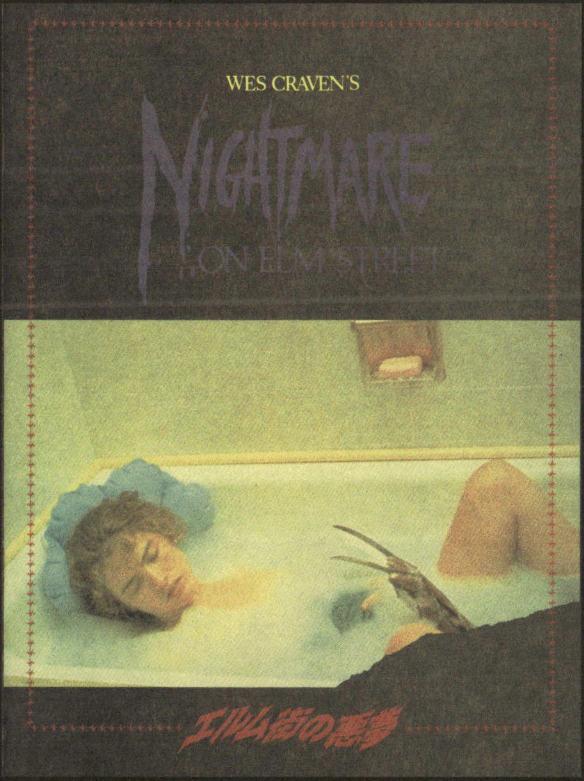

A NIGHTMARE ON ELM STREET

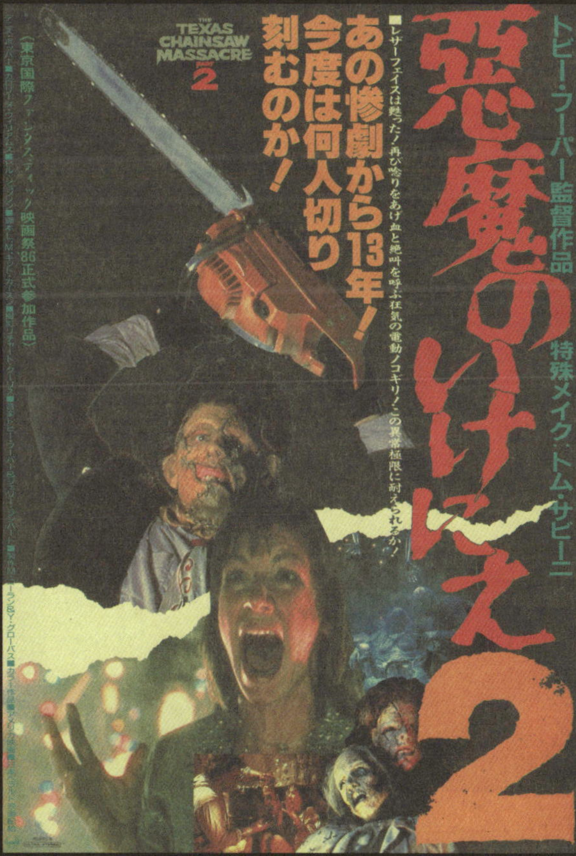

THE TEXAS CHAINSAW MASSACRE PART 2

NO.223『スペースインベーダー』（1986年 / トビー・フーパー監督 / アメリカ）
NO.224『悪魔のいけにえ2』（1986年 / トビー・フーパー監督 / アメリカ）

HERALD BEST ACTION
溶ける溶ける溶けてゆく！顔や手が…
'87年度アヴォリアッツ国際ファンタスティック映画祭で一大センセーションを巻き起こした衝撃の問題作！
マンハッタンの街角に
うごめく住民たちが――
謎のワインによって体験する
恐怖と戦慄の世界！
吐きだめの悪魔
STREET TRASH

STREET TRASH

東京国際ファンタスティック映画祭'87正式招待作品
パリ国際ファンタスティック&SF映画祭'87
審査員特別賞・ブラックユーモア賞受賞
ステラ・スティーブンス
クロード・エイキンス
ジョン・キャラダイン
ドナルド・モファット
洋服ダンスにしか出没しない、史上最低のモンスター！
全米をパニックに陥し入れて、今度は日本を襲う、悪魔の押入れモンスター!!
タンスにモン(スター)、押入れにモン(スター)、もうあなたは逃げられない!!
モンスター・イン・ザ・クローゼット
暗闇の悪魔
米・トロマ・インク超大作　ドナルド・グラント/デニス・ドゥバリー/クロード・エイキンス/ステラ・スティーブンス
ヘンリー・ギブソン/ドナルド・モファット/ジョン・キャラダイン/ジェシ・ホワイト
製作総指揮ロイド・カウフマン、マイケル・ハーツ/製作ディビッド・レビー、ピーター・L・バークイスト/脚本・監督ボブ・ダーリン 日本ヘラルド映画配給

MONSTER IN THE CLOSET

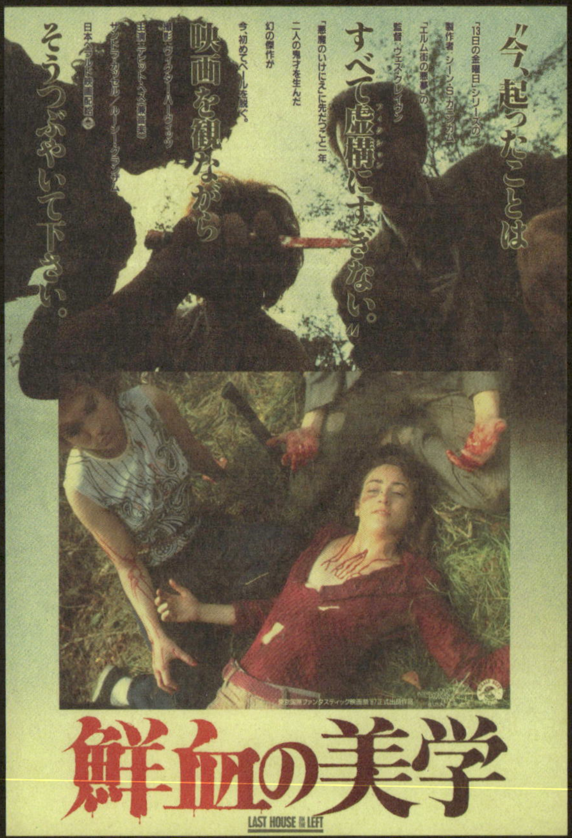
〃今、起ったことは
「13日の金曜日」シリーズの
製作者 シーン・S・カニンガム
「エルム街の悪夢」の
監督 ウェス・クレイヴン
すべて虚構《フィクション》にすぎない。〃
「悪魔のいけにえ」に先だつこと二年
二人の鬼才を生んだ
幻の傑作が
今、初めてベールを脱ぐ。
映画を観ながら
撮影 ヴィクター・ハーウィッツ
主演 デビッド・ヘス(兼音楽)
サンドラ・カッセル/ルーシー・グランサム
日本ヘラルド映画配給
そうつぶやいて下さい。
鮮血の美学
LAST HOUSE ON THE LEFT

THE LAST HOUSE ON THE LEFT

ヘルレイザー2

HELLBOUND: HELLRAISER Ⅱ

NO.225『吐きだめの悪魔』(1987 年 / ジム・ミューロー監督 / アメリカ)
NO.226『モンスター・イン・ザ・クローゼット／暗闇の悪魔』(1987 年 / ボブ・ダーリン監督 / アメリカ)
NO.227『鮮血の美学』(1987 年 / ウェス・クレイヴン監督 / アメリカ)
NO.228『ヘルレイザー２』(1989 年 / トニー・ランデル監督 / アメリカ・イギリス)

CHAPTER 11

DETECTIVE & CRIME ACTION

刑事物&クライムアクション

「『ゴッドファーザー』は『バラキ』の予告編だった」から
“香港ノワール”ブーム、リュック・ベッソン・ブーム創出まで

『ギャング』(1967年) パンフレット

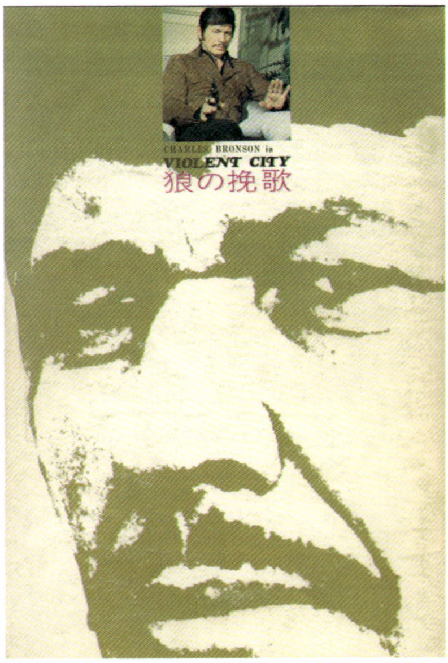

『狼の挽歌』(1970年) パンフレット

刑事物、あるいは犯罪アクションというジャンルは極めて戦後的なジャンルの一つである。もちろん、戦前にもそういった内容の映画はあったけれども、たとえばサブ・ジャンルであるフィルム・ノワールというジャンルが生まれた背景には、戦争から復員してきたものの自分の居場所を見つけられないために犯罪に手を染めていく男(その陰には、大抵は男を破滅に導くファム・ファタールの存在がある)の事情があったり、急速に都市化が進んで地域コミュニティの人間関係が希薄化していたり、戦時中に労働力として期待され社会進出が進んだのに戦後になって掌を返したように“家庭を切り盛りすることが最高の幸せ”という価値観を押し付けられた女性たちの鬱積した不満があったりするからである。犯罪に手を染める側にフォーカスした作品と、それを取り締まる刑事たちの側にフォーカスした作品とは裏表の関係だが、いずれにしても闇の世界を取り巻く“男たちの世界”にほかならず、男性と女性の両方から絶大な人気のあったアラン・ドロン主演作品などは例外として、基本的には男性観客にこそアピールすべき映画ジャンルだ。

最初期のヘラルドが手掛けたクライム・アクションに、1962年8月公開のケイパー物(強盗・強奪物)『コンクリート・ジャングル』がある。当時の英国映画界の代表的スター、スタンリー・ベイカーが主演だが、赤狩りでハリウッドを追われたジョゼフ・ロージーが監督した異色作だった。1967年6月公開の『ギャング』はフレンチ・フィルム・ノワールの巨匠ジャン＝ピエール・メルヴィル監督の真骨頂ともいえる作品で、リノ・ヴァンチュラ演じる初老のギャングが警察署長の罠によって仲間から裏切者とみなされる、という内容だった。因みに、フィルム・ノワールとは暗黒映画を示すフランス語だから、本来はフレンチ・フィルム・ノワールという言葉はおかしいのだが、戦後のアメリカ映画の一連の作品をフランス人批評家たちがフィルム・ノワールと呼び始めたことで呼称として定着し、それに影響を受けたメルヴィルのようなフランスの監督たちが手掛けたものが更にそう呼ばれるようになったのだ。

1970年5月公開の『夜の刑事』はフランコ・ネロ主演のイ

タリア映画、1972年12月公開の『汚れた刑事』はミシェル・ブーケ、ミシェル・コンスタンタンという通好みの俳優たちが主演のフランス映画、そして1970年12月公開の『狼の挽歌』はそのコンスタンタンやドイツのウンベルト・オルシーニといった俳優たち相手にアメリカのチャールズ・ブロンソンが一匹狼の殺し屋を演じるイタリア映画、とこの時期のノワール物は本家アメリカのフィルム・ノワールにヨーロッパ各国のクライム・アクションが影響し合ったような形で独特の世界を形作っていた。

そのひとつの頂点と言えるのが、イタリアの大プロデューサー、ディノ・デ・ラウレンティス製作、007シリーズや『アマゾネス』で知られる英国映画界のヒットメイカー、テレンス・ヤング監督、アメリカのチャールズ・ブロンソンとフランス映画界のスター、リノ・ヴァンチュラが競演した伊＝米合作映画で、1972年12月公開の“マフィア”内幕物『バラキ』だった。この年には、7月にフランシス・フォード・コッポラ監督の『ゴッドファーザー』が公開となり、俄かにイタリアで生まれてアメリカで勢力を拡大してきた“マフィア”という存在に注目が集まっていただけに、そのブームの真っ只中に公開される『バラキ』には早くから注目が集まっていた。

その『バラキ』をヘラルドが配給することになった背景にはちょっとしたエピソードがある。監督のテレンス・ヤングは1970年の大阪万博の最後の頃に来日し、ヘラルドの古川勝巳社長は彼の新作でチャールズ・ブロンソン、アラン・ドロン、そして三船敏郎という米・仏・日の三大スター共演の娯楽西部劇『レッド・サン』の配給権獲得のための交渉を帝国ホテルの部屋でヤングと行なった。残念ながら、『レッド・サン』は東和との話が決まってしまっており、ヤング監督は「その代わりに（次回作の）『バラキ』はぜひ古川さんがやってくれ」と話がつき、その上で古川社長がアメリカにデ・ラウレンティスに会いに行き正式にヘラルドでの配給が決まった。まだ『ゴッドファーザー』が大ブームを巻き起こす直前の事だ。宣伝面では、原正人取締役宣伝部長が「この映画は事実に基づいたドキュメントなんだということを徹底して売った。『ゴッドファーザー』のあとにピッタリつけながら、一方では『ゴッドファーザー』とまったく違う意味がある、魅力があるということを打ち出した」と語る言葉の通り、「『ゴッドファーザー』は『バラキ』の予告編だった」というコンセプトで勝負に出て、日比谷映画でのロードショー公開、その後の新宿プラザ、丸の内東宝など都内4館だけで2.8億、最終的に全国で6.7億の配給収入を挙げ、1973年度の洋画配給収入第四位と、まさしく大ホームランの成績だった。因みに前年公開の『ゴッドファーザー』は一年間で史上最高の20億円という成績だった。

1987年4月公開の『男たちの挽歌』は、今ではハリウッド

『バラキ』（1972年）雑誌広告

『バラキ』（1972年）チラシ

『男たちの挽歌』（1987年）雑誌広告

『チャイナシャドー』を表紙に使用した
1990年ストックリスト

『チャイナシャドー』（1990年）来日したジョン・ローンと
大阪南の法善寺・水かけ不動にて

『レオン』（1995年）試写状

『ヒート』を紹介したヘラルドのラインナップ広告

の巨匠となったジョン・ウー監督がまだ全くの無名監督として手掛けた作品で（実際、ウー監督の来日に際しても一番下っ端の宣伝部員である谷川建司がたった一人で成田空港へ迎えに行き、銀座東急ホテルにチェックインさせる、という程度の扱いだった）、人気のあるカンフー映画ではない香港映画として確実にヒットに繋がるような要素は何もなかったが、宣伝プロデューサーの荻野和仁はこれに「香港ノワール」という造語でアイデンティティを与え、予期せぬ大ヒットに結び付けた。

『男たちの挽歌』と相前後して、ヘラルドではジョン・ヒューストン監督によるニューヨークのマフィア物『女と男の名誉』（1985年）、香港暗黒街を背景とした柳町光男監督の『チャイナシャドー』（1990年。ヘラルドの宣伝プロデューサー／宣伝部長からベストロン映画を経て独立していた井関惺が製作総指揮を務めた）、ニューヨークの犯罪一家三世代を描いたシドニー・ルメット監督の『ファミリービジネス』（1990年）、カリフォルニアを舞台にしたFBI潜入捜査官物『ハートブルー』（1991年）といったそれぞれに個性的な作品を配給しているが、新たな鉱脈となったのはフランスの新進気鋭の監督リュック・ベッソンによる、殺し屋を描いたスタイリッシュな作品、『ニキータ』（1991年）『レオン』（1995年）の2本だった。ヘラルドでは20世紀フォックス配給で大コケしていたベッソンの『グレート・ブルー』を『グラン・ブルー／グレート・ブルー完全版』と改題して再公開、大ヒットさせるなど、ベッソンの持つ映画的感性を最大限にアピールして、洋画配給界の一つの潮流にまで育てていった。

ほかにも、ニール・ジョーダン監督の『クライング・ゲーム』（1993年）、アベル・フェラーラ監督の『バッド・ルーテナント／刑事とドラッグとキリスト』（1994年）といった個性的な作品、ロバート・デ・ニーロとアル・パチーノが初めてガップリ四つの競演を果たしたマイケル・マン監督の『ヒート』（1995年）、いったんはワーナー配給の予定でプレスシートまで作られながら、結局はワーナーが手放してヘラルドが配給することになったカーティス・ハンソン監督の『LAコンフィデンシャル』（1998年）、そしてマーティン・スコセッシ監督、レオナルド・ディカプリオ主演の『ギャング・オブ・ニューヨーク』（2002年）といった超話題作を配給したことがこのジャンルにおけるヘラルドの貢献だろう。

冷酷のタフ・ガイ
スタンリー・ベイカー
サム・ワナメイカー
マルギット・サード
JOSEPH LOSEY'S
CONCRETE
JUNGLE
コンクリート・ジャングル
監督 ジョセフ・ロージイ
撮影 ロバート・クラスカー
音楽 ジョニイ・ダンクウォース
私刑！暴動！非情の強烈タッチでぶったぎるギャング脱獄・アクション！
日本ヘラルド映画

脱獄ギャングの大物が非情のガンを握った！凄まじい迫力で娑婆に唸る本格的暗黒巨弾！
脱獄！私刑！密告！鮮烈のドキュメンタリー・タッチで追いつめる恐るべき暗黒の掟!!
LE DEUXIEME SOUFFLE
リノ・バンチュラ
ポール・ムーリッス
レイモン・ペルグラン
クリスチーヌ・ファブルガ
ポール・フランクール
監督　ジャン・ピエール・メルビル
主題音楽／セブンシーズ レコード
映倫
ギャング

LE DEUXIEME SOUFFLE

MARIO CECCHI GORI PRESENTA FRANCO NERO
UN DETECTIVE
一瞬のヘッドライトに魂を売った！
流れる血をおさえて夜の刑事がうめく
—カラー作品—
夜の刑事
フランコ・ネロ主演
映倫

UN DETECTIVE

カラー作品／シネマスコープ
狼の挽歌
■〈さらば友よ〉〈雨の訪問者〉と一作ごとに残す強烈な男の体臭——
チャールズ・ブロンソン主演
ジル・アイアランド／テリー・サバラス
監督セルジオ・ソリーマ／音楽エンニオ・モリコーネ
主題曲RCAレコード〈サントラ盤〉
ニューオルリンズの朝もや…
防弾ガラスをぶち抜き
愛する女の眉間に流した鮮血は
狼の哀しい呻きか
CHARLES BRONSON JILL IRELAND in
VIOLENT CITY
日本ヘラルド映画
映倫

VIOLENT CITY

〈カラー作品〉フランス映画
同僚が殺られた！その時から彼は刑事ではなくなった！
脇腹にくいこむ鉄拳！胸板をぶち抜く銃弾！復讐の鬼と化した名刑事！
久々に登場するフィルム・ノワールの傑作！
UN CONDÉ
汚《よご》れた刑事《でか》
ミシェル・ブーケ／フランソワーズ・ファビアン／ジョン・ガルコ／監督イヴ・ボワセ／音楽アントワーヌ・デュアメル／撮影ジャン=マルク・リベール／日本ヘラルド映画
映倫

UN CONDE

NO.230『ギャング』（1967年／ジャン=ピエール・メルヴィル監督／フランス）
NO.231『夜の刑事』（1970年／ロモロ・グェッリエリ監督／イタリア）
NO.232『狼の挽歌』（1970年／セルジオ・ソリーマ監督／イタリア）
NO.233『汚れた刑事（でか）』（1972年／イヴ・ボワセ監督／フランス）

マフィアとは呼ばない！彼等自身はコーザ・ノストラ〈おれたちの世界〉と呼ぶ！
“影の政府”といわれる巨大な組織の全貌がここに！全世界注目の超大作登場！
Valachi
COSA NOSTRA
〈カラー作品〉
バラキ
チャールズ・ブロンソン
リノ・バンチュラ
ジル・アイアランド/ジョゼフ・ワイズマン
監督テレンス・ヤング
日本ヘラルド映画 アメリカ・イタリア合作
Herald

COSA NOSTRA

男たちの挽歌
A BETTER TOMORROW
Chow Yuen fat
■チョウ・ユンファ
往年の"マイトガイ小林旭"を彷彿させる若きヒーロー、ユンファは1955年5月18日生まれの31才。高校卒業後、様々な職種に就いた後、香港TVB主催の
スツ・トレーニング・コースで演技を学ぶ。20歳の時テレビ・シリーズの主役に抜擢され、その演技力が注目を浴び、映画・テレビに引っ張りだことなる。これまで映画に
は多数出演しているが特筆すべきは、'85年に"Before the Down"(夜明け前)でアジア映画祭主演男優賞、台湾のゴールデン・ホース賞主演男優賞の両賞を獲得したこと。
この他"The Story of Wu Viet"('81)"Woman"('85)などの作品で香港映画祭主演男優賞にノミネートされており実力派俳優としても一級。シリアスな演技も出来ればアクションもこなす。今、最も多忙なスーパースターの一人。'86東京国際ファンタスティック映画祭出品作「奇縁」('85)にも主演している。

A BETTER TOMORROW（英雄本色）

NO.235『男たちの挽歌』（1987年 / ジョン・ウー監督 / 香港）

マッドボンバー
THE MAD BOMBER
爆弾男社会を逆うらみ ダイナマイトで挑戦
現代が生んだ病魔か
白昼のロス 学校・病院・ホテル
登校の女学生即死
会合中の婦人団体血まみれ
犯人、爆弾抱いて繁華街へ逃げ込む
"連続爆破"
チャック・コナーズ／ビンセント・エドワーズ／ネビル・ブランド
監督・脚本・製作 バート・I・ゴードン／音楽 マイケル・メンション〈カラー作品〉
アメリカ映画／日本ヘラルド映画

THE MAD BOMBER

HERALD BEST ACTION
法はいらない！
俺の掟で悪《ワル》を殺る!!
前妻を殺され、無実の罪で手錠のまま逃亡する
ロス市警殺人課マーフィー刑事！
今、マグナム銃を片手に復讐の追跡が開始された！
チャールズ・ブロンソン in
MURPHY'S LAW
必殺マグナム
キャサリーン・ウィルホート キャリー・スノッジレス ロバート・F・ライアンズ リチャード・ロマナス エンジェル・トンプキンス
製作総指揮 メナハム・ゴーラン＆ヨーラム・グローバス 製作 パンチョ・コーナー 監督 J・リー・トンプソン 脚本 ゲイル・モーガン・ヒックマン
製作協力 ジル・アイアランド 撮影 アレックス・フィリップス 編集 ピーター・リー・トンプソン チャールズ・シモンズ 音楽 マーク・ドナヒュー バレンタイン・マッカラム
日本ヘラルド映画配給

MURPHY'S LAW

弾 丸
美女に迫るか？黒幕に迫るか！
どっちにしたって、デスクワークにゃ向かない二人!!
宇宙空間(?)は
得意だけれど
飛行機だけは大の苦手
フランク・ヘーゼルタイン刑事
「スター・ウォーズ」シリーズの
ビリー・ディー・ウイリアムズ
親父や兄貴にゃ負けないが
お袋さんにはかなわない
ニック・バーザック刑事
ロバート・キャラダイン
製作 メナハム・ゴーラン
〃 ヨーラム・グローバス
監督 ジャック・スマイト
脚本 ゲイル・モーガン・ヒックマン
〃 アンドリュー・カーツマン
〃 ロブ・ライリー
〃 ジェームズ・ベルーシ
ロバート・キャラダイン
ビリー・ディー・ウイリアムズ
ヴァレリー・ベルティネリ
ピーター・グレイヴス
日本ヘラルド映画配給
HERALD BEST ACTION
弾丸刑事《だんがんけいじ》
ニック＆フランク
刑 事
NUMBER ONE WITH A BULLET

NUMBER ONE WITH A BULLET

HERALD BEST ACTION
その瞬間、彼は実業家《ビジネスマン》から殺人者《デス・ハンター》になった……
浮気、脅迫、殺人。
E・レナードのベストセラーを巨匠フランケンハイマーが描く本格的ハードボイルド・ミステリー
52 PICK-UP
デス・ポイント
―非情の罠―
ロイ・シャイダー／アン・マーグレット
ヴァニティ／ジョン・グローバー／ロバート・トレボア
ケリー・プレストン／ダグ・マックルーア
クラレンス・ウィリアムズ・3世
日本ヘラルド映画配給
ジョン・フランケンハイマー監督作品
原作■エルモア・レナード
（「五万二千ドルの罠」ハヤカワ・ミステリー文庫）
製作総指揮■ヘンリー・T・ヴァインスタイン
製作■メナハム・ゴーラン
ヨーラム・グローバス
脚本■エルモア・レナード
ジョン・ステップリング
撮影■ヨスト・ヴァカーノ
音楽■ゲイリー・チャン

52 PICK UP

NO.236『マッドボンバー』（1974年／バート・I・ゴードン監督／アメリカ）
NO.237『必殺マグナム』（1987年／J・リー・トンプソン監督／アメリカ）
NO.238『弾丸刑事ニック＆フランク』（1987年／ジャック・スマイト監督／アメリカ）
NO.239『デス・ポイント／非情の罠』（1987年／ジョン・フランケンハイマー監督／アメリカ）

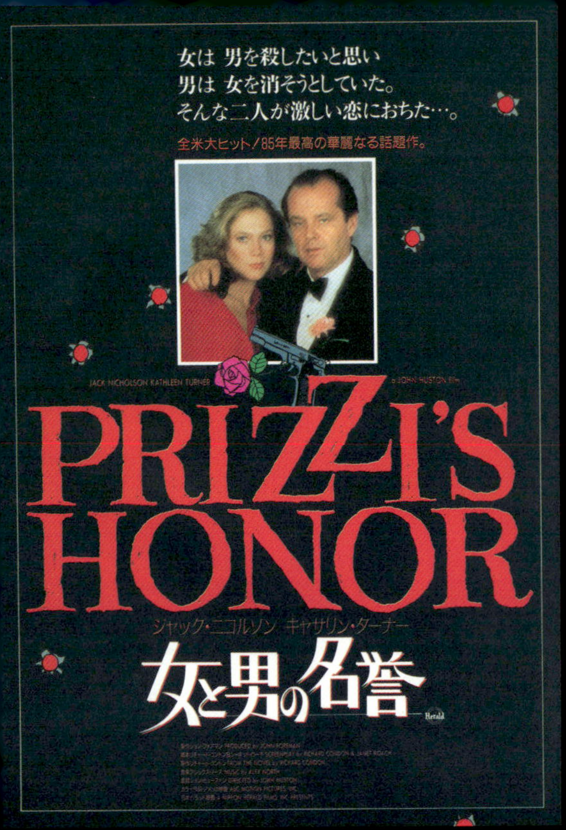

PRIZZI'S HONOR

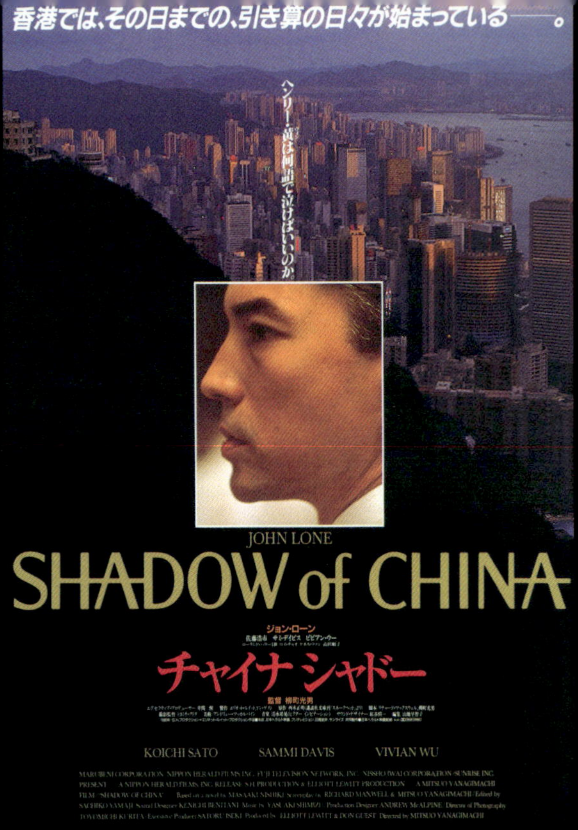

SHADOW OF CHINA

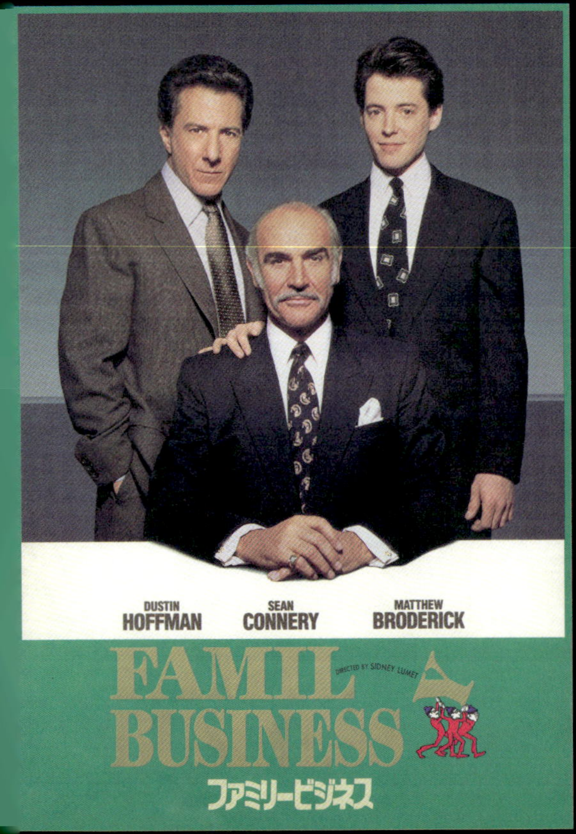

FAMILY BUSINESS

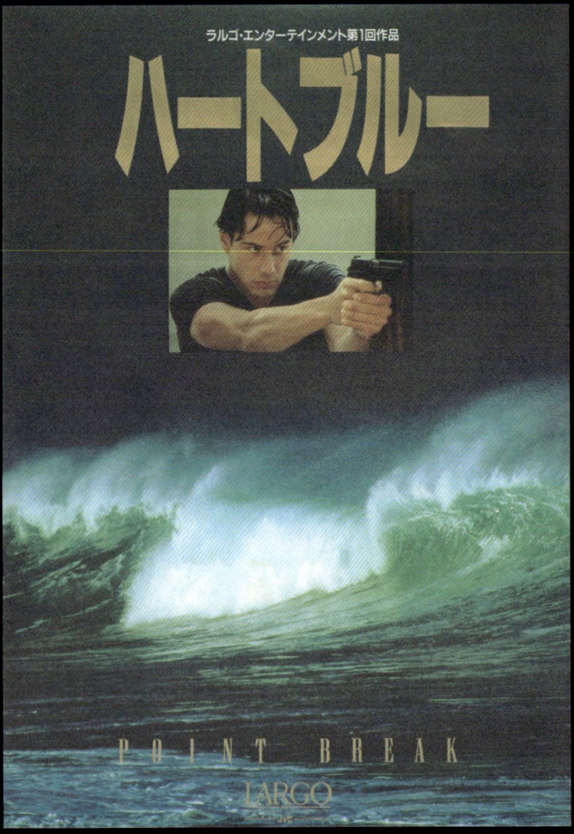

POINT BREAK

NO.240『女と男の名誉』（1985年／ジョン・ヒューストン監督／アメリカ）
NO.241『チャイナシャドー』（1990年／柳町光男監督／日本）
NO.242『ファミリービジネス』（1990年／シドニー・ルメット監督／アメリカ）
NO.243『ハートブルー』（1991年／キャスリン・ビグロー監督／アメリカ）

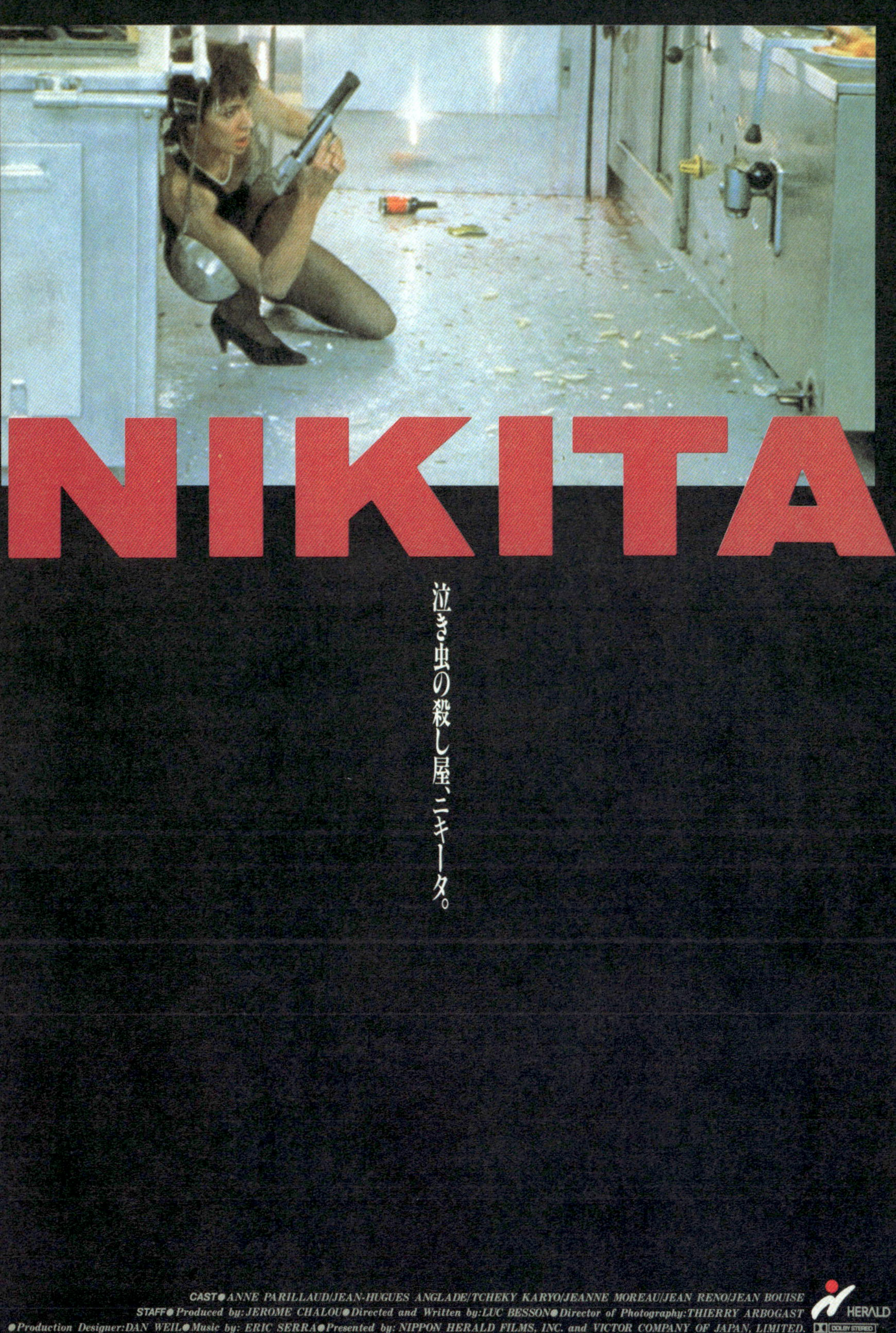
NIKITA
泣き虫の殺し屋、ニキータ。
CAST● ANNE PARILLAUD/JEAN-HUGUES ANGLADE/TCHEKY KARYO/JEANNE MOREAU/JEAN RENO/JEAN BOUISE
STAFF● Produced by:JEROME CHALOU● Directed and Written by:LUC BESSON● Director of Photography:THIERRY ARBOGAST
● Production Designer:DAN WEIL● Music by: ERIC SERRA● Presented by: NIPPON HERALD FILMS, INC. and VICTOR COMPANY OF JAPAN, LIMITED.
HERALD
DOLBY STEREO

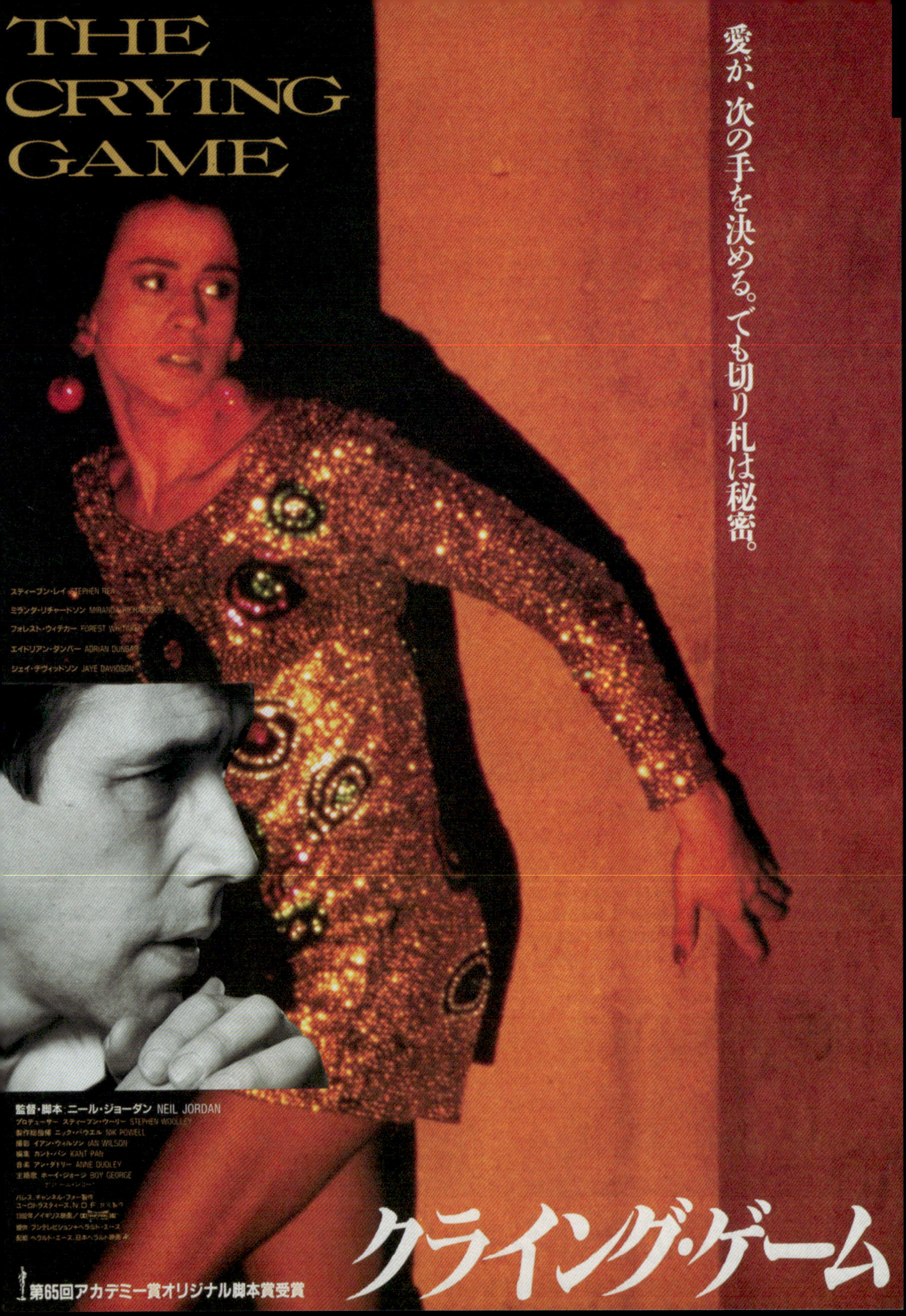

THE CRYING GAME

12才の女の子に愛された殺し屋、レオン。
レオン
凶暴な純愛。
A LUC BESSON FILM
JEAN RENO IN
LEON
「グラン・ブルー」「ニキータ」のリュック・ベッソン監督作品

LEON

獲らえて、逃がして、また誘う。
蜘蛛女《くもおんな》
ROMEO IS BLEEDING

ROMEO IS BLEEDING

ROBERT DE NIRO
AL PACINO
叫ぶか、黙るか。
二人は出会った。
いま高鳴る銃撃のシンフォニー！
HEAT
ヒート
アカデミー賞受賞2大俳優A・パチーノとR・デ・ニーロの初競演 全世界注目のアクション大作
「ラスト・オブ・モヒカン」の
マイケル・マン監督作品
アル・パチーノ／ロバート・デ・ニーロ
トム・サイズモア／ジョン・ボイト／ヴァル・キルマー

HEAT

シガニー ウィーバー
ホリー ハンター
邪魔な女が、ふたりいる。
誰の手口で私を殺すの。
コピーキャット

COPYCAT

L.A.confidential
L.A.コンフィデンシャル

L.A. CONFIDENTIAL

ニック ノルティ
メラニー グリフィス
チャズ パルミンテリ
マイケル マドセン
クリス ペン
ジョン マルコビッチ
ここはアメリカじゃない、
ロサンゼルスだ。
俺たちの街だ。
狼たちの街
12大豪華スター競演!クライム・アクション超大作!!
LARGO

MULHOLLAND FALLS

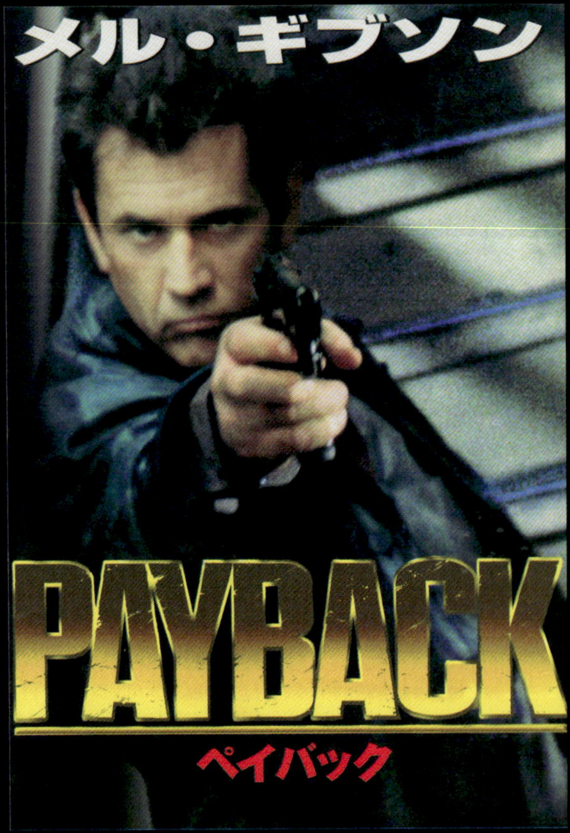
メル・ギブソン
PAYBACK
ペイバック

PAYBACK

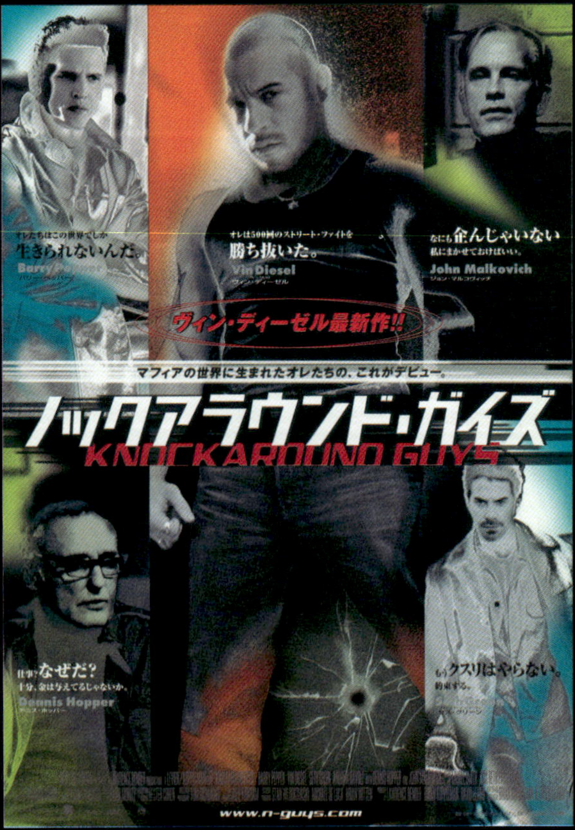
オレたちはこの世界でしか
生きられないんだ。
オレは500回のストリート・ファイトを
勝ち抜いた。
Vin Diesel
ヴィン・ディーゼル
なにも企んじゃいない
私にまかせておけばいい。
John Malkovich
ジョン・マルコヴィッチ
ヴィン・ディーゼル最新作!!
マフィアの世界に生まれたオレたちの、これがデビュー。
ノックアラウンド・ガイズ
KNOCKAROUND GUYS
仕事?なぜだ?
十分、金は与えてるじゃないか。
Dennis Hopper
もうクスリはやらない。
約束する。
www.n-guys.com

KNOCKAROUND GUYS

NO.250『L.A. コンフィデンシャル』(1998年 / カーティス・ハンソン監督 / アメリカ)
NO.251『狼たちの街』(1996年 / リー・タマホリ監督 / アメリカ)
NO.252『ペイバック』(1999年 / ブライアン・ヘルゲランド監督 / アメリカ)
NO.253『ノックアラウンド・ガイズ』(2003年 / ブライアン・コッペルマン監督、デヴィッド・レヴィーン監督 / アメリカ)

BAD LIEUTENANT

世界が変わろうとしていた19世紀、アメリカは壮絶な戦いと運命の恋に揺れた……
この復讐が終われば、
愛だけに生きると誓う。
ギャング・オブ・ニューヨーク
マーティン・スコセッシ監督作品　レオナルド・ディカプリオ　ダニエル・デイ=ルイス　キャメロン・ディアス
製作費150億円、撮影日数270日。世界が待ち望んだ超大作ついに誕生。
NEW YORK
12/21 Sat. 日米同時公開
www.gony.jp

GANGS OF NEW YORK

レオナルド
ディカプリオ
キャメロン
ディアス
ダニエル
デイ=ルイス
リーアム
ニーソン
ギャング
GANGS OF NEW YORK
オブ
ニューヨーク
マーティン・スコセッシ監督作品
19世紀半ば、マフィア誕生前夜
暗黒の街ニューヨークを燃え上がらせたのは
復讐か愛か—
www.gony.jp
2002年正月 全世界同時公開

GANGS OF NEW YORK

この復讐が終われば、愛だけに生きると誓う。
LEONARDO
DiCAPRIO
GANGS OF
NEW
YORK
ギャング・オブ・ニューヨーク
マーティン・スコセッシ監督作品／レオナルド・ディカプリオ／キャメロン・ディアス／ダニエル・デイ=ルイス
製作費120億円、撮影日数270日。世界がこれほどまでに待ち望んだ超大作ついに公開。
www.gony.jp
2002 CHRISTMAS

GANGS OF NEW YORK

CHAPTER12

SF, ADVENTURE & FANTASY

SF・冒険&ファンタジー

『メテオ』完成の遅れが致命傷となった『ハリケーン』の大惨敗
カタカナのタイトルにこだわった『ロード・オブ・ザ・リング』

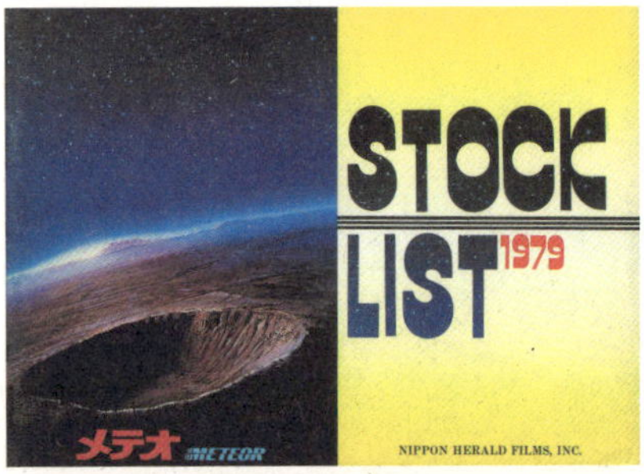
STOCK
LIST 1979
メテオ METEOR
NIPPON HERALD FILMS, INC.
『メテオ』を表紙に使用した 1979 年ストックリスト

メテオ
『メテオ』（1979 年）パンフレット

フランス革命の真只中！
コニャックに酔った無責任男が
浮浪者から皇帝まで
猛スピードで
昇ったり降りたり！
〈リオの男〉の快男児
ベルモンドが
久々に見せる
痛快アクション巨篇！
コニャックの男
『コニャックの男』（1971 年）プレスシート

空想科学映画、あるいは冒険物、ファンタジーといったジャンルの映画は年齢を問わず楽しめる、極めて映画的なジャンルで、エキゾチックな舞台背景や奇想天外な設定などが、ローテク時代の素朴な特撮や、ハイテク時代になってからの CG その他の技術と共に観客の目を楽しませてくれるものだ。俳優の人気の多寡に興行収入が左右されるタイプの映画ではないが、それでももちろん人気スターの主演作であるに越したことはない。ヘラルド最初期の配給作品に『海賊黒鷹』（1960 年）『スパルタの若獅子』（1961 年）という共に伊 = 仏合作の作品があるが、どちらもスター俳優は出ていない。前者はブリジット・バルドーの妹ミジャヌー・バルドー、後者はテレビシリーズ『ギリガン君 SOS』で知られるアメリカの女優ティナ・ルイスがヒロイン役で出ているが、知名度がある女優とは言えない。

『わんぱく戦争』や『地下室のメロディー』の大ヒットでヘラルド躍進の年となった 1963 年 3 月には、同じく伊 = 仏合作だが、ジャン = ポール・ベルモンドとクラウディア・カルディナーレという大スター共演の『大盗賊』が出る。大ヒットしたという記録はないものの、半年後の 10 月に東宝が谷口千吉監督、三船敏郎主演で同じタイトルの映画を製作・公開していることからも、それなりのインパクトだったことが窺われる。因みに、一般にはあまり知られていないが、映画のタイトルには著作権というものが存在しない。なので、洋画・邦画を問わず全く関係ない作品なのに同じタイトルが付けられることはあるし、大ヒットした他社作品のタイトルを利用して関連作のような錯覚を起こさせて公開するという手はよく使われていた。1971 年 11 月公開の同じくベルモンド主演のフランス革命を背景にした冒険活劇にヘラルドでは『コニャックの男』というタイトルを付けたが、これは東和がベルモンド主演作に“～の男”とシリーズにしていたのを踏まえてのこと。翌 1972 年 5 月にはロベール・アンリコ監督、リノ・ヴァンチュラ、ブリジット・バルドー主演の冒険譚『ラムの大通り』が出るが、1970 年代のヘラルドにとってこのジャンル最大の期待作は、ジョン・フォード監督による 1937 年の同題の作品のリメイクで、1979 年 4 月に公開された『ハリケーン』だった。

『ハリケーン』は、その二年少し前にヘラルドが『カサンドラ・クロス』で勝負を挑んだ際の相手、つまり東和配給の『キングコング』を製作したプロデューサー、ディノ・デ・ラウレンティスが手掛ける超大作で、ヒロインのミア・ファローのほか、ジェイソン・ロバーズ、マックス・フォン・シドーといったヴェテランが脇を固めている。ヘラルドは、ロケ地のボラボラ島に大勢のジャーナリストを連れていくジャンケットを敢行し、超大作の構えで 4 月末に“ セパミ ”チェーンに出した。だが、実は同じ“ セパミ ”チェーンで 10 月に公開する『メテオ』が、本来は 1979 年のゴールデン・ウィーク公開の予定でブッキングがなされていたものの、完成が長引いてプリントが届く目途が立たなくなったことから、元々は夏休み公開の予定だった『ハリケーン』を急きょ繰り上げたのだ。……結果は惨憺たるもので、莫大な経費をかけて宣伝した『ハリケーン』は配収 3.1 億円と中規模作品程度の成績に終わった。また、期待の大きかった『メテオ』もプリントがぎりぎりまで届かずに作品内容を売り込むことが難しかったことが影響して、仕込み金額からすると全く物足りない配収 7.5 億円に終わっている。

同じ冒険物でも、『メテオ』より 10 年以上前の『地球は燃える』(1967 年) などは、地味なドキュメンタリー映画でありながらも監督のアルーン・タジェフをキャンペーンで来日させるなどしてそこそこの成績を収めている訳だが、小さな作品を中規模にヒットさせるのと比べると、この時期のヘラルドは興行マーケットにおいてシェアを確保していくために、ハリウッド・スターが多く出演しているような高額の作品を買い付けて、大作の構えで大ヒットを目指していくしかなかったとも言えるが、失敗した時の痛手もまた大きい。その意味では、共に 1977 年の公開で、日比谷映画で 5 月に公開した『合衆国最後の日』、有楽座で 6 月に公開した『テンタクルズ』なども、かなり背伸びをして大作として売ったけれどもうまくいかなかった例と言えるだろう。『テンタクルズ』では史上初めて日本武道館でのイヴェント試写会を行なって成功したものの、興行での集客には全く結びつかなかった。

1980 年代に入ると状況は更に変わり、大作の買付けはテレビ局や商社などとの共同買付けが当たり前となってきた。たとえば、正月映画として 1985 年 12 月に公開した『サンタクロース』では、社内の宣伝部周辺を山小屋風の飾りつけにし、試写を観に来たお客さんにも楽しんでもらい、かつムードを盛り上げる戦略で期待値を上回る 10 億円を記録した。だが、買付け段階で東北新社、三井物産、東芝との共同買付けであったから、当然ながら利益もまた分配される訳で、見かけの好調とは裏腹にヘラルドとしての懐具合は必ずしも潤沢とは言えないことになる。同様に、たとえば 1993 年 7 月に公開した『スーパー

『ラムの大通り』(1972 年) パンフレット

『ハリケーン』(1979 年) ジャンケット時のディノ・デ・ラウレンティスを囲む宣伝スタッフとジャーナリスト

ラウレンティスの娘、古川博三副社長、ラウレンティス

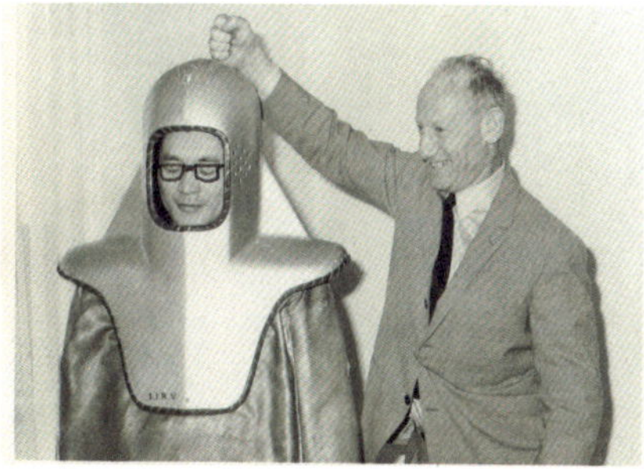
『地球は燃える』(1967 年) で来日したアルーン・タジェフ監督と宣伝プロデューサーの筈見有弘

映画は偉大なる伝説を超える。
本年度アカデミー賞最有力の声!
その指輪を捨てなければ、この世は闇となる
フロドと選ばれし勇者たち9人は、
冥王サウロン率いる闇の勢力との壮絶な戦いの旅に出た。
ロード・オブ・ザ・リング
LORD OF THE RINGS
3/2(土) 丸の内ピカデリー1 梅田ピカデリー 名古屋ピカデリー1 中洲大洋 札幌松竹遊楽館
全国松竹・東急系にてロードショー

『ロード・オブ・ザ・リング』(2002年)雑誌広告

ロード・オブ・ザ・リング 来日記者会見
アカデミー賞 最多13部門 堂々ノミネート!!

『ロード・オブ・ザ・リング』(2002年)
来日キャンペーン時(上、下)

指定席売り切れ

『ロード・オブ・ザ・リング/王の帰還』(2003年)
上映中の丸の内ピカデリー劇場入口

マリオ/魔界帝国の女神』は日本テレビ、徳間書店インターメディアとの共同、1997年12月公開の『セブン・イヤーズ・イン・チベット』や1999年6月公開の『奇蹟の輝き』では同業の松竹富士との共同、という具合だ。また、1997年9月公開の『フィフス・エレメント』の場合は、買付け自体は日本ビクターが行い、ヘラルドは配給だけ引き受けるという形だった。

そのような、インディペンデント系洋画配給会社の経営を巡る環境の変化の中でのヘラルドの立ち位置という観点は別として、SF、冒険、ファンタジー物というジャンルは基本的に観て楽しく、世代を超えて楽しめる作品が多い。ヘラルド持ち前の宣伝力やクリエイティヴ力によって、期待値と比べて成績がどうかという点は別として、話題を提供しそこそこヒットした作品もある。たとえばアーノルド・シュワルツェネッガー主演の『バトルランナー』(1987年)、ウィリアム・ハートなどの実力派俳優の出ていた『ロスト・イン・スペース』(1998年)といった作品だ。もっとマイナーなスターしか出ていない作品でも、リチャード・チェンバレンの『ロマンシング・アドベンチャー/キング・ソロモンの秘宝』(1986年)やデニス・ホッパーの『スペース・トラッカー』(1997年)などはB級感満載ながら根強いファンがいた。因みに『キング・ソロモンの秘宝2/幻の黄金都市を求めて』(1987年)は、全く別の秘宝を探す話なのだが、雰囲気で"2"というタイトルになった。

最終期のヘラルドの歴史を語る上で欠かせない作品に、ピーター・ジャクソン監督の『ロード・オブ・ザ・リング』三部作がある。これを、トールキンの原作通りの『指輪物語』とせずに、カタカナのタイトルにしたのは、漢字では大作感が出せないと主張した当時の取締役営業本部長、坂上直行のこだわりだ。三部作トータルで21億円という超高額の買付けゆえに、松竹、角川書店、電通、フジテレビ、ポニーキャニオンの共同という形を取らざるを得なかったが、第三部『ロード・オブ・ザ・リング/王の帰還』(2004年)は、ヘラルドの歴史の中で唯一、アカデミー作品賞を獲得している。成績の方も、興行収入で第一部が90.7億、第二部『二つの塔』が79億、第三部『王の帰還』が103.2億、と深沢恵宣伝部長以下のスタッフの頑張りもあってヘラルド史上最高の成績を上げたが、利益もまた共同買付の各社での配分だったから、ヘラルド的には傍から見ているほどには懐具合が潤沢とはならなかった。結局、この三部作がヘラルド最後の輝きということになったのである。

風雲嵐を呼び大海洋を血に染める勇猛"黒鷹"!!
海《かい》賊《ぞく》黒《くろ》鷹《たか》
SUPERCINESCOPE
スーパーシネスコープ
総天然色
監督・脚本セルジオ・グリエコ　撮影 ウィンセンツ・セラトリイス
PIRATA DELLO
PARVIERO NERO
主演
ミジャヌー・バルドー
ジェラール・ランドリー
アンドレア・オーレリー　ピナ・ボーティン
ゲルマノ・ロンゴ　エトレ・マニー
エンピィ・C.F.P.C.製作
ヘラルド映画配給

THE WARRIOR EMPRESS

CARTOUCHE

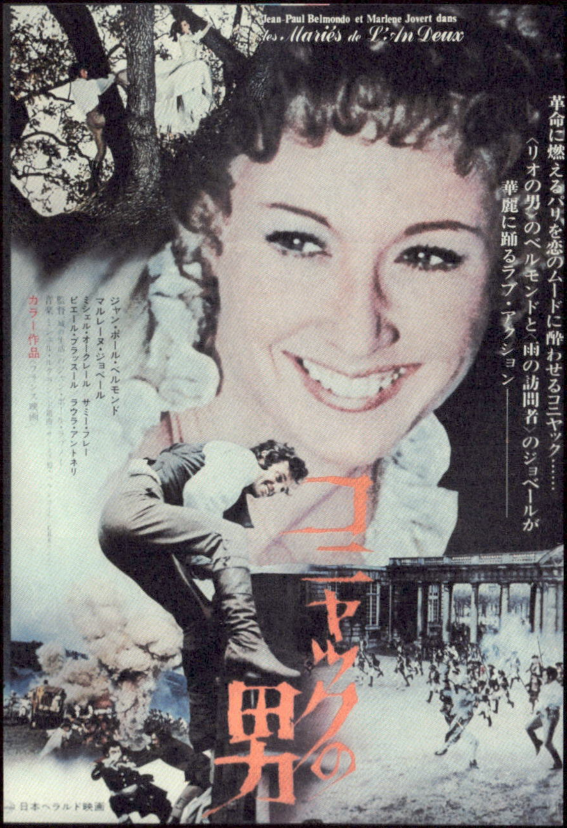

LES MARIES DE L'AN Ⅱ

BOULEVARD DU RHUM

HURRICANE

NO.258『大盗賊』（1963年／フィリップ・ド・ブロカ監督／フランス）
NO.259『コニャックの男』（1971年／ジャン＝ポール・ラプノー監督／フランス・イタリア）
NO.260『ラムの大通り』（1972年／ロベール・アンリコ監督／フランス）
NO.261『ハリケーン』（1979年／ヤン・トロエル監督／アメリカ）

地球は燃える
LE VOLCAN INTERDIT

LE VOLCAN INTERDIT

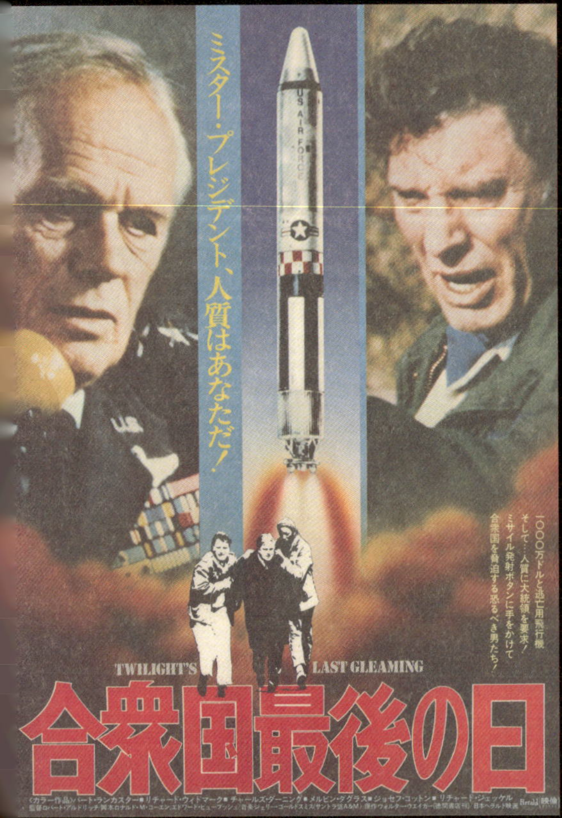
ミスター・プレジデント、人質はあなただ!
U.S. AIR FORCE
一〇〇〇万ドルと逃亡用飛行機
そして…人質に大統領を要求!
ミサイル発射ボタンに手をかけて
合衆国を脅迫する恐るべき男たち!
TWILIGHT'S LAST GLEAMING
合衆国最後の日

TWILIGHT'S LAST GLEAMING

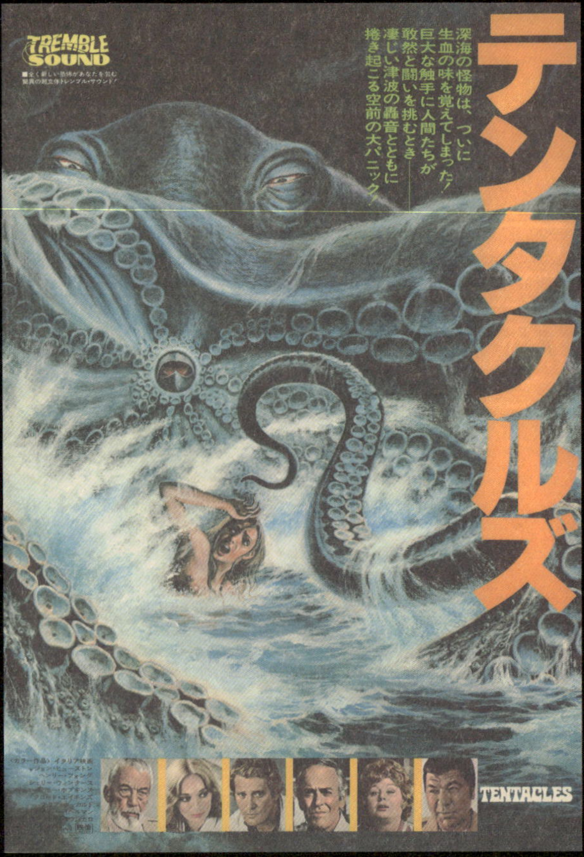
TREMBLE SOUND
テンタクルズ
深海の怪物は、ついに
生血の味を覚えてしまった!
巨大な触手に人間たちが
敢然と闘いを挑むとき
凄じい津波の轟音とともに
捲き起こる空前の大パニック!
TENTACLES

TENTACLES

NO.262『地球は燃える』(1967年 / アルーン・タジェフ監督 / フランス)
NO.263『合衆国最後の日』(1977年 / ロバート・アルドリッチ監督 / アメリカ・西ドイツ)
NO.264『テンタクルズ』(1977年 / オリヴァー・ヘルマン監督 / イタリア)

JOHN CARPENTER'S
ESCAPE FROM NEW YORK
A DEBRA HILL PRODUCTION starring KURT RUSSELL, LEE VAN CLEEF, ERNEST BORGNINE, DONALD PLEASANCE, ISAAC HAYES, SEASON HUBLEY, HARRY DEAN STANTON and ADRIENNE BARBEAU
〈カラー作品〉アメリカ映画 日本ヘラルド映画
鬼才ジョン・カーペンター監督作品
ニューヨーク1997

ESCAPE FROM NEW YORK

A FILM OF RONALD NEAME METEOR
メテオ
それは宇宙からの警告だった!

METEOR

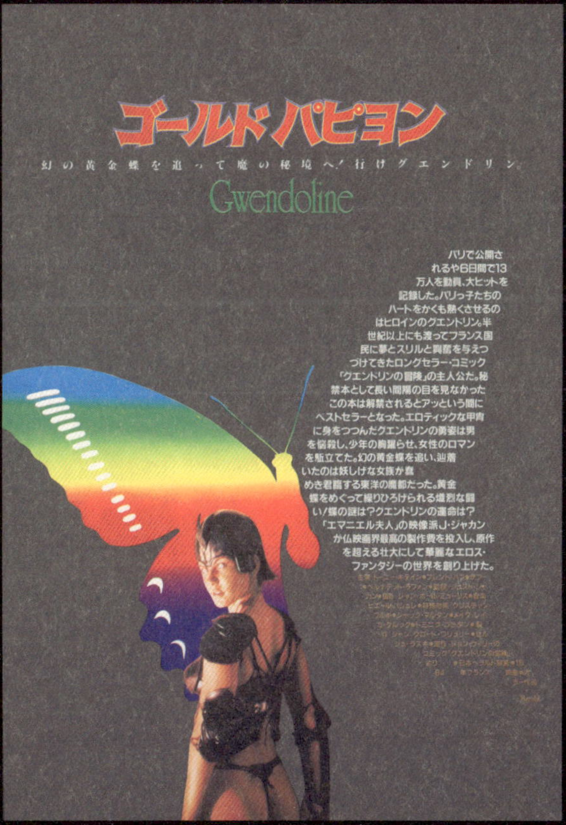
ゴールド・パピヨン
幻の黄金蝶を追って魔の秘境へ!行けグエンドリン。
Gwendoline
パリで公開されるや6日間で13万人を動員、大ヒットを記録した。パリっ子たちのハートをかくも熱くさせるのはヒロインのグエンドリン。半世紀以上にも渡ってフランス国民に夢とスリルと興奮を与えつづけてきたロングセラー・コミック「グエンドリンの冒険」の主人公だ。秘禁本として長い間陽の目を見なかったこの本は解禁されるとアッという間にベストセラーとなった。エロティックな甲冑に身をつつんだグエンドリンの勇姿は男を悩殺し、少年の胸躍らせ、女性のロマンを駈立てた。幻の黄金蝶を追い、辿着いたのは妖しげな女族が蠢めき君臨する東洋の魔都だった。黄金蝶をめぐって繰りひろげられる熾烈な闘い!蝶の謎は?グエンドリンの運命は?「エマニエル夫人」の映像派J・ジャカンが仏映画界最高の製作費を投入し、原作を超える壮大にして華麗なエロス・ファンタジーの世界を創り上げた。

GWENDOLINE

NO.265『ニューヨーク1997』(1981年 / ジョン・カーペンター監督 / アメリカ)
NO.266『メテオ』(1979年 / ロナルド・ニーム監督 / アメリカ)
NO.267『ゴールド・パピヨン』(1984年 / ジュスト・ジャカン監督 / フランス)

SANTACLAUS THE MOVIE

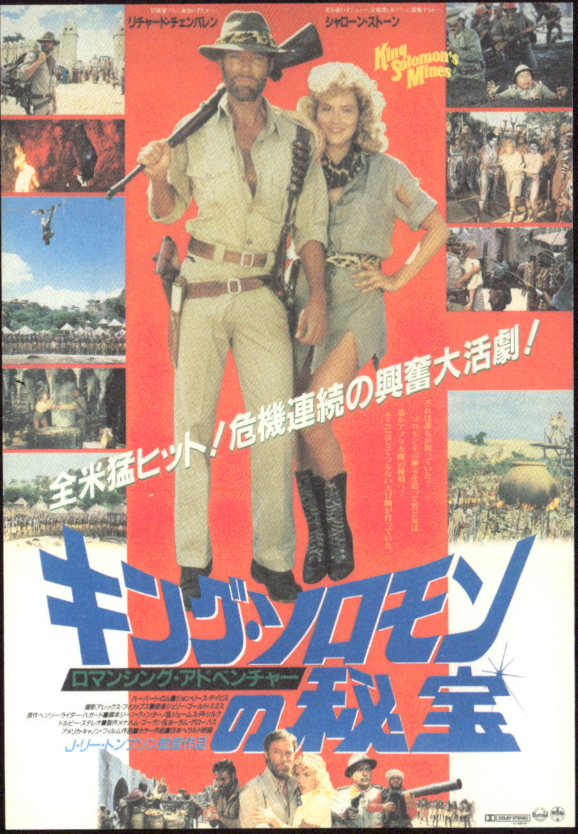
リチャード・チェンバレン
シャローン・ストーン
King Solomon's Mines
全米猛ヒット！危機連続の興奮大活劇！
キング・ソロモンの秘宝
ロマンシング・アドベンチャー
J・リー・トンプソン監督作品

KING SOLOMON'S MINES

全米を湧かせたヒット・シリーズ第2弾！
面白さをパワー・アップして遂に登場！
リチャード・チェンバレン
シャローン・ストーン
幻の黄金都市は何処にあるのだ！
新たなる秘宝を追って危険なアドベンチャーへ！冒険野郎クォーターメインが帰って来た！
Allan Quatermain
キング・ソロモンの秘宝2
幻の黄金都市を求めて
アメリカ・キャノンフィルム作品/カラー作品
日本ヘラルド映画

ALLAN QUATERMAIN AND THE LOST CITY OF GOLD

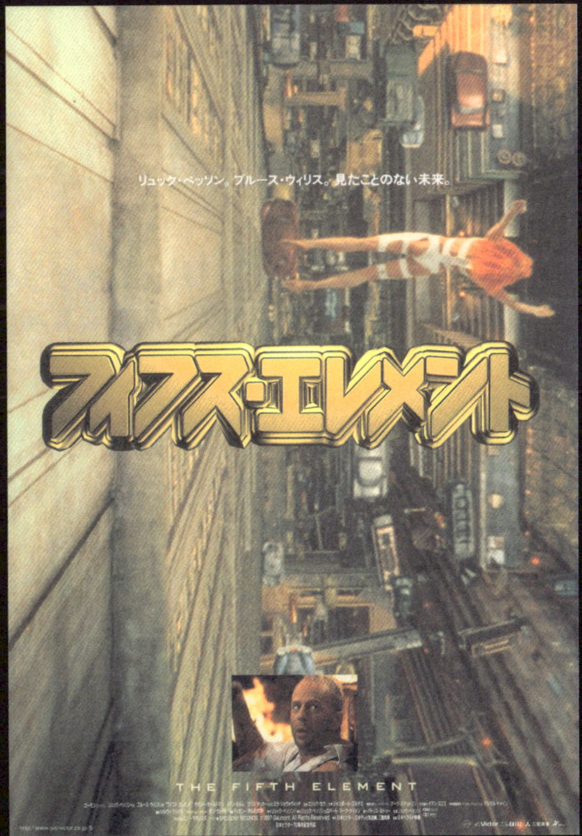
リュック・ベッソン。ブルース・ウィリス。見たことのない未来。
フィフス・エレメント
THE FIFTH ELEMENT

THE FIFTH ELEMENT

ブラッド・ピット
愛のぬくもりが世界へ広がる。
伝説の登山家ハインリヒ・ハラーと
若き日のダライ・ラマ。
激動の時代、彼らは何を見たのか
全世界が注目する感動の実話。
SEVEN YEARS IN TIBET
セブン・イヤーズ・イン・チベット
『薔薇の名前』『愛人/ラマン』の
ジャン＝ジャック・アノー監督作品

SEVEN YEARS IN TIBET

NO.269『ロマンシング・アドベンチャー／キング・ソロモンの秘宝』(1986年／J・リー・トンプソン監督／アメリカ)
NO.270『キング・ソロモンの秘宝２／幻の黄金都市を求めて』(1987年／ゲイリー・ネルソン監督／アメリカ)
NO.271『フィフス・エレメント』(1997年／リュック・ベッソン監督／フランス・アメリカ)
NO.272『セブン・イヤーズ・イン・チベット』(1997年／ジャン＝ジャック・アノー監督／アメリカ)

BATTLE RUNNER
SCHWARZENEGGER is
BATTLE RUNNER
正月は俺に任せろ!
007、スピルバーグが相手だ! 地上最強の男(ヒット・マン)シュワルツェネッガー正月初登場!
ハリウッド・ナンバー1の"マネー・メーキング・スター"アーノルド・シュワルツェネッガーが、ついに正月映画に登場する。
その最新作『バトルランナー』は「ターミネーター」や「コマンドー」を「プレデター」を
はるかに凌ぐスケールとアクションで描いたエキサイティング度満点の娯楽超大作である。
2025年!人類は遂に凄絶なデス・ゲームを始めた! 狂気の軍団《ハンター》に立ち向うシュワルツェネッガー生死を賭けた超バトル!
舞台は2025年。人々は政府によって完全に管理されていた。
唯一ストレスを解消するのがTVの殺人ゲームショー「ランニングマン」だった。巨大な剣を持った男、
ナパーム弾を腕に装備した男、手先から殺人光線を発射する男、両手にチェーンソーを構えた男、殺人アンドロイドの集団。
視聴者から英雄視されるこれらハンターたちが容赦なく獲物を追いつめ、死に至らしめるのだ。
そして、彼等の最も新しい獲物に選ばれたのが元警察官のベン・リチャーズ(アーノルド・シュワルツェネッガー)だった。
彼は反政府主義者を殺害せよという命令に背いた為に刑務所へぶち込まれていた。
"極悪犯罪人"に仕立てられたリチャーズはスタジオに引っ張り出される。
彼を迎えたのは視聴者の狂気の歓声だった。ゲーム・ゾーンは4つ。廃墟と化した街だ。
しかし、これまで誰一人そこを逃げ出したものはいない。どんなに強い男でも数分のうちに殺される。
すべての人々の眼がTVの前に釘付けになった。ついにゲームが開始された。ゲーム・ゾーンに放たれるリチャー
次々に襲ってくるハンターに対し、リチャーズの生存を賭けた超人的闘いがはじまる――。
「俺の代表作だ!」S・キングの原作に震えたシュワルツェネッガー豪語! 肉体の全てを賭けたSFアクション大作!
製作費2500万ドルを投入した、このアクション大作は、
あの人気SF作家スティーブン・キングがリチャード・バックマンという別名で発表した小説。
方法によっては虚像を真実のように視せてしまうテレビ。それを政府が利用して国民を欺き、狂気の世界へ陥れる中で、
その犠牲者となった主人公が生き延びる為に闘うという恐怖の物語を
最高のエンターテイメント・ムービーに仕立て上げたのが監督ポール・マイケル・グレイザー。
スリリングでサスペンスにあふれ、またアクションの醍醐味を満載した映像は、
これが監督2作目とはとても思えない演出力を見せている。元々、グレイザーはアクション俳優出身。
その経験を基に「シュワルツェネッガーの魅力をスクリーンいっぱいに引き出すことを心がけた」という。
シュワルツェネッガー自身も「これは私の代表作のひとつになる。」と語る。
正月映画一番の話題作「バトルランナー」はいよいよ11月下旬アメリカを皮切りに、全世界で続々と公開される。
製作……ティム・ジンネマン、ジョージ・リンダー
監督……ポール・マイケル・グレイザー
脚本……スティーブン・デ・スーザ
原作……スティーブン・キング(扶桑社 刊)
タフト・エンターテイメント作品
キース・バリッシュ・プロダクション
アメリカ映画
日本ヘラルド映画創立30周年記念作品
アーノルド・シュワルツェネッガー
バトルランナー
DOLBY STEREO
Herald

THE RUNNING MAN

NO.273『バトルランナー』(1987年／ポール・マイケル・グレイザー監督／アメリカ)

SUPER MARIO BROS.

SUPER MARIO BROS.

 NO.274『スーパーマリオ／魔界帝国の女神』（1993年 / ロッキー・モートン監督、アナベル・ヤンケル監督 / アメリカ）

SPACE TRUCKERS

LOST IN SPACE

WHAT DREAMS MAY COME

NO.275『スペース・トラッカー』（1997年 / スチュアート・ゴードン監督 / アメリカ）
NO.276『ロスト・イン・スペース』（1998年 / スティーヴン・ホプキンス監督 / アメリカ）
NO.277『奇蹟の輝き』（1999年 / ヴィンセント・ウォード監督 / アメリカ）

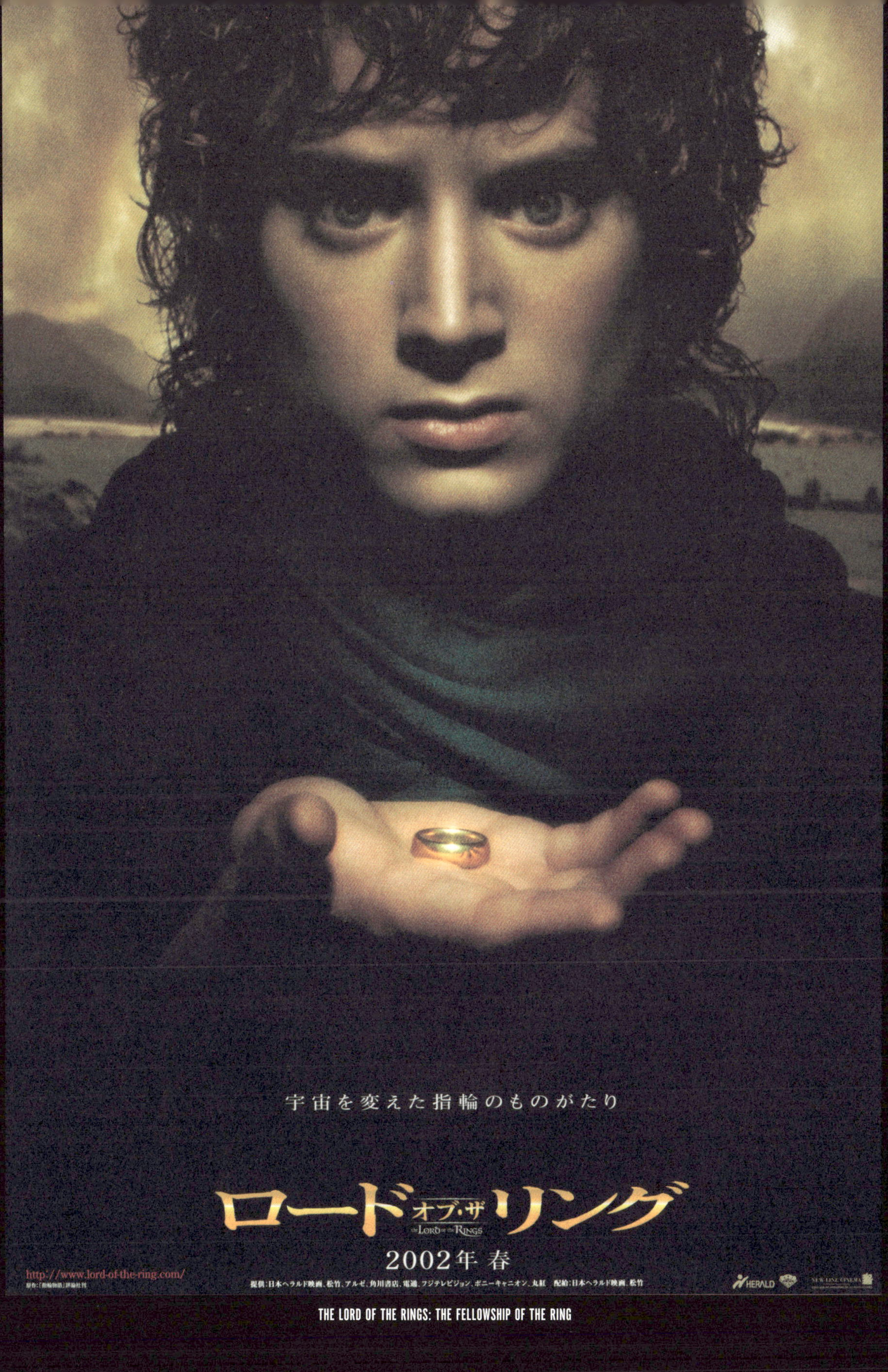

THE LORD OF THE RINGS: THE FELLOWSHIP OF THE RING

NO.278『ロード・オブ・ザ・リング』(2002年 / ピーター・ジャクソン監督 / アメリカ・ニュージーランド)

2002年・春。映画史に新たなる伝説が生まれる。
ロード
オブ・ザ
リング
LORD OF THE RINGS
指輪を手にした者が世界を救う。

THE LORD OF THE RINGS: THE FELLOWSHIP OF THE RING

新しい出会いと別れ——
第一部は序章でしかなかった
ロード
オブ・ザ
リング
二つの塔
2003年・春

THE LORD OF THE RINGS: THE TWO TOWERS

指輪を捨てるその時、初めて明かされる
感動のクライマックス
遂に完結！
ロード
オブ・ザ
リング
王の帰還
2/14
WWW.LOTR.JP

遂に完結！
その時、世界は史上最大の感動でひとつになる。
ロード
オブ・ザ
リング
王の帰還
WWW.LOTR.JP
2004年 春

THE LORD OF THE RINGS: THE RETURN OF THE KING

NO.279『ロード・オブ・ザ・リング／二つの塔』(2003 年 / ピーター・ジャクソン監督 / アメリカ)
NO.280『ロード・オブ・ザ・リング／王の帰還』(2004 年 / ピーター・ジャクソン監督 / ニュージーランド・アメリカ)

CHAPTER13

COPPOLA & LABYRINTH OF APOCALYPSE NOW

コッポラと『地獄の黙示録』の迷宮

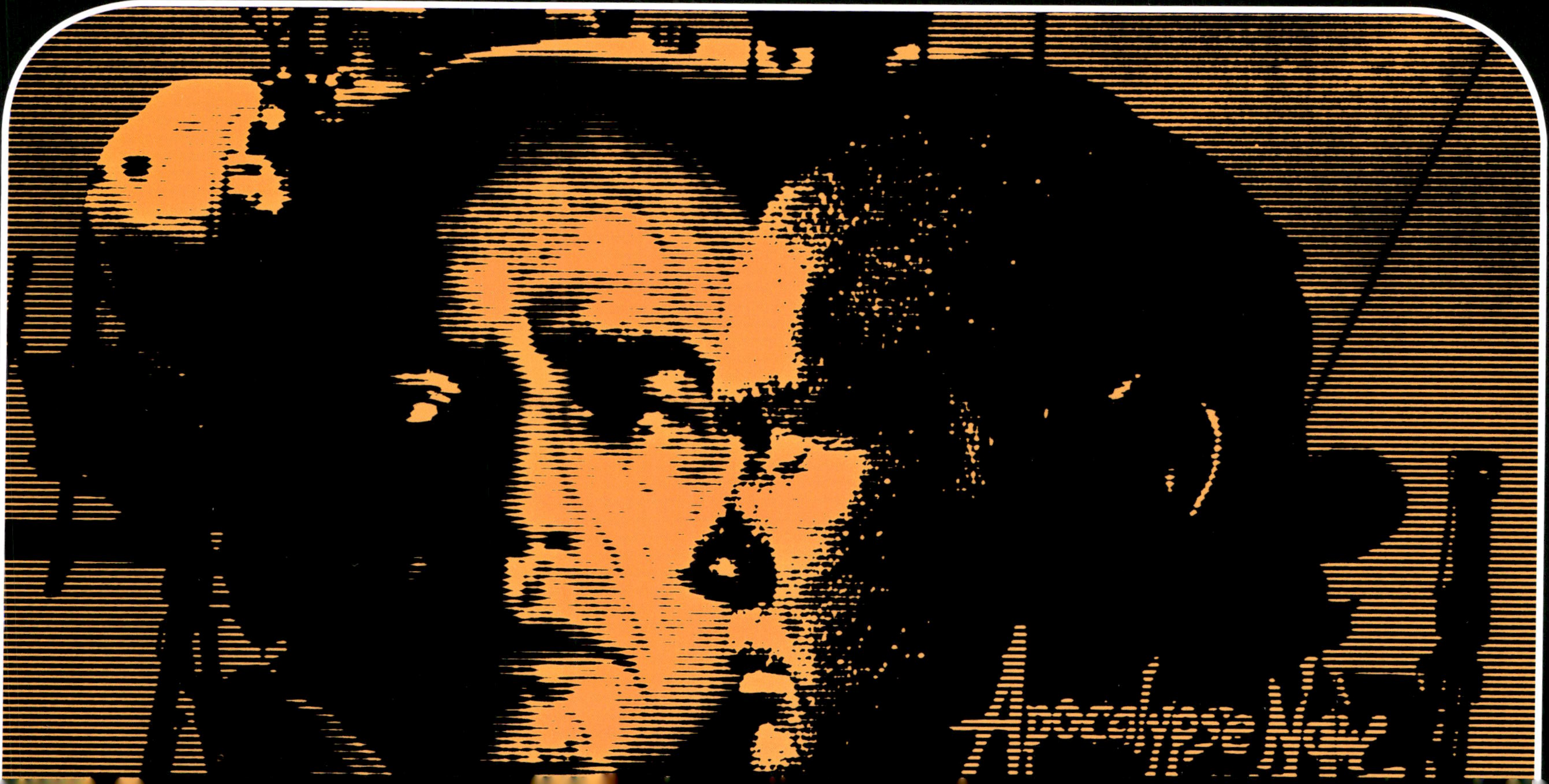

「買ったのはマックイーンの映画じゃない。コッポラの映画だ」
古川社長のこの一言で、コッポラとヘラルドの旅が始まった。

上の写真4点は筆者がデニス・ホッパーの個人アルバムから借りたもの。映画の中では見られない、グリーンベレーのユニフォーム姿のホッパーが確認できる

洋画配給会社の仕事とは何か。……海外へ出かけて作品を買い付けて（そのための目利きであることが必要）、日本国内でその作品を世に送り出す上での折衝をし（上映する劇場を確保する）、加工を施し（邦題を付け、宣伝の切り口をひねり出す）、そして売り込む（パブリシティや広告で注目を集めていく）、といったことが模範解答となるだろう。日本ヘラルド映画という会社もまた、そういった一連のプロセスを通じて数多くの映画を日本の観客に紹介し、興行会社の信用を勝ち取り、時として社会的な現象というレヴェルにまで話題を盛り上げ、そして会社として利益を上げ成長してきたことは論を待たない。

だが、ヘラルドという社名の由来は、その本来の意味である“先駆者”という意味合いを気に入った古川勝巳社長の心意気にあった。この心意気は、常に新しいことに挑戦するという社風として社員一人ひとりの胸に刻まれ、このチャレンジ精神こそがヘラルドという会社を特別な存在にしてきたのだと思う。

『ゴッドファーザー』『ゴッドファーザー PART II』で究極の成功を収めたフランシス・フォード・コッポラ監督が、これから取り掛かることになる新作の超大作の製作資金を捻出するために、日本及び東南アジアでの配給権譲渡の見返りとして300万ドル（当時のレートで約9億円）の出資をヘラルドに打診してきたのは1975年10月のこと。米国配給はユナイトに決まっていたが、コッポラ自身にとっても嘗て取り組んだことのない規模の作品であり、製作資金が確保できていなかったのだ。実はコッポラはヘラルドよりも先に松竹傘下の富士映画（後の松竹富士）に話を持ち掛けていたが、別の大作『遠すぎた橋』に勝負をかけることにしていた同社はこれを断っていた。当時のヘラルドは前年12月公開の『エマニエル夫人』の記録的大ヒットで上げ潮のムードではあったが、製作段階から深くコミットしていた黒澤明監督の『デルス・ウザーラ』が8月に公開され、想定していたような冒険スペクタクル映画ではない内容に興行的に苦戦していた最中でのオファーだった。だが、ヘラルドはリスクを鑑みて二の足を踏むという会社ではなかった。こうして、まだこれから撮影を開始するという作品、それもハリウッド映画史上最大の超大作に出資して製作のパートナーとなる新たな道に配給会社であるヘラルドは足を踏み入れた。

その道が、果てしない迷宮の如きいばらの道であったことはやがて明らかになるが、少なくともコッポラのその新作『現代の黙示録』(当初の仮題)には、スティーヴ・マックイーン、ジーン・ハックマン、ロバート・レッドフォード、リノ・ヴァンチュラ、そしてマーロン・ブランドといった名だたるスターが出演する予定で、ヘラルドとしても過去に扱ったことがない規模の第一級の作品だった。……だが、俳優陣との交渉は長引き、撮影開始は延期を重ねた。やがて、ハックマンが予定されていたキルゴア大佐にはロバート・デュヴァル、レッドフォードと交渉していたカメラマン役はデニス・ホッパー、ヴァンチュラが断ってきたフランス人入植者にはクリスチャン・マルカン、とマーロン・ブランドらを除くとスター・ヴァリューの点でやや劣る布陣で確定、いよいよ1976年3月にクランクインというところまで漕ぎつけた。

そのキャスティングの中で最大のスターだったマックイーンが土壇場で降板することになった報せをコッポラが新橋駅前ビル1号館のヘラルドに電話してきた時、勝巳社長はちょうど東京の本社にいた。契約書の内容では主役の交代は出資自体をキャンセルできる重大事項だったため、コッポラはヘラルドに対して、今なら参加を白紙にできるがどうするかを決めてほしい、と決断を迫った訳だが、もちろんここでヘラルドが腰砕けになってしまえば、世界中にプリセールスを掛けているコッポラとしては作品の製作実現すら危ぶまれる正念場だった。電話を受けた常務取締役兼国際部長の難波敏(後に副社長)は電話を切らずにコッポラを待たせ、勝巳社長と営業本部長の原正人を呼んで対応を協議した。会議など開かずに立ち話ですべてを即決していくというのがヘラルドの伝統だが、ここでは勝巳社長の即断でコッポラ支持が決定した。──曰く「買ったのはマックイーンの映画じゃない。コッポラの映画だ」。ヘラルドはスター・ヴァリュー減に見合う一割減の出資をオファーし、コッポラの窮地は救われた。

1976年3月20日にフィリピンでの撮影が開始された『地獄の黙示録』は、その後もマックイーンに変わって主役のウィラード大尉を演じることに決まったハーヴェイ・カイテルが僅か一週間で解雇されマーティン・シーンへ変更、記録的な規模の台風が直撃してセットが破壊され作り直しとなる、撮影中にシーンが心臓発作を起こして一時撮影中断となる、など凡そ考え得る全ての災難が降りかかってきたのだが、その間も、ヘラルドはコッポラを支え続けた。当時のフィリピンへは米国からの直行便はなく、コッポラは撮影の合間に米国との間を行き来する際に中継地点の日本に寄ってはヘラルドに様々な支援を要請していた。たとえば市川崑監督の『炎上』のシーンを参考にした

撮影開始後僅か一週間で主役の座から降板させられたH・カイテル（左）の映っている貴重な撮影スナップ

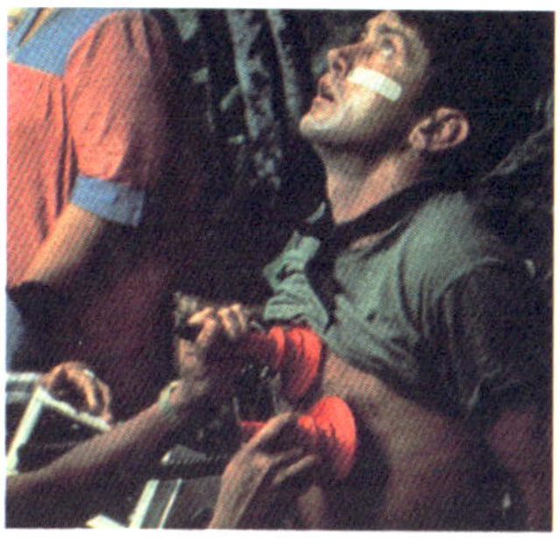

三人目の主役に選ばれたM・シーンだが、過酷な撮影に心臓麻痺を起こし、一時撮影続行が危ぶまれる事態に

『地獄の黙示録』の新聞広告各種。有楽座での特別先行公開、3月15日からの拡大ロードショー公開へとイヴェントを盛り上げていく流れを作った

『地獄の黙示録』（1980 年）撮影中の様子

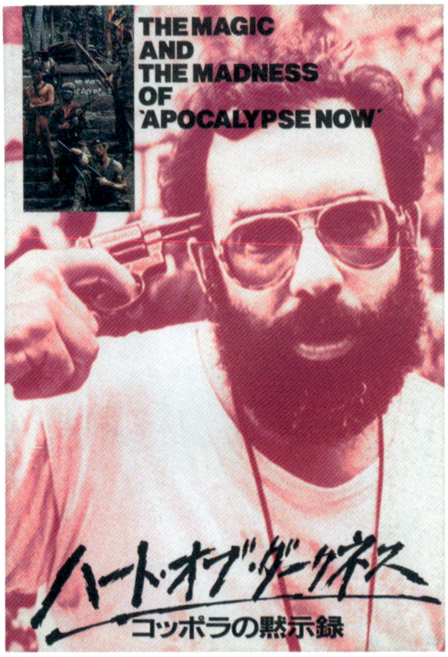

『ハート・オブ・ダークネス』小型プレス表紙

『ハート・オブ・ダークネス』雑誌広告

いのでビデオを送ってほしい、音楽担当を打診したいので冨田勲氏に引き合わせてほしい、1000 ドルばかり貸してほしい、といったリクエストで、ヘラルドはその全てを叶えていた。その際にヘラルドがコッポラ付きとして専任で張り付いてもらっていた通訳が戸田奈津子で、彼女は冨田勲と一緒にフィリピンの撮影現場や当時ロサンゼルスにあったコッポラの本拠地アメリカン・ゾーエトロープ社も訪れることになった。その過程を通じて培われた信頼関係によって、後に彼女はコッポラの推薦により『地獄の黙示録』の字幕翻訳者としてその道の第一線に躍り出ることになった。撮影中の苦難の詳細はヘラルド出版が刊行したエレノア夫人による『ノーツ（「地獄の黙示録」撮影全記録）』や後にヘラルドが配給することになったドキュメンタリー映画『ハート・オブ・ダークネス』（1991 年）に詳しいが、『ノーツ』の装丁を、『地獄の黙示録』の B 倍版の二種類の特別ポスターの監修（イラストは滝野晴夫）に続いて担当したのが石岡瑛子だった。彼女はその後コッポラに呼ばれて渡米し、彼の監督作品『ドラキュラ』の衣裳デザインを担当してオスカーを受賞した。

撮影が終了したのは 1977 年 5 月 21 日、その後はコッポラによる編集室での格闘が始まり、1978 年夏にヘラルドが敢行した大規模なジャンケットでは、サンフランシスコ郊外の劇場で 40 分強のラッシュ・フィルムの上映が計 101 名のマスコミ、興行関係者に対して行われ、コッポラ自身も出席したが、参加者の一人だった荻昌弘に依れば「彼の表情と口調から読み取れたのは（中略）苦渋だった。難産の陣痛が彼の唇を重くさせて」いたという。漸く完成してフィルムが日本に到着した後も、内容が哲学的で、特に後半が難解だという評価が主流で、宣伝という観点では誠に売るのが難しい作品だった。だが、この作品は内容云々ではなく、誰もが参加すべき、時代を象徴するイヴェントなのだ、という開き直りで、民放全チャンネルで同時に TV スポットを流すなどの未曽有の大宣伝が展開された。

契約から 4 年以上の月日を経た 1980 年 2 月 16 日、『地獄の黙示録』70 ミリ版による定員制の 4 週間の先行上映が満を持して有楽座で開始され、記録的な大ヒットとなった。配給収入は最終的には 22 億 5 千万円にも到達した。コッポラとヘラルドのチャレンジは見事に実を結んだのだ。そして、22 年後の 2002 年、初公開時に興行上の制約からカットせざるを得なかったシーンを復活させるべく、当時撮影した素材自体から新たに編集をやり直した『地獄の黙示録・特別完全版』が製作され、再びヘラルドの手で世に送り出されることとなった。

地獄の黙示録

スケジュール

日次	月・日・曜	地名	現地時間	交通機関	内容	食事
1	7/16（日）	成田 発 ロスアンゼルス 着 発 ニューポートビーチ 着	15：15 11：55 13：00 14：00	PA-012 バス ↓	同日着 入国手続完了後、ニューポートビーチ **「マリオットホテル」**チェック・イン 着後休養、自由行動	夕 機内 朝 機内 昼 機内 夕 自由
2	7/17（月）	ニューポートビーチ	14：00 ↓ 19：00 19：30 ↓		午後2時まで自由 （但し）オプショナル①ロス市内観光 ②ゴルフ **特別記念行事①（ホテル大会議室）** ▼新作紹介およびインタビュー **▼日米全参加者によるディナー・パーティ**	朝 ホテル 昼 自由 夕 パーティ
3	7/18（火）	ニューポートビーチ	19：00 ↓ 20：00 ↓		19：00まで自由 オプショナル①ディズニーランドとユニバーサルスタジオ見学②ゴルフ③サンディエゴとティファナ観光④ロス・ウェストウッド行（送迎のみ） **特別記念行事②（ホテル会議室）** **▼「野性の証明」製作関係者とのインタビュー** **▼同上、バーベキューパーティ**	朝 ホテル 昼 自由 夕 パーティ
4	7/19（水）	ニューポートビーチ発 キャンプ・ロバーツ着 キャンプ・ロバーツ発 サンフランシスコ着	8：00 13：00 17：30 21：30	バス ↓ バス ↓	朝食後、バスでキャンプ・ロバーツへ **特別記念行事③** **「野性の証明」ロケ見学。** サンノセ近くのレストランで夕食後 **「ジャック・ター・ホテル」へ**	朝 ホテル 昼 ボックスランチ 夕 レストラン
5	7/20（木）	サンフランシスコ	13：00 ↓ 17：00	観光バス	終日自由行動 サンフランシスコ市内観光 （自由参加）	朝 ホテル 昼 自由 夕 自由
6	7/21（金）	サンフランシスコ			**特別記念行事④（市内劇場で）** **▼「地獄の黙示録」フイルム一部試写** **フランシス・コッポラ監督より作品説明** **▼13：00→14：30 ランチ・パーティ** これ以後自由	朝 ホテル 昼 パーティ 夕 自由
7	7/22（土）	サンフランシスコ発	13：15	PA-011	空路、帰国の途へ	朝 ホテル 昼 機内 夕 機内
8	7/23（日）	成田 着	16：00		成田着、自由解散です。 お疲れさま。	朝 機内 昼 機内

ホテルのご案内 7／16・17・18（3泊）
マリオット・ホテル MARRIOT HOTEL
900 Newport Center Drive
NEWPORT BEACH, CA, 92660
TEL. 714-640-4000

ロスアンゼルスから南方へ約60キロ、リゾート地として有名な美しい街、マリオットホテルは専用のプール、テニスコート、ヨット・ハーバー、ゴルフ場、そしてファッション・アイランドというショッピングセンターを持つ、それ自体が一つの街のようなホテルです。自由時間にはお好きなレジャーをお楽しみ下さい。

—2—

7／19・20・21（3泊）
ジャック・ター・ホテル
JACK TAR HOTEL
Van Ness at Geary Street
SAN FRANCISCO CALIFORNIA
TEL. 415-776-8200

ユニオン・スクエアに近く日本人街にも近い。
坂の上のシックなホテル。便利で使いやすく落ち着いたたたずまいです。旅情を慰めるには最適でしょう。ジャック・ターとは船乗りという意味だそうです。

—3—

TO JAPANESE MOVIE BUFFS
FROM
1975

THE REMINISCENCES 6

『地獄の黙示録』の撮影でアメリカとフィリピンを行き来するコッポラが、中継地点として度々日本に立ち寄る際に、ヘラルドからの依頼で、その都度、通訳兼ガイドとしてずっとご一緒しました。最初は1976年だったと思いますが、ホテル・ニューオータニのロビーでお会いした時に、よれよれのトレンチコートを着て熊のように毛むくじゃらの顔で、これも熊のような厚くて大きな手で握手されたことを覚えています。日本滞在中も彼のリクエストに応じてあちこちにご一緒しましたが、コッポラが音楽担当を切望されていた冨田勲さんが、英語が苦手でらしたために、私が役得で冨田さんと一緒に、サンフランシスコのコッポラ邸やフィリピンのロケ現場にあったバンガローとかに招かれて映画の構想などについていろいろと説明を受けました。ロケ現場の雰囲気を味わったり、ラッシュ・フィルムを観ることで音楽のインスピレーションを得てほしかったんだろうと思います。冨田さんはご自身も乗り気だったんですけれど、残念ながらレコード会社との専属契約があったために『地獄の黙示録』の音楽を担当する話はご破算になってしまいました。私がロケ地を訪れたのはマーティン・シーンがちょうど心臓麻痺を起こして撮影が一時中断していたときだったと思いますが、撮影監督のヴィットリオ・ストラーロからもフランス人入植者のプランテーションの場面の撮影のライティングがどうだったとか「さすが世界の名カメラマン！」と唸りたくなる説明を受けました。一介の駆け出し通訳の私にとっては、映画史に残るあの『地獄の黙示録』のロケ現場を訪れる機会を持ち、製作プロセスの真っ只中のコッポラとコンスタントに接点を持ちえたことは本当に得難い経験でした。

——戸田奈津子

USジャンケットMAP
◆7月16日
ニューポートビーチ着
◆7月17日
ニューポートビーチ
◆7月18日
ニューポートビーチ
◆7月19日
ニューポートビーチ発
キャンプロバーツ見学
サンフランシスコ着
◆7月20日
サンフランシスコ
◆7月21日
サンフランシスコ
◆7月22日
サンフランシスコ発
5
80
101
1
サンフランシスコ
SAN FRANCISCO
Yosemite
Nat'l Park
LAS
VEGAS
15
Death
Valley
5
101
NEVER GIVE UP
キャンプロバーツ
CAMP ROBERTS
ラスベガス
22
Disney Land
ディズニーランド
LOS
ANGELS
ロサンゼルス
ニューポートビーチ
NEWPORT
BEACH

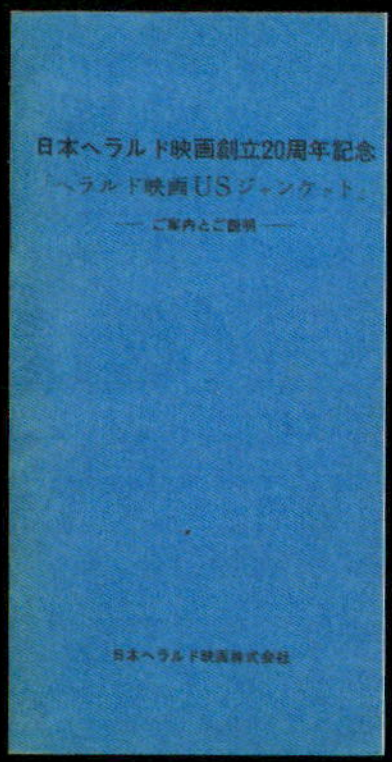
日本ヘラルド映画創立20周年記念
「ヘラルド映画USジャンケット」
――ご案内とご説明――
日本ヘラルド映画株式会社

Herald NIPPON HERALD FILMS, INC. 日本ヘラルド映画
FRANCIS COPPOLA'S FILM "APOCALYPSE NOW"
地獄の
壮大で華麗で途方もなく、人間の品性の記念碑とも言うべき作品である。
アメリカの映画作家たちが試みてきたものよりもはるかに抜きんでている。
戦争は魅力的だ。そこには美と魅力があるに違いない。さもなければ人

APOCALYPSE NOW

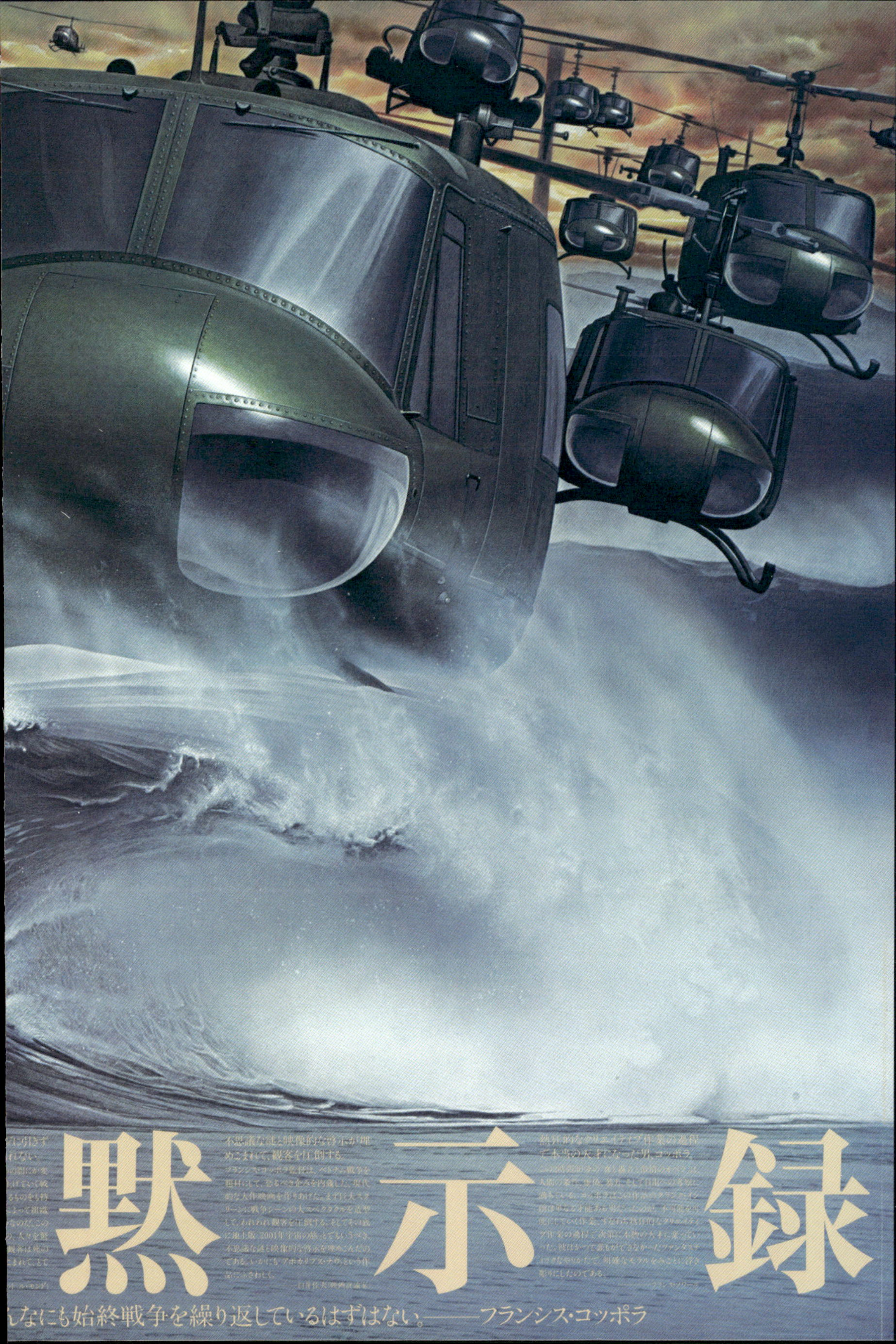
黙
示
録
不思議な謎と映像的な啓示が埋めこまれて、観客を圧倒する。
んなにも始終戦争を繰り返しているはずはない。——フランシス・コッポラ

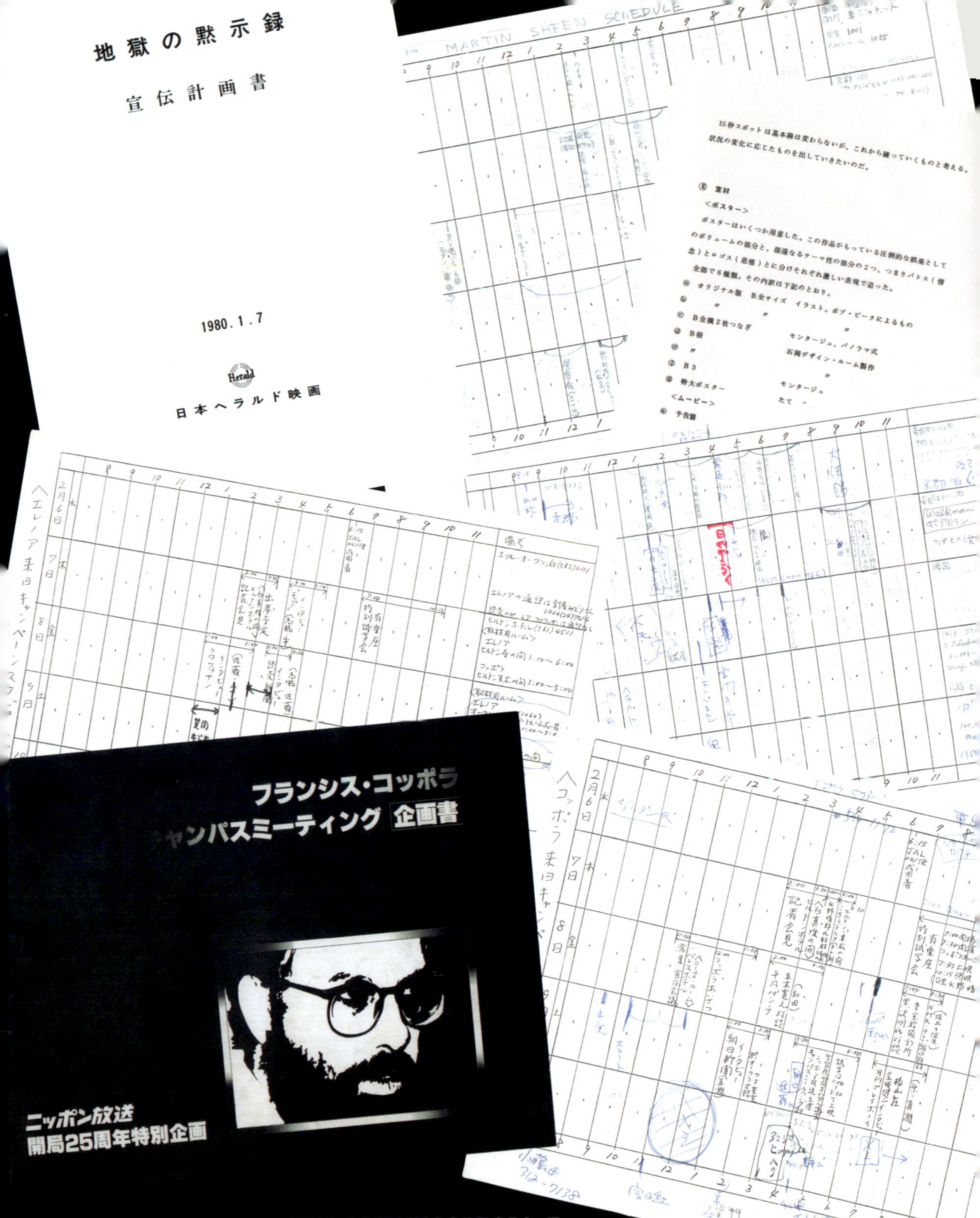
地獄の黙示録
宣伝計画書
1980.1.7
Herald
日本ヘラルド映画
MARTIN SHEEN SCHEDULE
15秒スポットは基本線は変わらないが、これから練っていくものと考える。状況の変化に応じたものを出していきたいのだ。
Ⓔ 宣材
<ポスター>
ポスターはいくつか用意した。この作品がもっている圧倒的な娯楽としてのボリュームの部分と、深遠なるテーマ性の部分の2つ、つまりパトス（情念）とロゴス（思惟）とに分けそれぞれ激しい表現で迫った。
全部で6種類。その内訳は下記のとおり。
ⓐ オリジナル版　B全サイズ　イラスト。ボブ・ピークによるもの
ⓑ 〃　〃
ⓒ B全横2枚つなぎ　〃
ⓓ B倍　モンタージュ、パノラマ式
ⓔ 〃　石岡デザイン・ルーム製作
ⓕ B3　〃
ⓖ 特大ポスター　モンタージュ
<ムービー>　たて
ⓐ 予告篇
フランシス・コッポラ
キャンパスミーティング 企画書
ニッポン放送
開局25周年特別企画

THE REMINISCENCES 7

日本ヘラルド映画からポスター制作のオファーを受けた。
アメリカでもヨーロッパでも、ポスターを見て映画を見たくなるということがよくある。特に、良質の映画に関しては宣伝の最後の部分まで映画制作者の心意気をぬかないので、ポスターを見ただけで、これはよさそうだというにおいがする。たとえ映画作家の手を離れても、伝達の役割を担う人間が、単にベルトコンベアに乗った仕事をして処理する、というのではなく、しっかりした裏付けを持って関わる態度（アティテュード）が必要であろう。
若者たちの意識がコスモポリタンにむかいつつある今日、映画制作にも、その伝達行為にも、従来の日本という枠を越えた試みが期待される。

──石岡瑛子「宣伝も映画と同じ表現行為だ」
（『キネマ旬報』1979年2月上旬号）より抜粋の上転載

地獄の黙示録
Apocalypse Now
ノーツ
コッポラと私の黙示録――エレノア・コッポラ
「地獄の黙示録」は夫フランシスを変えた！フランシスは私を真の女として目覚めさせた！
フィリピンでの製作ロケの三年間、エレノアがしたためた鮮烈な女の日記〈ノーツ〉！
世紀の巨編を遂に完成させたフランシス・コッポラ。
彼の妻エレノアは夫の裏切り、愛に傷つき、葛藤しながらも次第に一人の自立した女として生き抜いてゆく。
FRANCIS FORD COPPOLA presents
Apocalypse Now
79年カンヌ映画祭グランプリ受賞
■フランシス・コッポラ作品
マーロン・ブランド
マーチン・シーン
ロバート・デュバル
地獄の黙示録
DOLBY STEREO
Herald
アメリカ映画／日本ヘラルド映画
￥1,050
この10年間
映画を見なかったあなたを
ご招待します。
Apocalypse Now
地獄の黙示録
特別鑑賞会
2月18日(月)
地獄の黙示録
3月15日(土)
有楽座

APOCALYPSE NOW

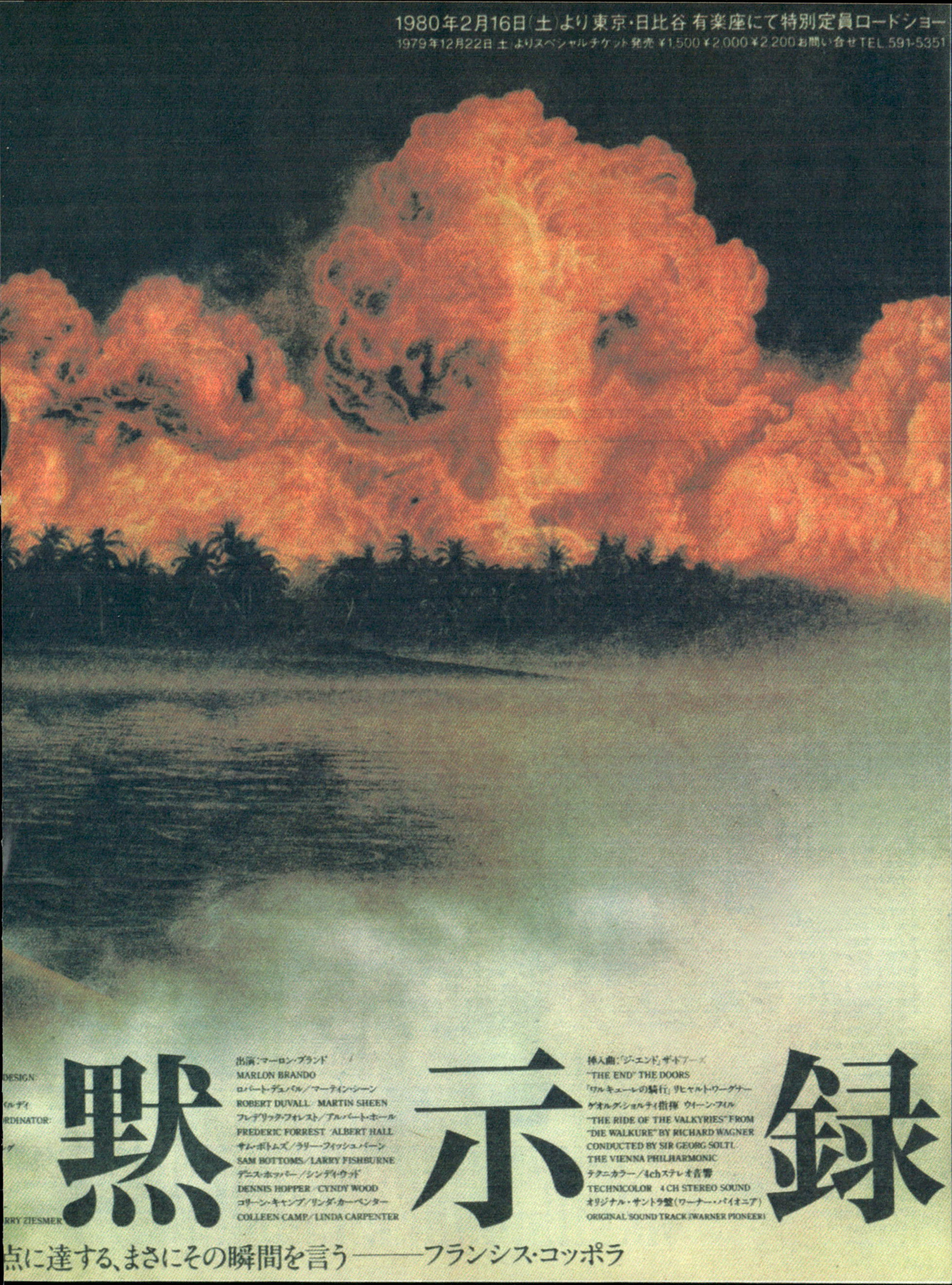
1980年2月16日(土)より東京・日比谷 有楽座にて特別定員ロードショー
1979年12月22日(土)よりスペシャルチケット発売 ¥1,500 ¥2,000 ¥2,200 お問い合せTEL.591-5351
黙示録
出演:マーロン・ブランド
MARLON BRANDO
ロバート・デュバル/マーティン・シーン
ROBERT DUVALL/MARTIN SHEEN
フレデリック・フォレスト/アルバート・ホール
FREDERIC FORREST/ALBERT HALL
サム・ボトムズ/ラリー・フィッシュバーン
SAM BOTTOMS/LARRY FISHBURNE
デニス・ホッパー/シンディ・ウッド
DENNIS HOPPER/CYNDY WOOD
コリーン・キャンプ/リンダ・カーペンター
COLLEEN CAMP/LINDA CARPENTER
挿入曲:「ジ・エンド」ザ・ドアーズ
"THE END" THE DOORS
「ワルキューレの騎行」リヒャルト・ワーグナー
ゲオルグ・ショルティ指揮 ウィーン・フィル
"THE RIDE OF THE VALKYRIES" FROM
"DIE WALKURE" BY RICHARD WAGNER
CONDUCTED BY SIR GEORG SOLTI.
THE VIENNA PHILHARMONIC
テクニカラー/4chステレオ音響
TECHNICOLOR 4 CH STEREO SOUND
オリジナル・サントラ盤(ワーナー・パイオニア)
ORIGINAL SOUND TRACK (WARNER PIONEER)
DESIGN:
ORDINATOR:
RRY ZIESMER
点に達する、まさにその瞬間を言う——フランシス・コッポラ

APOCALYPSE NOW

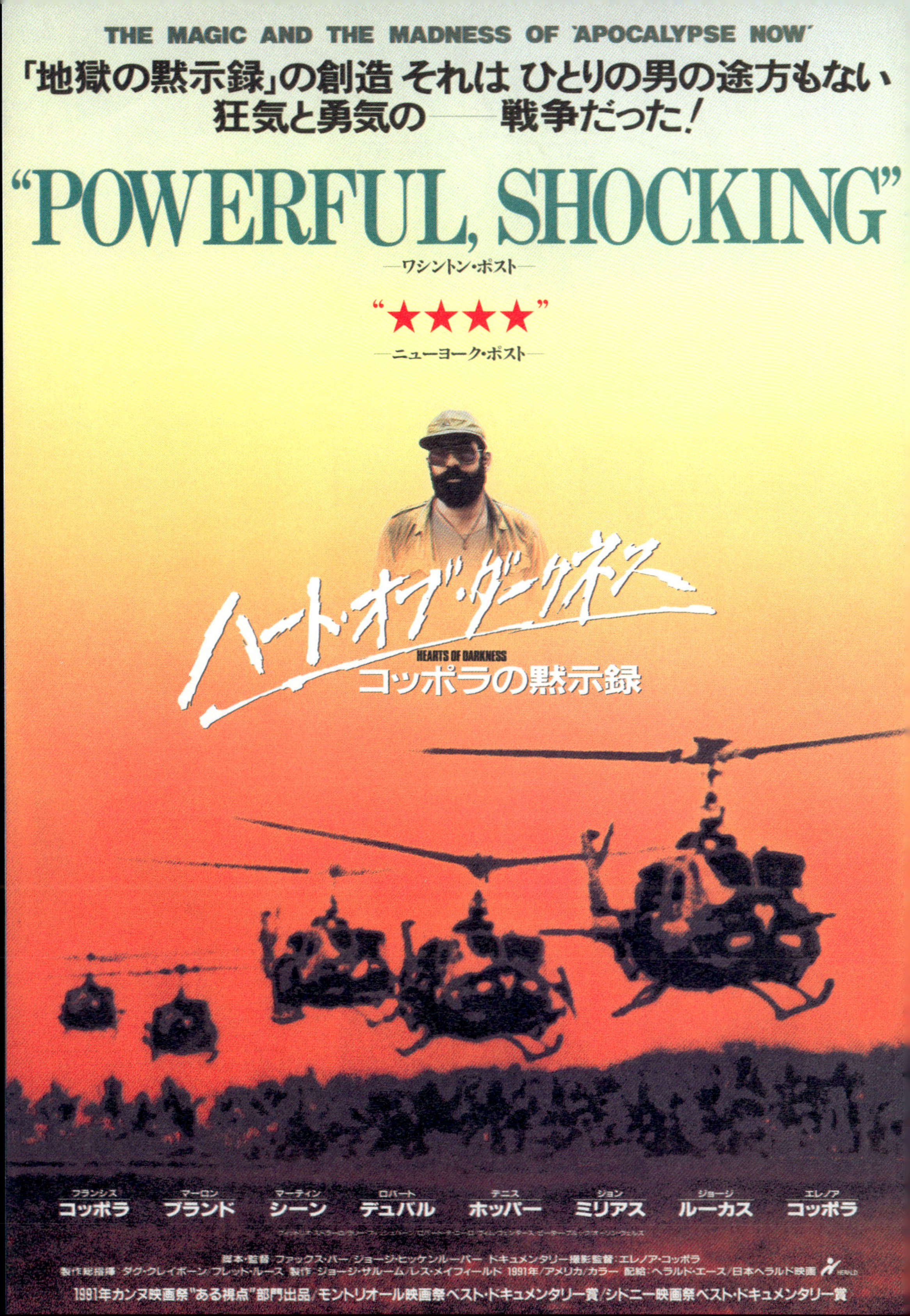

HEARTS OF DARKNESS

NO.382『ハート・オブ・ダークネス／コッポラの黙示録』(1992年／ファックス・バー監督、ジョージ・ヒッケンルーパー監督、エレノア・コッポラ監督／アメリカ)

APOCALYPSE NOW

CHAPTER14

SUPPORT FOR KUROSAWA & COMMITMENT TO JAPANESE FILMS

黒澤明への支援と邦画へのコミット

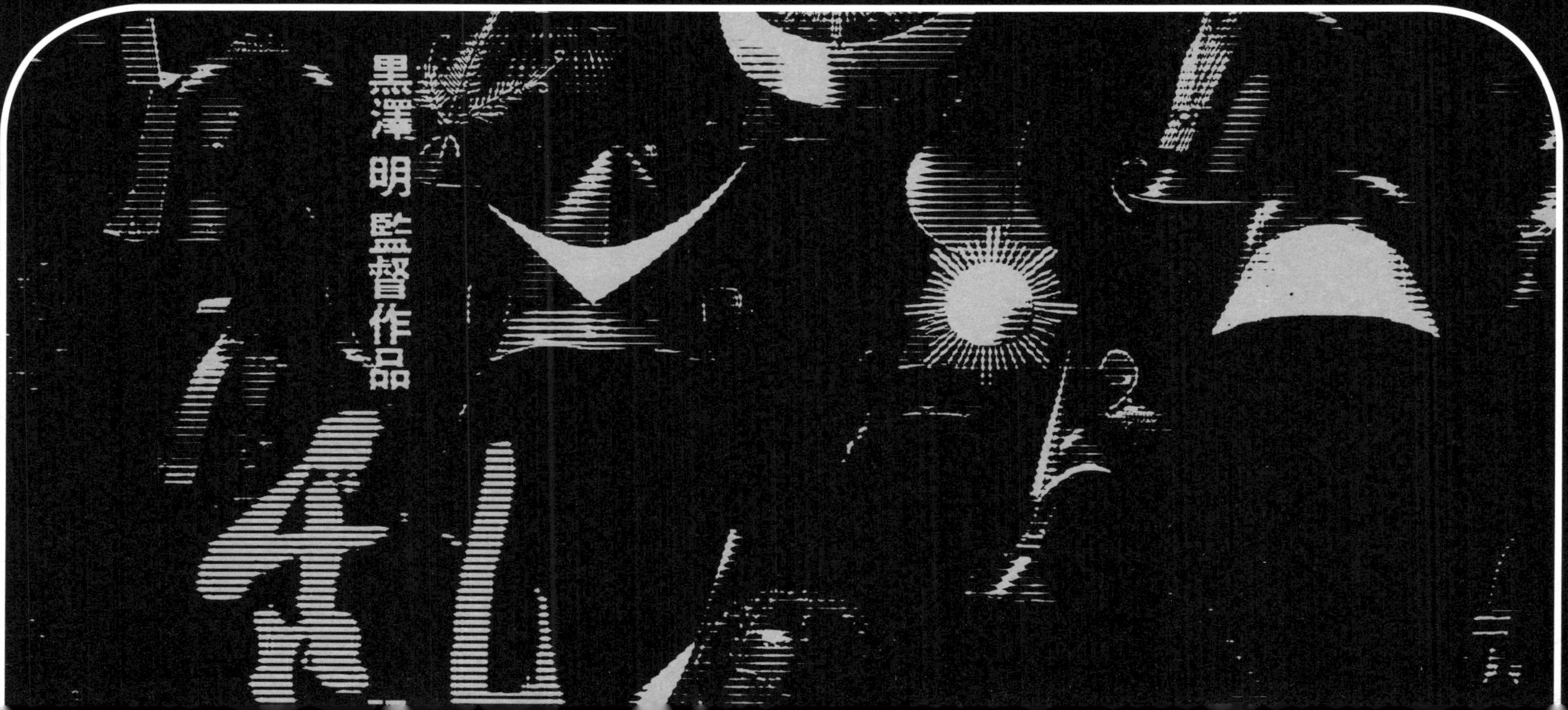

洋画と邦画の垣根を超えたヘラルドだからこそ成し得た仕事。
そして、心意気で引き受けた黒澤明監督との二度にわたる仕事。

古川勝巳社長と角川春樹プロデューサー

『野生の証明（1978 年）』記者会見の様子

1969 年当時、まだ札幌の北大植物園で余生を過ごしていた『南極物語』（1983 年）のタロ

『南極物語』を表紙にした 1983 年ストックリスト

洋画の配給会社であるヘラルドが、洋画系の劇場で上映される邦画の宣伝を請け負う、というのはさほど不思議なことではない。作品のコンセプトを抽出してポスター等のデザインを確定させ、売り込みの切り口を明確に定めてパブリシティ展開していく、という方法論において違いはないからだ。だが、邦画の製作そのものをヘラルドが手掛けていくというのは、やはり一般的な意味における洋画配給会社の仕事の枠を超えている。だが、それをやっていくのがヘラルドのチャレンジ精神だった。

ヘラルドが初めに映画製作に進出したのはアニメーションの領域で、その詳細については既に第 4 章に記した。実写の劇映画としての邦画制作については、古川博三ヘラルド・エンタープライズ社長（後に本社社長）製作、澤田幸弘監督の『月光仮面』（1981 年）、原正人（ヘラルド・エース社長）・若松孝二製作、神代辰巳監督の『赤い帽子の女』（1982 年）あたりからということになる。その後も、特にヘラルド・エースはアート系作品の配給と邦画の企画・制作を仕事の柱に据えていたこともあり、たとえば阿久悠原作、篠田正浩監督の『瀬戸内少年野球団』（1984 年）を、原正人製作、山下健一郎プロデューサーで作り、大ヒットさせている。その続編『瀬戸内少年野球団　青春篇　最後の楽園』（1987 年）では、監督は三村晴彦に代わったが、製作総指揮に古川博三、原正人製作、山下健一郎プロデューサーで世に送り出している。あるいはまた、同じく原正人製作、山下健一郎プロデューサーで生島治郎原作、舛田利雄監督の『片翼だけの天使』（1986 年）を制作しているし、ヘラルド映画本体のほうでも古川爲之製作総指揮、古川博三企画、原正人プロデューサーで伊藤俊也監督の『風の又三郎　ガラスのマント』（1989 年）を、古川博三製作、坂上直行エグゼクティブ・プロデューサーで渡邊孝好監督の『君を忘れない』（1995 年）を手掛けている。

ヘラルド・エースも含めて、ヘラルドとしては、1970 年代後半からコンスタントに、他にもたとえば実相寺昭雄監督の『歌麿　夢と知りせば』（1977 年）、荒戸源次郎製作、鈴木清順監督の『陽炎座』（1981 年）、森田芳光監督の『の・ようなもの』（1981 年）、村瀬鐵太郎監督の『遠野物語』（1982年）、筒井康隆原作、内藤誠監督の『スタア』（1986年）、遠藤周作原作、熊井啓監督の『海と毒薬』（1986年）、神代辰巳監督の『ベッドタイム・アイズ』（1987年）、倉本聰監督の『時計 Adieu l'Hiver』（1986年）、石井竜也監督の『河童』（1994年）といった日本を代表する数々の監督たちの作品をアシストしていった。また、たとえば大島渚監督の『戦場のメリークリスマス』（1983年。松竹・松竹富士共同配給）はヘラルド・エースがシネマスクエアとうきゅうのオープニング作品として公開した『ジェラシー』（1981年）の若き製作者ジェレミー・トーマスが熱心な大島渚ファンだったことから生まれた企画であり、洋画と邦画の垣根を超えて縦横無尽に仕事の領域を広げていたヘラルドだからこそ生まれた作品だと言うことが出来るだろう。

宣伝・配給だけを請け負った作品としても、映画界に進出したばかりの時期の角川春樹が製作した『野性の証明』（1978年。東映と共同配給）や、フジテレビが映画製作に乗り出した『南極物語』（1983年。東宝と共同配給）など、他業種から映画界に参入してきた会社がまず頼ってくるのがヘラルドの宣伝力であったし、またヘラルドはそれらの作品の話題を盛り上げて着実に大ヒットへと結びつけてきた。

だが、何と言ってもヘラルドの歴史において、最も意義のある映画製作へのコミットであり、またヘラルドにとって最も大きなチャレンジだったと言えるのは、間違いなく黒澤明監督との二度にわたる仕事だったに違いない。

ヘラルドと黒澤明との接点は早くも1969年8月、アニメラマ第一作『千夜一夜物語』の大ヒットを受けて、次回作の企画として『平家物語』をアニメ化し、黒澤に監修してもらおうと原正人宣伝部長が打診したのが最初だった。この時は、黒澤は乗り気になったものの手塚治虫が「アニメで鎧を描くのは無理」とギブアップし話は流れた。その頃の黒澤は『トラ・トラ・トラ！』の監督の座を20世紀フォックスから解雇された苦難の時期で、翌年に「四騎の会」第一回作品として発表した『どですかでん』でも興行的に苦戦し追いつめられていた。一方のヘラルドはその頃はハリウッドの大作は買えない代わりに、『戦争と平和』『チャイコフスキー』等のソ連映画、『ネレトバの戦い』『抵抗の詩』等のユーゴ映画で勝負し、成功していたため、古川勝巳社長は何度もソ連・東欧圏に出張していた。黒澤が米国との仕事で躓いているのを忸怩たる思いで見ていた勝巳社長は、出張の度に「黒澤さんで映画を撮ってはどうか」と呼びかけを行い、その結果、『どですかでん』でベオグラード国際映画祭に招待された黒澤プロの松江陽一プロデューサーに、その帰路にモスクワへ寄ってもらう段取りを固め、モスフィルム製作、ヘラルドは脚本執筆段階での黒澤を含む日本人スタッフの費用や渡航費など一切を負担する代わりに日本配給権を預かる、という形で『デルス・ウザーラ』の製作が1972年後半に

『デルス・ウザーラ』（1975年）左から松江陽一プロデューサー、黒澤明監督、原正人、マキシム・ムンズク

『デルス・ウザーラ』（1975年）の完成を祝う会

『デルス・ウザーラ』（1975年）来日した俳優陣との記者会見での集合写真

『デルス・ウザーラ』（1975年）マキシム・ムンズク、ユーリー・ソローミン、野上照代ほか。京都嵐山で

『デルス・ウザーラ』の撮影で体力を消耗させた黒澤監督をエスコートする原正人

左から原正人、黒澤明監督、黒澤和子、セルジュ・シルベルマン

御殿場の三の城セットでの黒澤監督と原正人（上）、松岡東宝社長、古川勝巳社長と原正人（下）

スタートした（正式調印は 1973 年 3 月）。

その後のソ連での過酷な自然条件の中での撮影の様子は当時の撮影日誌を刊行した『黒澤明　樹海の迷宮』に詳しいが、結果として同作品は 1975 年 8 月に日本国内で封切られ、当初ヘラルドが期待していたほどの興行成績にはならなかったものの、公開直前の 7 月にモスクワ国際映画祭グランプリに輝いたのに続いて、翌 1976 年 3 月には米国アカデミー賞最優秀外国語映画賞を受賞し、黒澤復活を世界に印象付けた。

そして、『乱』である。──1982 年 11 月に製作発表がなされた『乱』は、しかし翌年 4 月、フランスの為替管理法成立のためゴーモン社・グリニッジフィルム社共同出資による製作が中止になり、8 月になって黒澤サイドからヘラルドに対して製作資金を出資してほしいという要請がなされた。9 月に勝巳社長と黒澤監督との会食の席が設けられ、可能性の調査を託された原正人ヘラルド・エース社長がパリでグリニッジフィルムのセルジュ・シルベルマン（『さらば友よ』『雨の訪問者』のプロデューサー）と会った結果、25 億円の予算総額のうち 1/3 はシルベルマンが出し、残りの 17 億円をヘラルドが出す形で合意が形成された。勝巳社長は「原くん、またやろうがや」と名古屋弁でゴーサインを出したというが、万年映画青年の勝巳社長にとって、世界に名だたる黒澤監督から頼りにされ、断るという選択肢は無かったのかもしれない。12 月に製作再開の記者会見が行われ、1984 年 6 月にクランクインするに至った。

姫路・熊本・飯田高原などでのロケ撮影を経て、10 月からは御殿場に建設した三の城セットでの撮影が始まり、12 月 15 日にクライマックスの「三の城炎上シーン」を無事撮影し、翌年 2 月にクランクアップし、6 月の第一回東京国際映画祭のオープニング上映がワールドプレミアとなった。

その評価については、少なくとも海外においては 1985 年アカデミー賞衣裳デザイン賞（ワダエミ）、全米批評家協会賞最優秀作品賞、ニューヨーク映画批評家協会外国語映画賞、その他の賞を受賞した「巨匠黒澤明の最後の大作」として認知されているが、26 億円（当初の予算を 1 億円オーバー）の製作費をかけ、期待値も空前絶後だったにも拘わらず、最終的な配給収入は 16.7 億円にしか届かず、製作したヘラルド・エースにとっては 4 億 5 千万円の赤字であり、その債務を肩代わりした親会社のヘラルドにとっても、以後の数年間はその赤字のツケによってボーナスの額が抑えられるなどした。だが、製作総指揮を務め『乱』公開の翌年に亡くなった古川勝巳社長の心意気でヘラルドが黒澤の映画を作ったことは社員たち一人ひとりにとっても誇りであった。

NO.284『デルス・ウザーラ』（1975 年 / 黒澤明監督 / ソ連）

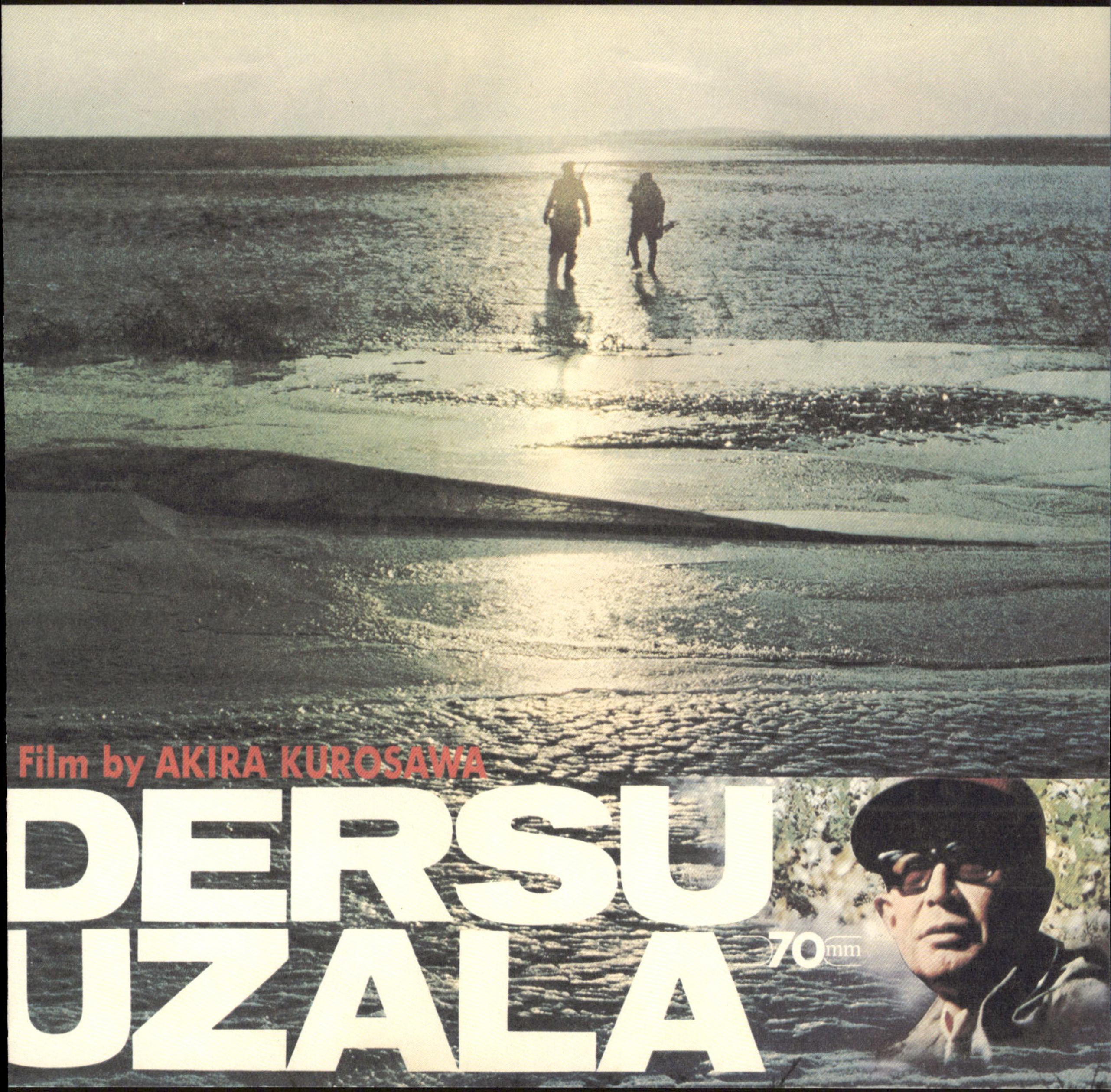
Film by AKIRA KUROSAWA
DERSU
UZALA
70mm

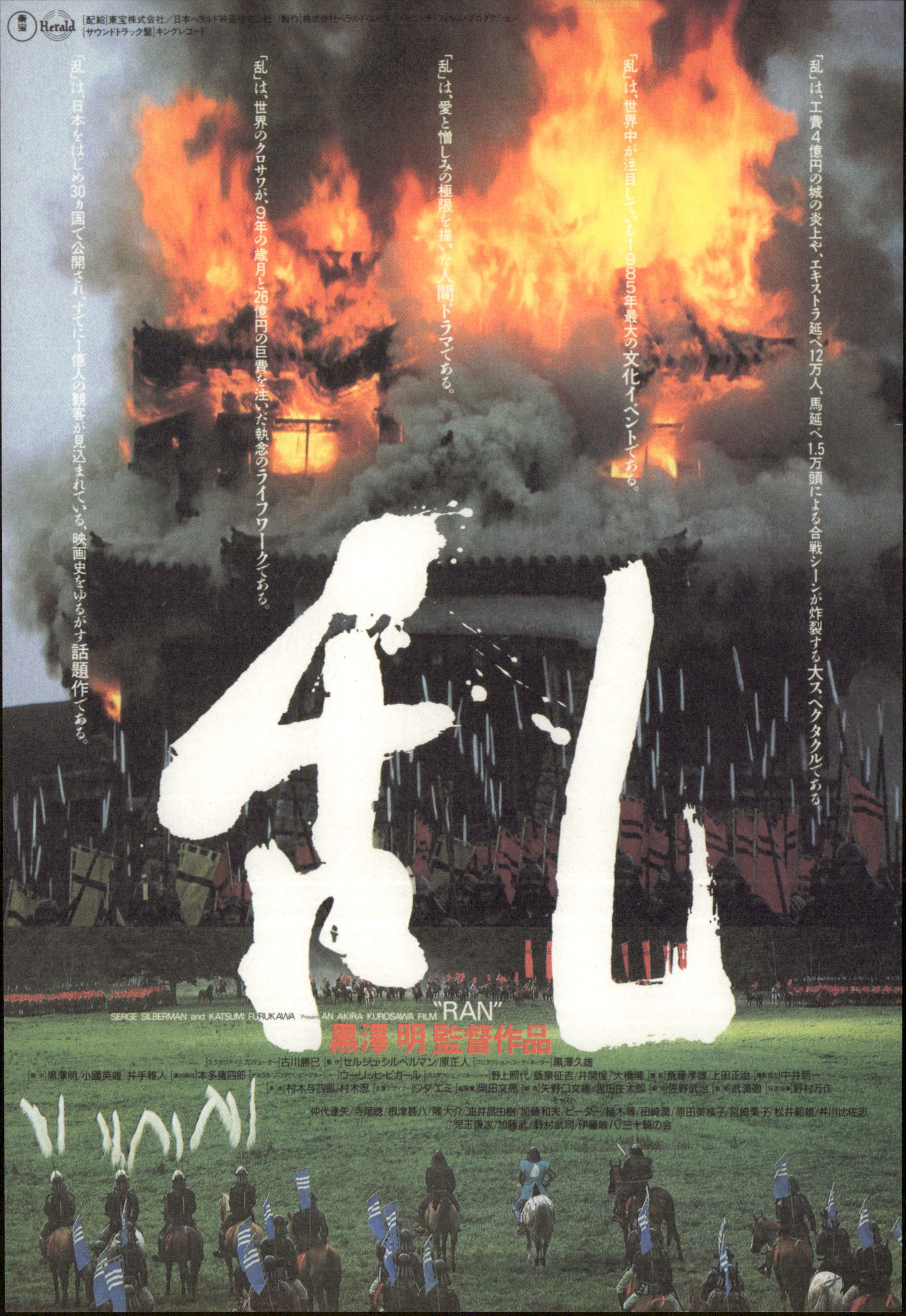
[配給]東宝株式会社/日本ヘラルド映画株式会社
[サウンドトラック盤]キングレコード
「乱」は、工費4億円の城の炎上や、エキストラ延べ12万人、馬延べ1.5万頭による合戦シーンが炸裂する大スペクタクルである。
「乱」は、世界中が注目している1985年最大の文化イベントである。
「乱」は、愛と憎しみの極限を描いた人間ドラマである。
「乱」は、世界のクロサワが、9年の歳月と26億円の巨費を注いだ執念のライフワークである。
「乱」は、日本をはじめ30ヵ国で公開され、すでに1億人の観客が見込まれている、映画史をゆるがす話題作である。
乱
SERGE SILBERMAN and KATSUMI FURUKAWA Present AN AKIRA KUROSAWA FILM "RAN"
黒澤 明監督作品
古川勝巳 セルジュ・シルベルマン/原正人 黒澤久雄
黒澤明/小國英雄/井手雅人 本多猪四郎 ウーリッヒ・ピカール 野上照代/飯泉征吉/井関惺/大橋隆 斎藤孝雄/上田正治 中井朝一
村木与四郎/村木忍 ワダエミ 岡田文亮 矢野口文雄/吉田庄太郎 佐野武治 武満徹 野村万作
キャスト
仲代達矢/寺尾聰/根津甚八/隆大介/油井昌由樹/加藤和夫/ピーター/植木等/田崎潤/原田美枝子/宮崎美子/松井範雄/井川比佐志
児玉謙次/加藤武/野村武司/伊藤敏八/三十騎の会

RAN

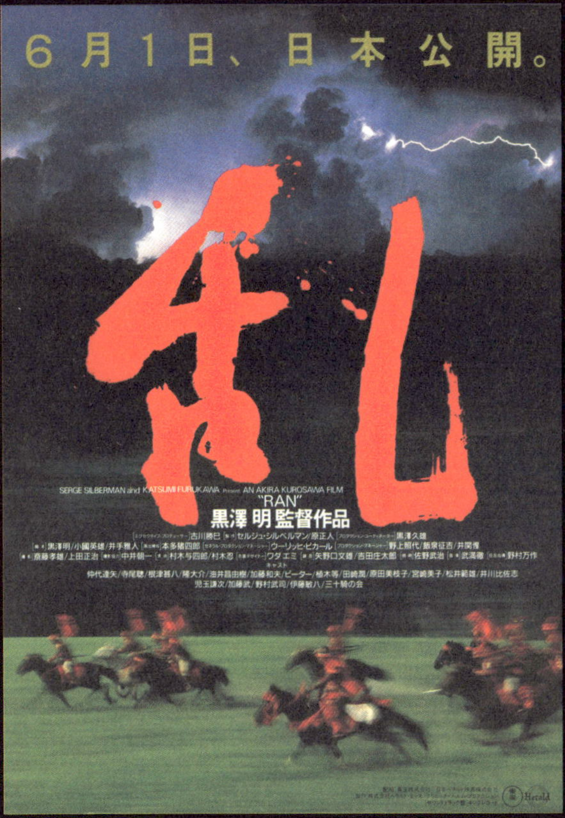

RAN

DERSU UZALA

AK

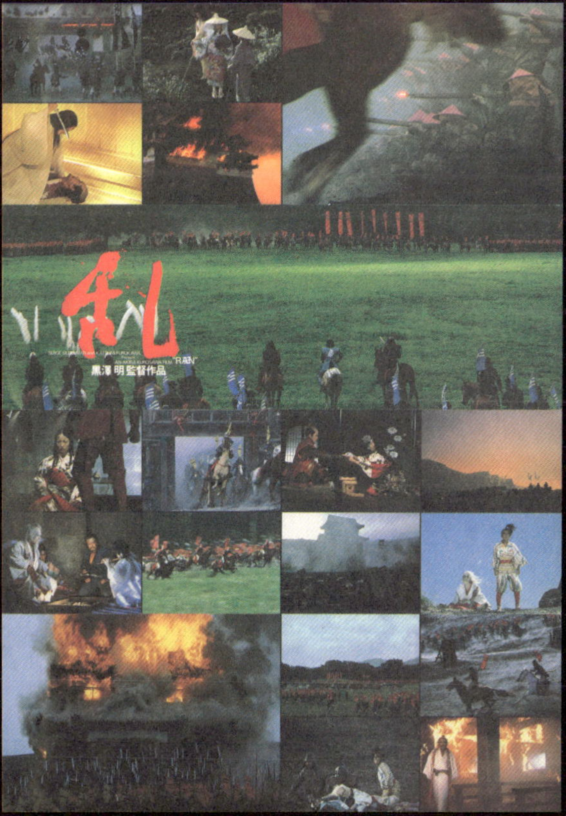

RAN

UTAMARO'S WORLD

THE MOON MASK RIDER

YASEI NO SYOMEI

NO.287『歌麿 夢と知りせば』（1977 年 / 実相寺昭雄監督 / 日本）
NO.288『月光仮面』（1981 年 / 澤田幸弘監督 / 日本）
NO.289『野性の証明』（1978 年 / 佐藤純彌監督 / 日本）

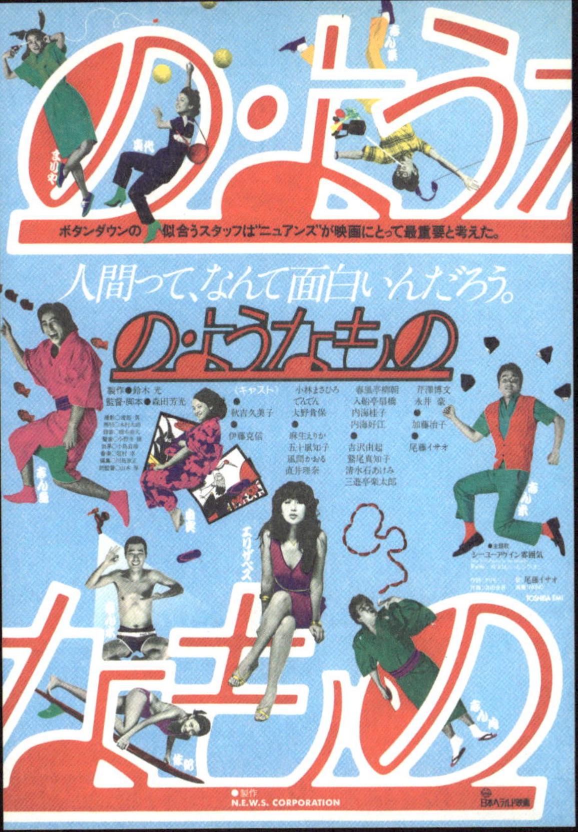

NO YOUNA MONO

KAGEROU ZA

TONO MONOGATARI

THE STAR

NO.290『の・ようなもの』（1981年 / 森田芳光監督 / 日本）
NO.291『陽炎座』（1981年 / 鈴木清順監督 / 日本）
NO.292『遠野物語』（1982年 / 村野鐵太郎 監督 / 日本）
NO.293『スタア』（1986年 / 内藤誠監督 / 日本）

MERRY CHRISTMAS MR. LAWRENCE

THE ANTARCTICA

AIKO 16

SEITO SHOKUN !

NO.295『南極物語』(1983年 / 蔵原惟繕監督 / 日本)
NO.296『アイコ十六歳』(1983年 / 今関あきよし監督 / 日本)
NO.297『生徒諸君！』(1984年 / 西河克己監督 / 日本)

瀬戸内少年野球団
篠田正浩監督作品/阿久　悠原作
製作＝YOUの会・ヘラルドエース《カラー作品》
配給＝日本ヘラルド映画
MACARTHUR'S CHILDREN

MACARTHUR'S CHILDREN 2

MACARTHUR'S CHILDREN

MACARTHUR'S CHILDREN 2

 NO.299『瀬戸内少年野球団［青春篇］最後の楽園』（1987年／三村晴彦監督／日本）

ANGEL'S LOVE

BED TIME EYES

THE CLOCK

NO.300『片翼だけの天使』（1986年／舛田利雄監督／日本）
NO.301『ベッドタイムアイズ』（1987年／神代辰巳監督／日本）
NO.302『時計　ADIEU l’ HIVER』（1986年／倉本聰監督／日本）

THE SEA AND POISON

NO.303『海と毒薬』(1986年／熊井啓監督／日本)

MISTY KID OF WIND

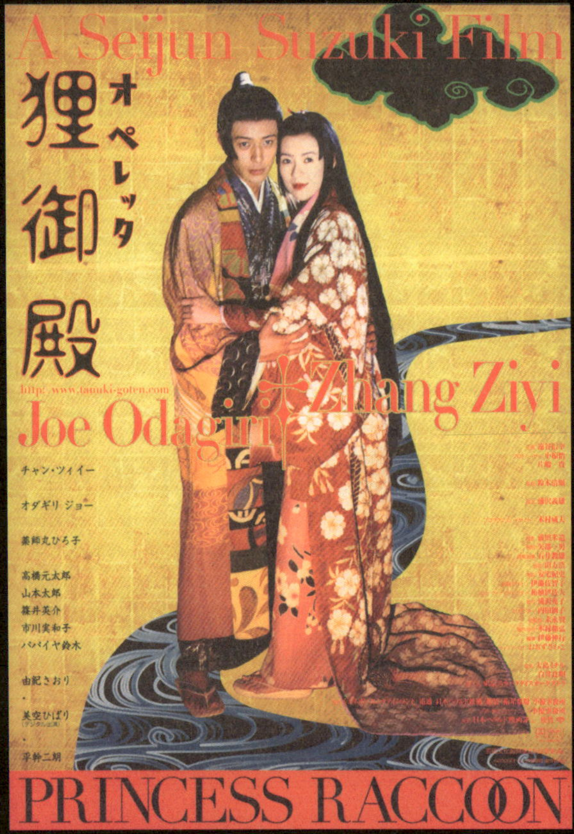

PRINCESS RACCOON

WHITEOUT

NO.304『風の又三郎／ガラスのマント』(1989年／伊藤俊也監督／日本)
NO.305『オペレッタ狸御殿』(2005年／鈴木清順監督／日本)
NO.306『ホワイトアウト』(2000年／若松節朗監督／日本)

CHAPTER15

INNOVATION OF ART FILM MARKET

アート・フィルム・マーケットの新機軸

作品と共に劇場を育てていった1980年代のミニ・シアター・ブーム。3億6900万円の単館興収記録を作った『ニュー・シネマ・パラダイス』

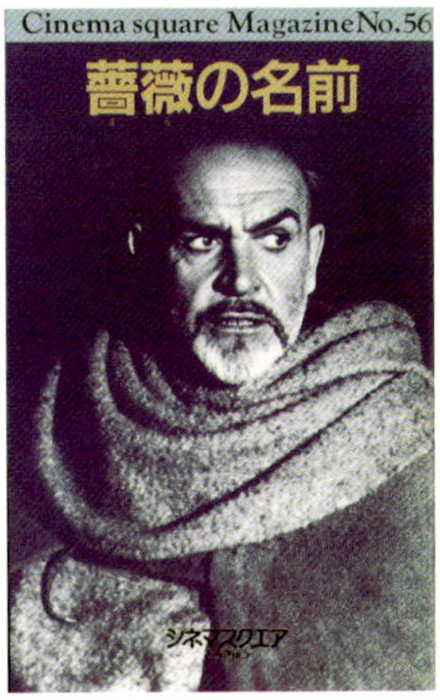

『ジェラシー』(1981年)『赤い影』(1983年)『薔薇の名前』(1987年)のパンフレット(シネマスクエア・マガジン)

1981年10月、ヘラルド創成期から宣伝部を率いてきた原正人(常務取締役・宣伝・企画・制作担当)は、前年に公開したヘラルド畢生の大作『地獄の黙示録』を置き土産に本社の重責を担う立場から、ヘラルド・エースの代表取締役に専念することとなった。エースは、元々は宣伝の中のクリエイティヴ面だけを担当する別会社として設立していたものだが、ここに原以下の宣伝部が丸ごと移籍する形で、宣伝部を別会社としたのである。新生ヘラルド・エースの役割としては、ヘラルド映画の下請けとしての宣伝業務のほか、映画の企画・制作、そしてアート・シネマの輸入・配給となることが発表されていた。

ヘラルド・エースとして最初にチャレンジしたのはアベル・ガンス監督が1926年に製作監督した4時間の超大作『ナポレオン』の特殊興行(第3章で紹介)で、フランシス・コッポラが上映権を取得して1981年のロンドン映画祭で話題をさらったものを日本でもオーケストラ伴奏付きの興行をNHKホールで行うという仕掛けで成功させた。その後、1983年にはヘラルド本体にまた宣伝部を復活させることとなり、増山博宣伝部長の下に何名かがエースから本社へ戻った。この機構改革により、日本ヘラルド映画、ヘラルド・エースという二つの配給会社がそれぞれに映画の輸入・配給・宣伝・営業を行っていく体制となった。そして、ヘラルド本体が既存のマーケットでこれまで通りに勝負していくのに対して、エースは企画・制作と共に、所謂アート系の作品の配給に専念することになった。因みに古川勝巳社長は、この新たな役割分担のことを「つまり、東映と第二東映のようなものだわな」と語っていたという。

アート系の作品を配給するということは、そのためのマーケットを新たに開拓していくということ。日本では、既に岩波ホールが1974年から“エキプ・ド・シネマ”の枠組みで商業ベースに乗りにくい作品を上映していたが、エースでは都内興行会社とタッグを組んで作品と劇場、つまりソフトとハードを一緒に育てていく戦略を立てた。その端緒となったのが東急レクリエーションと組んで1981年12月に新宿にオープンしたシネマスクエアとうきゅうで、オープニング作品はニコラス・ローグ監督の『ジェラシー』(1981年)だった。シネマスクエアとうきゅうでは、一脚7万円するキネット社の豪華な椅子でゆったり座れ、入れ替え制で最低4週間は上映するというコンセプトとともに、他社配給作品の場合も宣伝はエースが請け負い、また作品選定委員として映画評論家の南俊子、河野基比古に委託、さらに劇場で売るパンフレットも「シネマスクエア・マガジン」というハンディサイズのものを導入、その編集にはエース宣伝部の寺尾次郎と、編集協力としてやはり映画評論家の小藤田千栄子が当たる、というこだわりの体制で、1980年代のミニ・シアター・ブームを牽引した。同劇場では、他にスティーヴ・マックイーン晩年の意欲作だが地味すぎて配給が行われなかった『民衆の敵』(1983年)、ニコラス・ローグ監督の『赤い影』(1983年)、マイク・ニコルズ監督の社会派ドラマ『シルクウッド』(1985年)、ジェシカ・ラング主演の『女優フランシス』(1986年)、アレックス・コックス監督の『ウォーカー』(1988年)といった、いずれも個性的な作品を公開、ヒットさせてきたが、ミニ・シアター・ブームという文脈の中で最も大きな意味を持っていたのは1987年12月に公開した『薔薇の名前』の大ヒットだろう。主演こそ知名度抜群のショーン・コネリーだが、監督は当時無名のジャン=ジャック・アノー、題材も修道院を舞台にした宗教色の強いミステリーという宣伝の難しいこの作品が、16週間のロングランで、1億3千万円もの配収を記録したのだ。単館ロードショーでの1億円突破というこの快挙は、劇場そのものを育て、劇場自体に固定ファンを獲得することで、一見地味でも力のある作品をじっくり浸透させてヒットに結び付けていく方法論の完成を意味していた。単館ロードショーだからこそ、いつ行ってもお客さんで賑わっているという状況を作り出せるとも言えるが、こうした成功がシネマスクエアとうきゅうに刺激されて相次いでオープンした単館ロードショー系劇場を勇気づけたことは間違いない。

また、東急レクリエーションとのコラボレーションは1989年開館のBunkamura ル・シネマにも引き継がれ、支配人としてヘラルドから中村由紀子が移籍、『カミーユ・クローデル』(1989年)、『さらば、わが愛/覇王別姫』(1994年)、『王妃マルゴ』等をヒットさせていった。

文化事業に力を入れていた西武流通グループは、1983年に六本木のWAVEビルにシネ・ヴィヴァン六本木を、1985年には渋谷道玄坂にシネセゾン渋谷を、また系列の渋谷PARCOでも1981年にPARCOスペース・パート3をオープンさせているが、ヘラルド・エースの作品としてはシネ・ヴィヴァン六本木ではフランシス・コッポラが制作にかかわったドキュメンタリー『コヤニスカッティ』(1984年)を、シネセゾン渋谷ではヘクトール・バベンコ監督の『蜘蛛女のキス』(1986年)を、そしてPARCOスペース・パート3ではルパート・エヴァレット主演の『アナザー・カントリー』(1985年/俳優座シネマテンと共同上映)、アレックス・コックス監督の『シド・アンド・ナンシー』(1988年)といった作品

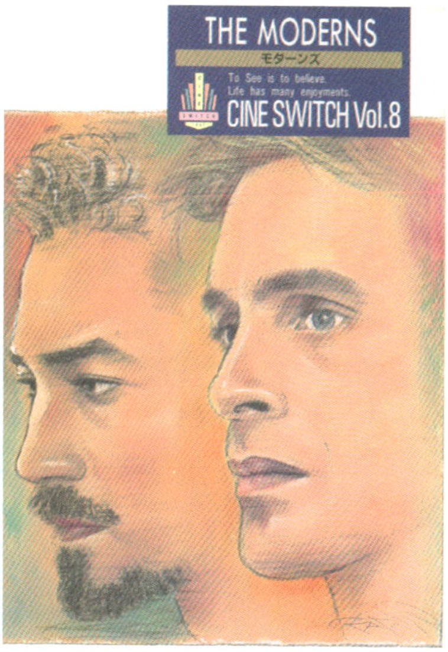

ペーター佐藤のイラストをシリーズとして表紙に使用したシネスイッチ銀座のパンフレット。『モダーンズ』(1988年)

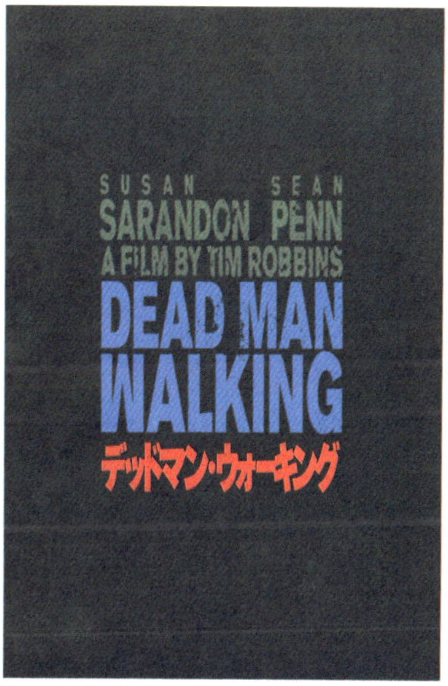

『デッドマン・ウォーキング』(1995年)パンフレット

『ラストムービー』ロードショーに引き続き、PARCOスペース・パート3で行われた「第一回東京デニス・ホッパー・フェスティヴァル」で来日したデニス・ホッパー夫妻とアレックス・コックス

「世界秀作映画祭」チラシ

恵比寿ガーデンシネマのオープニングのチラシ（上）と同劇場の入り口の様子（下）

を上映している。また、PARCOスペース・パート3ではデニス・ホッパーの幻の監督主演作品『ラストムービー』（1988年）も世界で初めての長期ロードショー公開しているが、これはエースではなく日本ヘラルド映画本体、というよりも当時営業部マーケティング・ディレクターだった谷川建司が個人的に企画してPARCO側と交渉しロードショー公開の確約を得た上で国際部に権利を獲得してもらったという経緯だった。いち平社員であっても「なんだかあいつがその作品に燃えている」と見做されれば我が儘を聞いてもらえる、というのがヘラルドという会社の社風であり度量だったのだ。

ミニ・シアター・ブームはその後、大阪、札幌、福岡、名古屋、仙台などの大都市にも波及していくが、最初のうちは地方では全く商売にならず、ある山陰地方の館主は『コヤニスカッティ』のことを「お宅に“荒野のなんとか”っていう西部劇があるよね」と電話してきたという笑い話がある位に東京と地方の意識の差があったのだ。やがて、もっと小さな都市においても、谷川の企画で「世界秀作映画祭」と称してアート系の6作品をパッケージにしてそれぞれの作品のプリント1本を6つの都市の劇場で順繰りに回していくというような仕掛けを展開するようになった。

東京では、その後も旗興行との間で銀座文化劇場をクラシック映画専門館として再生させた成功により、その一階にあったもう一つの劇場をフジテレビと共同運営のシネスイッチ銀座とし、『あなたがいたら　少女リンダ』（1987年）をオープニング作品として再スタートさせ、その後もジェームズ・アイヴォリー監督の『モーリス』（1988年）、そして40週間のロングランで3億6900万円の興収という単館ロードショー史上最大のヒット作（全国配収3億2500万円）となった『ニュー・シネマ・パラダイス』（1989年）へと繋げていった。因みにシネスイッチ銀座の館名は洋画と邦画を交互に上映するというコンセプトに依るもので、邦画では滝田洋二郎監督の『木村家の人々』、岩井俊二監督の『Love Letter』などを上映した。

他にも、エースでは老舗の岩波ホールで大ヒットした『八月の鯨』（1988年）、シネマライズ渋谷で上映されたクエンティン・タランティーノ監督の出世作『レザボア・ドッグス』（1993年）などを経て、1995年にはエース・ピクチャーズとしてヘラルドから完全に分離していった。一方のヘラルド本体では、自身が経営主体となって、1994年に恵比寿ガーデンシネマをロバート・アルトマン監督の『ショート・カッツ』でオープンさせ、その後もウェイン・ワン監督の『スモーク』（1995年）、ティム・ロビンズ監督の『デッドマン・ウォーキング』（1996年）といった作品をヒットさせていった。

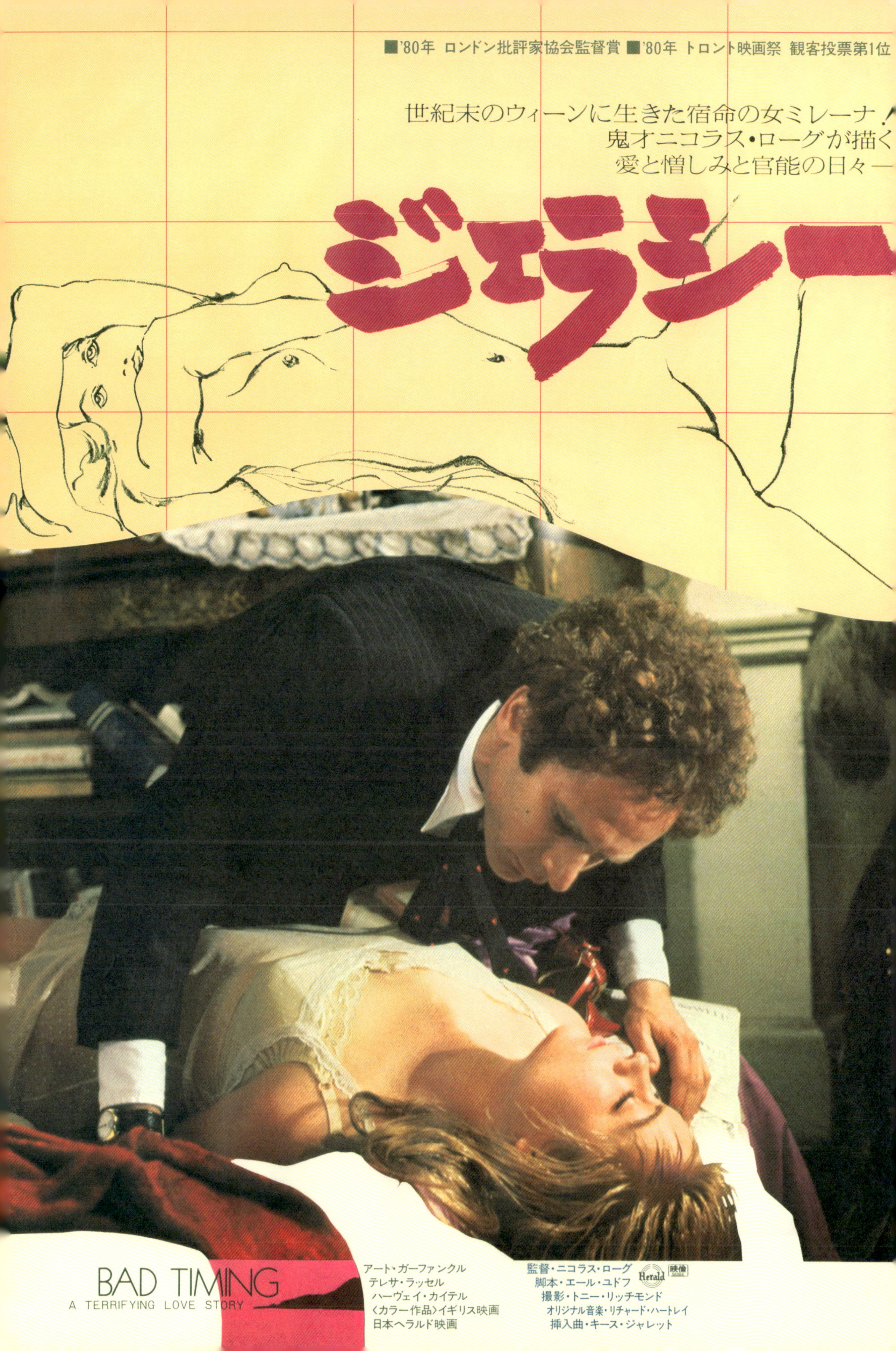
■'80年 ロンドン批評家協会監督賞 ■'80年 トロント映画祭 観客投票第1位
世紀末のウィーンに生きた宿命の女ミレーナ！
鬼才ニコラス・ローグが描く
愛と憎しみと官能の日々ー
ジェラシー
BAD TIMING
A TERRIFYING LOVE STORY
アート・ガーファンクル
テレサ・ラッセル
ハーヴェイ・カイテル
〈カラー作品〉イギリス映画
日本ヘラルド映画
監督・ニコラス・ローグ
脚本・エール・ユドフ
撮影・トニー・リッチモンド
オリジナル音楽・リチャード・ハートレイ
挿入曲・キース・ジャレット
Herald
映倫

AN ENEMY OF THE PEOPLE

NO.308『民衆の敵』（1983年／ジョージ・シェーファー監督／アメリカ）

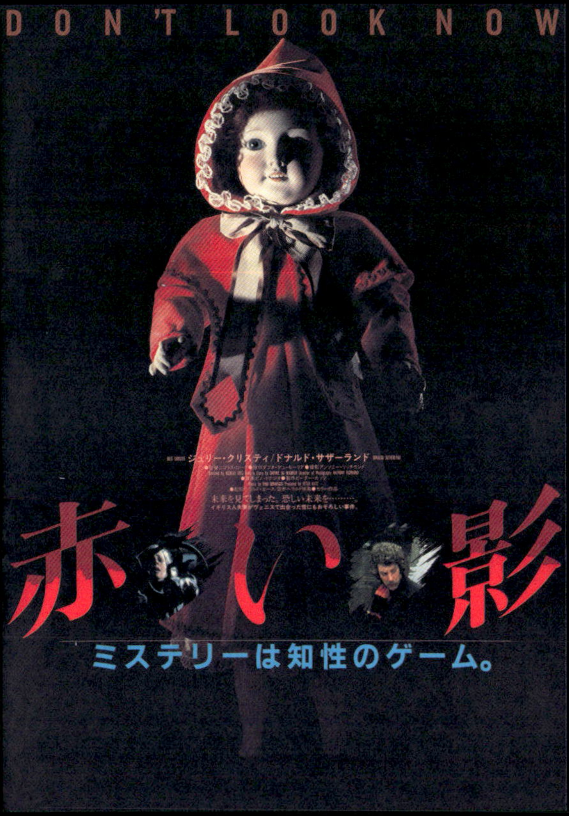

DON'T LOOK NOW

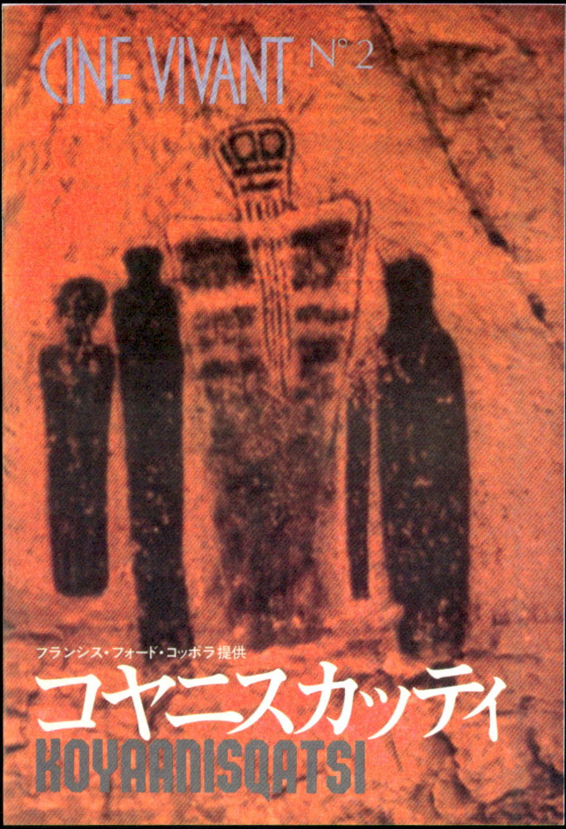

KOYAANISQATSI

NESTO IZMEDJU

SILKWOOD

NO.309『赤い影』(1983年/ニコラス・ローグ監督/イギリス・イタリア)
NO.310『コヤニスカッティ』(1984年/ゴッドフリー・レジオ監督/アメリカ)
NO.311『3人でスプリッツァ』(1984年/スルジャン・カラノヴィッチ監督/ユーゴスラヴィア)
NO.312『シルクウッド』(1985年/マイク・ニコルズ監督/アメリカ)

ANOTHER COUNTRY

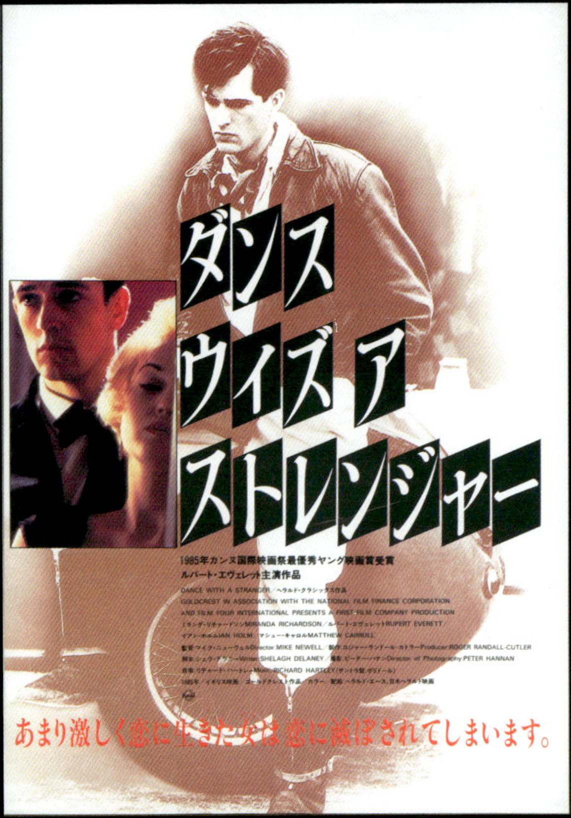

DANCE WITH A STRANGER

FRANCES

THE NAME OF THE ROSE

NO.313『アナザー・カントリー』(1985年／マレク・カニエフスカ監督／イギリス)
NO.314『ダンス・ウィズ・ア・ストレンジャー』(1985年／マイク・ニューウェル監督／イギリス)
NO.315『女優フランシス』(1986年／グレーム・クリフォード監督／アメリカ)
NO.316『薔薇の名前』(1987年／ジャン=ジャック・アノー監督／フランス・イタリア・西ドイツ)

蜘蛛女のキス
KISS OF THE SPIDER WOMAN
製作■デヴィッド・ワイズマン
監督■ヘクトール・バベンコ
原作■マヌエル・プイグ
（集英社刊）
脚本■レナード・シュレーダー
撮影■ラドルフォ・サンチェス
ウィリアム・ハート
ラウル・ジュリア
ソニア・ブラガ
ホセ・リュウゴイ
ミルトン・ゴンカルヴェス
銀の糸が二人をからめたその時、彼は彼の愛に応えはじめた。
■'85 カンヌ映画祭最優秀主演男優賞（ウィリアム・ハート）
■'86 米アカデミー最優秀主演男優賞（ウィリアム・ハート）
■'86 英アカデミー最優秀主演男優賞（ウィリアム・ハート）
An HB Filmes LTDA〔SAO PAULO〕Production
in association with SUGARLOAF FILMS, INC.〔LOS ANGELES〕
配給■ヘラルド・エース／テラ・コーポレーション
■日本ヘラルド映画
Herald

KISS OF THE SPIDER WOMAN

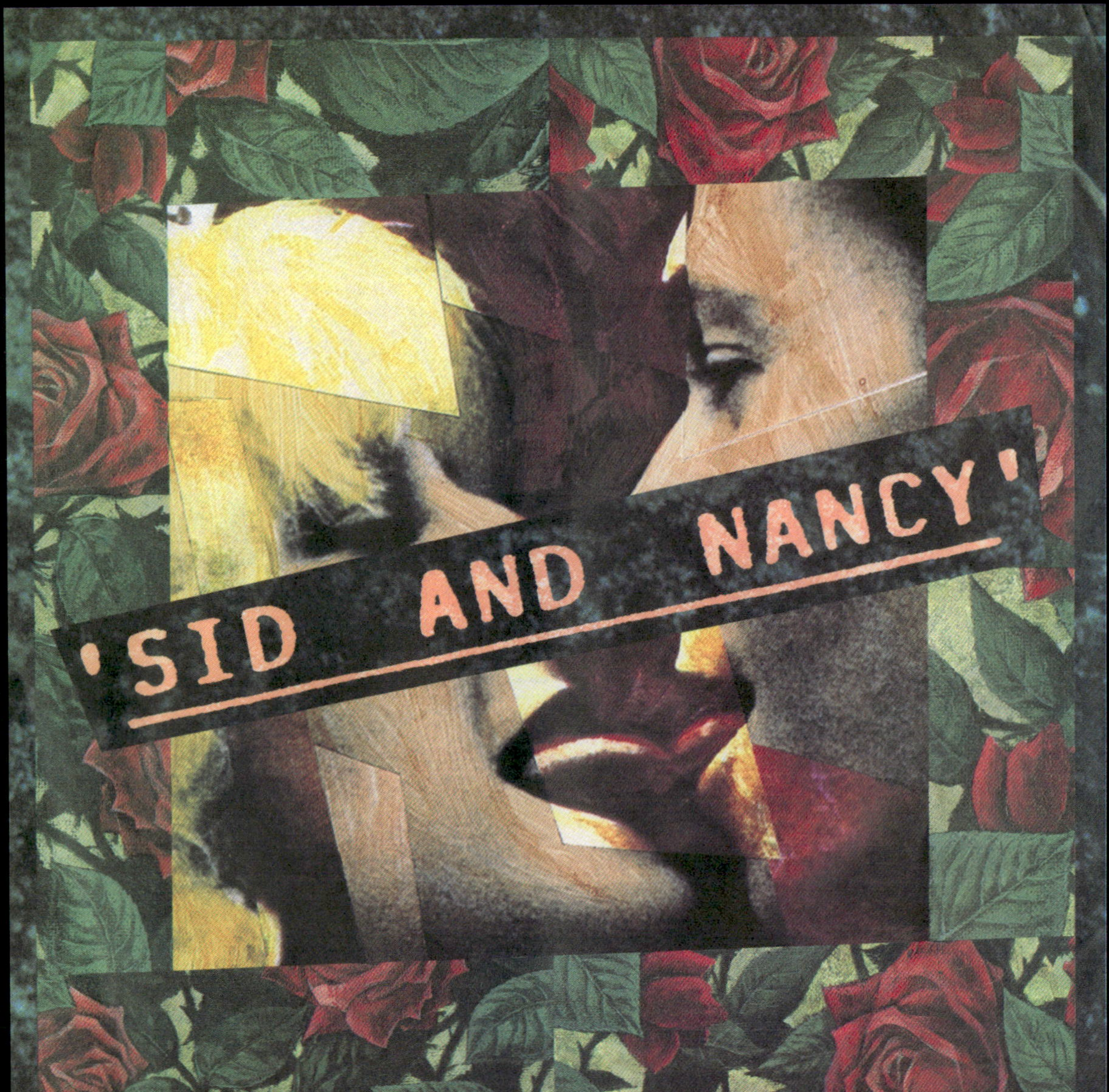

SID AND NANCY

NO.318『シド・アンド・ナンシー』(1988年 / アレックス・コックス監督 / イギリス)

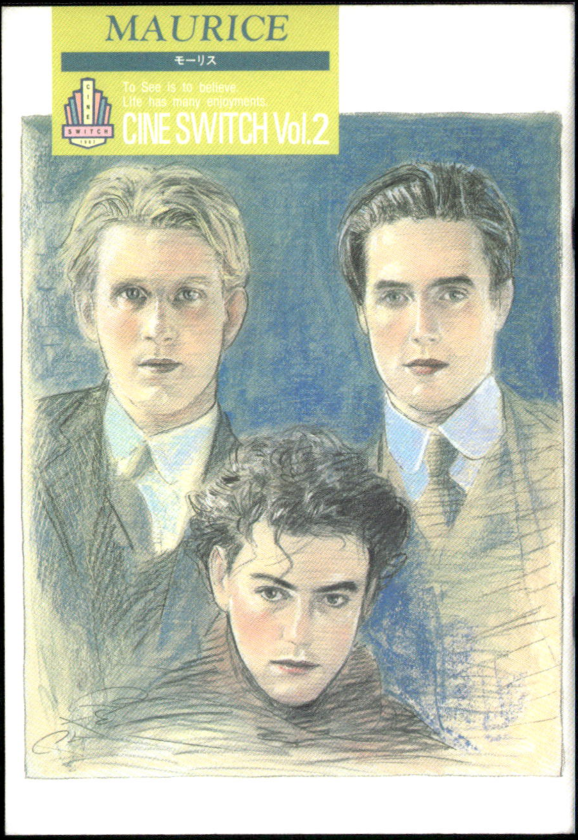

MAURICE

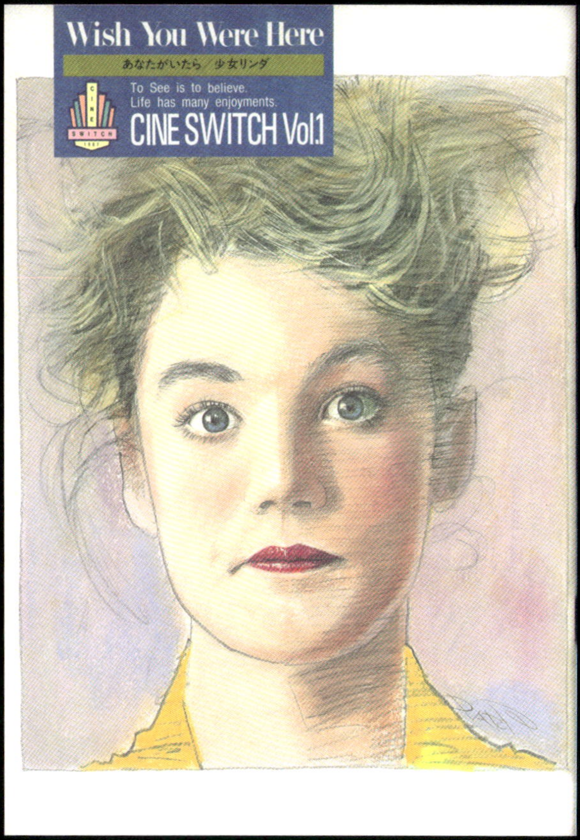

WISH YOU WERE HERE

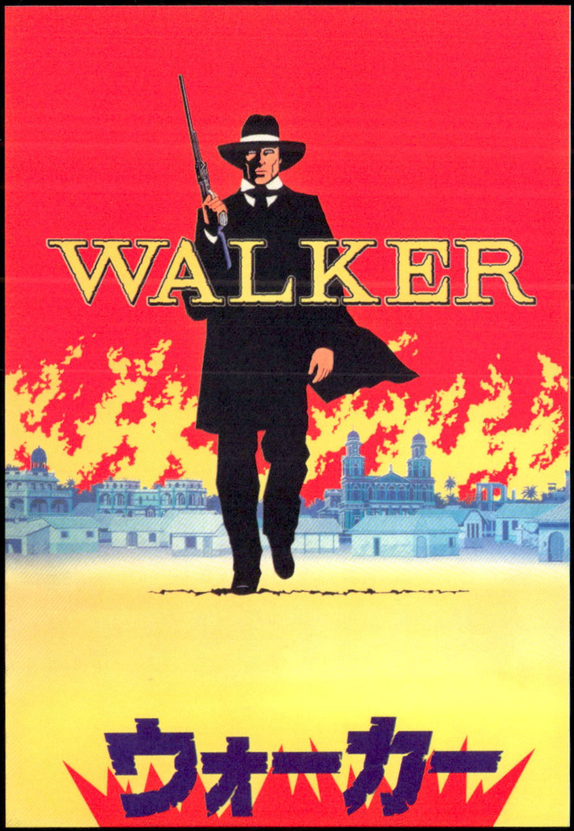

WALKER

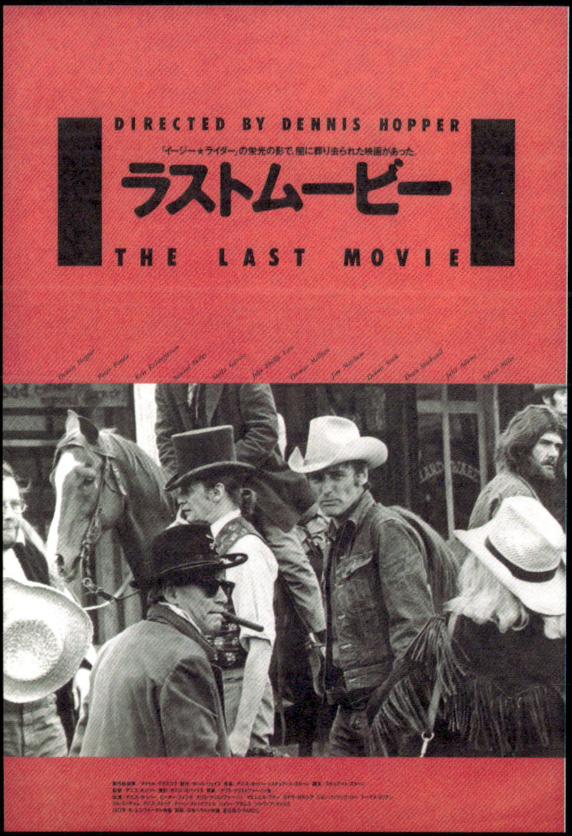

THE LAST MOVIE

NO.319『モーリス』（1988年／ジェームズ・アイヴォリー監督／イギリス）
NO.320『あなたがいたら／少女リンダ』（1987年／デヴィッド・リーランド監督／イギリス）
NO.321『ウォーカー』（1988年／アレックス・コックス監督／アメリカ）
NO.322『ラストムービー』（1971年製作／1988年／デニス・ホッパー監督／アメリカ）

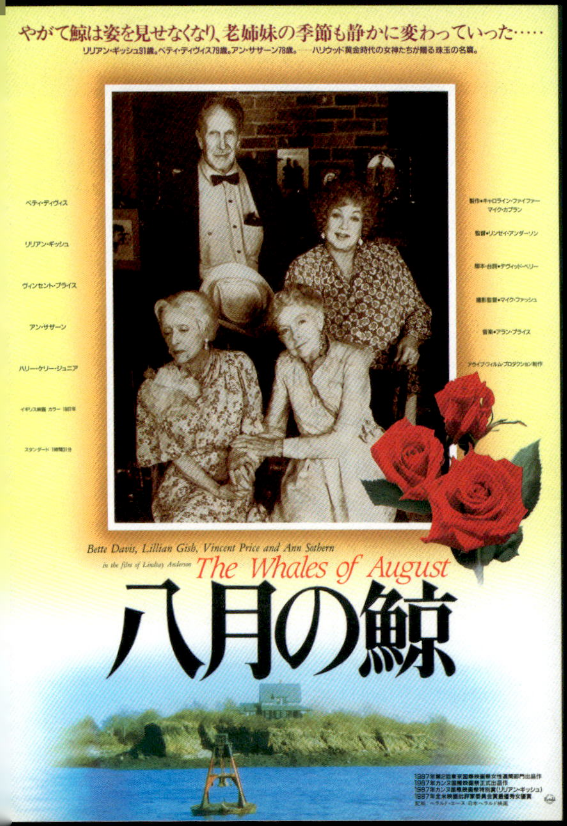

THE WHALES OF AUGUST

SHORT CUTS

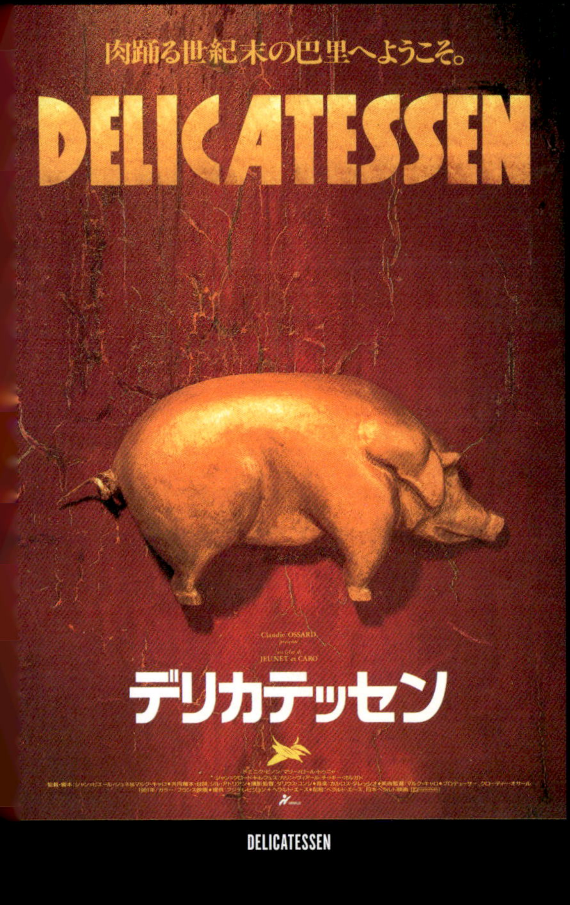

DELICATESSEN

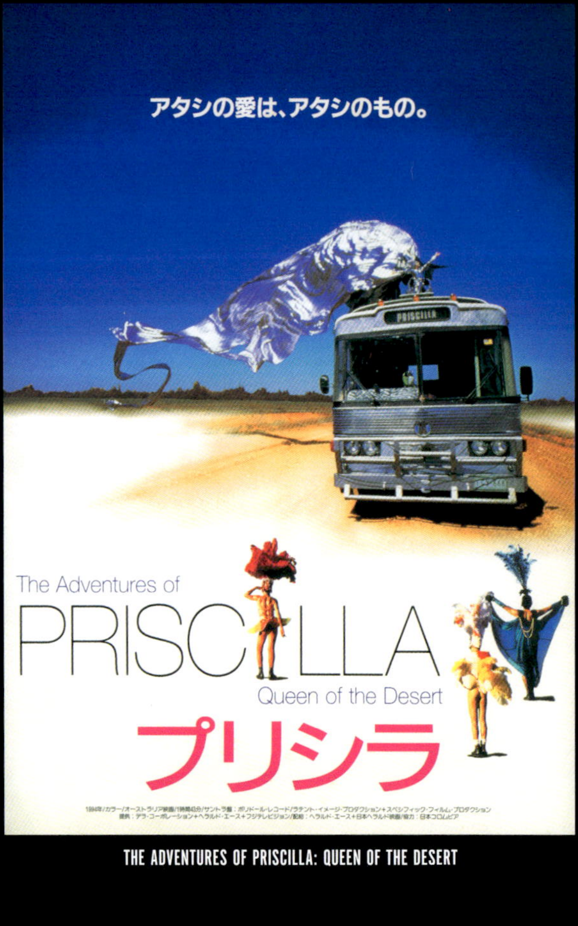

THE ADVENTURES OF PRISCILLA: QUEEN OF THE DESERT

NO.323『八月の鯨』(1988 年 / リンゼイ・アンダーソン監督 / アメリカ)
NO.324『ショート・カッツ』(1994 年 / ロバート・アルトマン監督 / アメリカ)
NO.325『デリカテッセン』(1991 年 / ジャン=ピエール・ジュネ監督、マルク・キャロ監督 / フランス)
NO.326『プリシラ』(1995 年 / ステファン・エリオット監督 / オーストラリア)

NUOVO CINEMA PARADISO

RESERVOIR DOGS

NO.328『レザボア・ドッグス』(1993年 / クエンティン・タランティーノ監督 / アメリカ)

SMOKE

FAREWELL MY COCUBINE（覇王別姫）

LEAVING LAS VEGAS

DEAD MAN WALKING

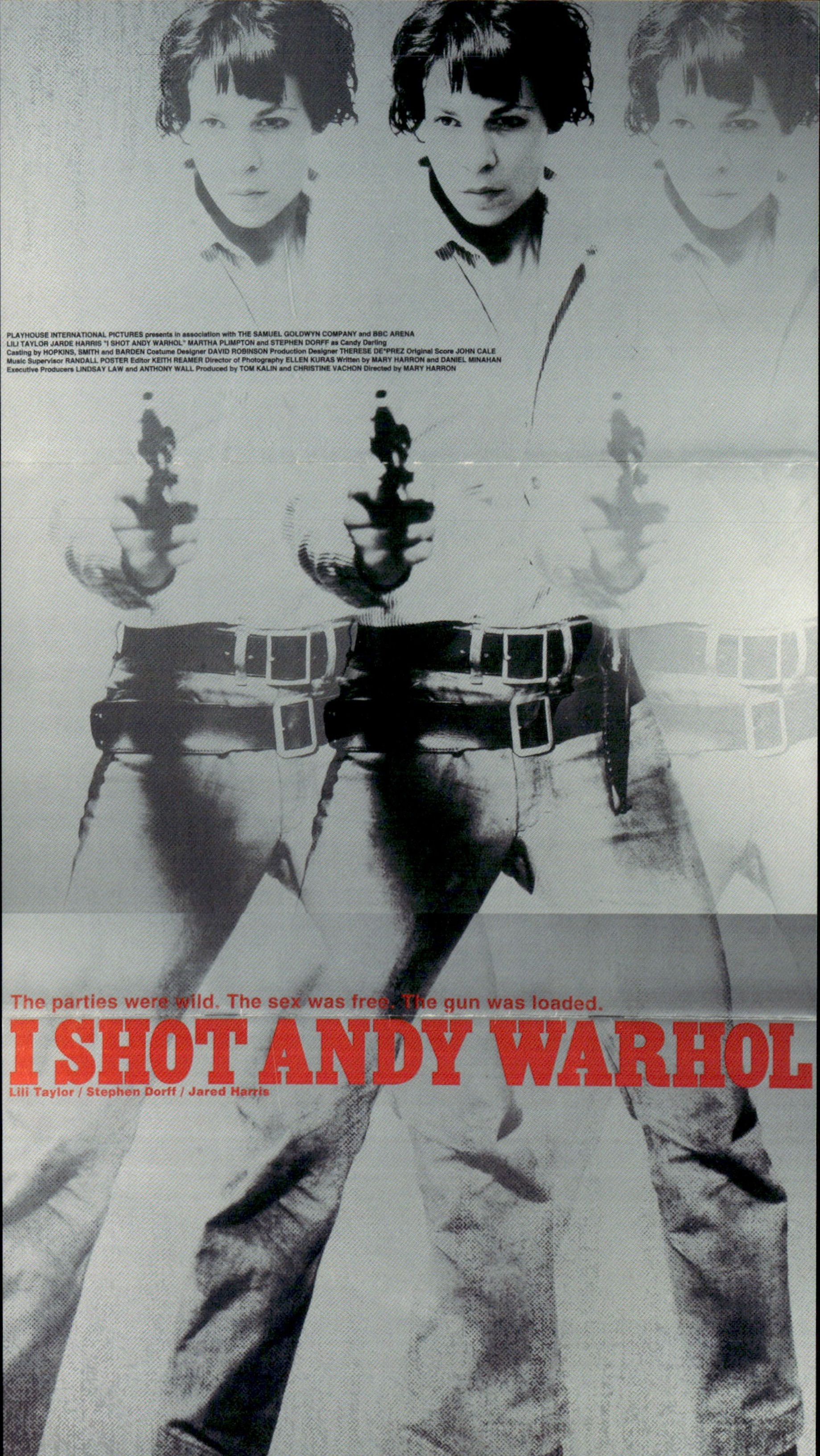

I SHOT ANDY WARHOL

NO.333『I SHOT ANDY WARHOL』(1996年 / メアリー・ハロン監督 / アメリカ)

CHAPTER 16

NOVEL DEVELOPMENT OF CLASSIC FILMS

クラシック映画の新展開

ビデオ全盛の時代に敢えて「クラシック映画専門館」という発想
劇場自体に固定ファンを作り、更に若い世代の観客にもアピール

SUMMERTIME
＊去りゆく夏――永遠の感動を呼んでいま甦える哀切のラストシーン――
〈アラビアのロレンス〉〈ドクトル・ジバゴ〉の
名匠デビット・リーンが
最も愛着をこめた〈別離の名篇〉！
旅情
9月4日よりロードショー
武蔵野館
テアトル銀座

『旅情』（1971 年リバイバル公開）の新聞広告

この衝撃！この感動！
アクション映画の２大巨塔！
Herald
駅馬車
STAGECOACH
「映画」が走る！かつて私が出会えたはじめての「映画」
今なお歴史をつらぬいて走る！
バラキ
血しぶく迫力！恐るべきマフィア惨殺のすべてをえぐり出した最大の衝撃作！
明23日〈土〉より大公開！
池袋スカラ座
上野スター
王子日劇
目黒ライオン
自由ヶ丘東宝
吉祥寺スカラ座
川崎スカイ
八幡スカラ座

『駅馬車』（1973 年リバイバル公開）『バラキ』（1972 年）の 2 本立て興行の新聞広告

大ヒットした作品、あるいは懐かしの名画をもう一度観たいという欲求は今も昔も変わらず存在する。1980 年代からのビデオの時代には、加えて“お気に入りの映画を所有したい”という欲求が満たされる環境が整い、映像コンテンツを扱うヘラルドにとってみれば新たなビジネス・チャンスとして機能した。一方でビデオの時代以前に“もう一度観たい”という欲求に応える形で存在していたシステムが、映画のリバイバル公開だった。今日の映画興行の常識では考えにくいことだが、かつては一流のロードショー劇場でも過去のヒット作や名画が単独でリバイバル・ロードショー公開されるケースが頻繁にあった。

初期のヘラルドでも、ジャン・ギャバン主演の『望郷』（1962 年リバイバル公開）やアラン・ドロン主演の『太陽がいっぱい』（1965 年リバイバル公開）のようなフランス映画、ピエトロ・ジェルミ監督主演の『刑事』（1963 年リバイバル公開）のようなイタリア映画、そしてグレゴリー・ペック主演の『白昼の決闘』（1962 年リバイバル公開）のようなハリウッド製西部劇を、それぞれリバイバル公開することで業界におけるポジションを獲得してきた。ほかにも、単独でのリバイバル作品としては、1970 年にブエナビスタが公開したビットリオ・デ・シーカ監督の『ひまわり』（1974 年、1982 年リバイバル公開）、1940 年に映配が公開したジョン・フォード監督の名作『駅馬車』（1973 年リバイバル公開）、そして 1955 年にユナイト＝松竹が配給した『旅情』（1971 年リバイバル公開）などが挙げられる。もちろん、ヘラルド自身が配給して大ヒットさせたものでも、『幸福』（1966 年公開、1973 年リバイバル公開）、『小さな恋のメロディ』（1971 年公開、1974 年、1976 年、1978 年、1985 年リバイバル公開）のように繰り返し劇場公開して、その都度ヒットさせてきた作品も存在する。

こうした、大ヒット作や名作映画のリバイバル公開はビデオ時代の到来で役割を終えたかに思えたが、そんな最中の 1985 年、ヘラルドでは新たに「クラシック映画専門館」という試みにチャレンジした。企画を立てたのは当時ヘラルド・エンタープライズ事業部次長だった篠崎順で、元フォックス、MGM の日本代表だった難波敏副社長のハリウッド・メジャーとのパイプを生かし、ハリウッド中でも最も豊富なアーカイヴスを誇る MGM/UA の名作映画 50 タイトルの劇場上映権を一括取得し、東京日本橋にある三越本店内の三越ロイヤルシアターと提携して一年を通じて上映していく話をまとめ上げたのだ。三越も MGM

も共にシンボルはライオンとあって、この提携は大変にうまくいき、「三越ロイヤル・フェスティバル」の名称で3作品から5作品程度を一つのパッケージにして宣材を作製し、パブリシティを展開していくやり方で着実に固定ファンを獲得していった。特に、三越にティファニーがテナントとして入っていることもあり、オードリー・ヘプバーン主演の『ティファニーで朝食を』を中心としたオードリー特集では新記録を樹立した。

クラシック映画専門館のメリットは、先ず作品自体には元々知名度があるため内容を売り込む必要がないこと、その反面新作と違って契約に要する金額が安くて済むこと、全国一斉公開ではなくプリント本数は2～3本で十分なため経費を抑えられること、そして既にヘラルド・エースがマーケットとして成立させてきたアート系劇場と同様の、宣伝費トップオフの50／50方式（売上を折半。また宣伝費は興収の10%以内）を採用することで劇場側とのイーブンなパートナーシップを構築できることなどがある。

MGM/UAの名作映画50タイトルの中で、大人のエレガンスという三越のカラーとは合わない作品は、都内の別の劇場との間でパートナーシップを組んで公開した。たとえばMGM時代のマルクス兄弟の5作品を、既にシネマスクエフとうきゅうでヘラルドと組んでいる東急の名画座ミラノで「マルクス・ブラザース・フェスティバル」と銘打って連続公開している。これはヘラルド・エースの山下健一郎が宣伝を担当し、「マルクスは兄弟だった。」の名コピーを生み、また字幕監修には景山民夫を起用するなど様々な仕掛けで成功に導いた。

他にも、ヨーロッパ映画の名作の劇場上映権もどんどん取得して、ルイ・マル監督の『死刑台のエレベーター』『恋人たち』の2作品を新宿コマ劇場地下にあったシアターアプルにて特集上映した。シアターアプルは普段は演劇を上演しているが、ここをナイトショーとして映画上映、大好評でルイ・マル監督特集PART2が組まれ、そこからは毎回、ポスターを和田誠氏に依頼する形で連続的に展開していくことになった。

こうしたクラシック映画専門館の展開が成功するには、何と言っても豊富な品揃えが必要になる。MGM/UAとのビジネスが成功していることを受けて、次にパラマウントとの間で25タイトルの劇場上映権を取得し、銀座四丁目にある旗興行の銀座文化劇場の2Fを専門館とし「ゴールデン・シアター」の名称でパラマウント作品のパッケージ上映を展開していくことになった。ここでも、『ローマの休日』『麗しのサブリナ』のオードリー作品が不動の人気を誇り、劇場自体に固定客のファン層が付いて年間を通じて安定的な成績を残すようになった。勢いに乗ったヘラルドでは、更にコロンビア、ユニヴァーサル、ワーナー、ディズニーとそれぞれクラシックス作品の契約をして圧倒的な数のラインナップを揃えていった。また、こうしたクラ

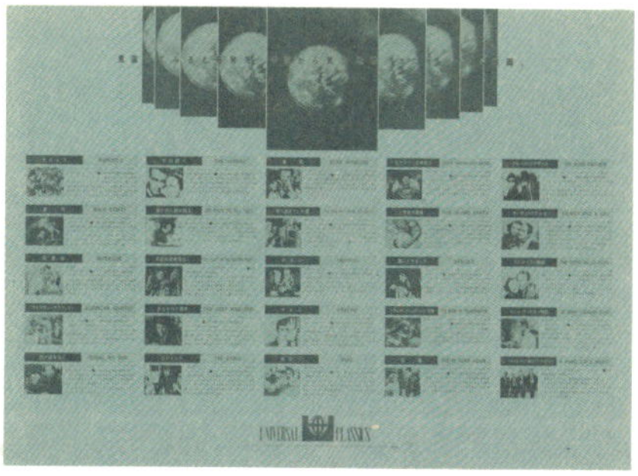

上から、パラマウント・クラシックス、コロンビア・クラシックス、ユニヴァーサル・クラシックス、ディズニー・クラシックスのラインナップ・プレスシート

シック映画専門館は次第に地方の大都市でも展開されるようになり、ヘラルドにとって利幅は少なくとも堅実で、興行会社の信頼も得られるビジネスとして機能していった。

因みに、当時篠崎順次長の下でクラシック映画の宣伝を独りで担当していたのが谷川建司で、日常業務としての試写会実施、パブリシティ、劇場とのやりとり（劇場側の希望も聞きつつ次のパッケージを固め、宣材を作っていく）などに加え、新たに契約するメジャー各社のラインナップを固める際にも提案させてもらい、自身で「空想科学ムービーランド」という企画も立てている。これはMGMの『禁断の惑星』、ユニヴァーサルの『大アマゾンの半魚人』『宇宙水爆戦』の3作品を名画座ミラノで特集上映したもの。ポスターは漫画家の泉昌之に依頼して、レトロ感溢れるイラストを描いてもらった。

因みに、クラシック映画というと基本的には昔の名作映画のリバイバル上映という形がイメージされるし、それはその通りなのだが、時には製作当時様々な事情で日本では公開されなかった“幻の名作”をクラシック映画として初ロードショー公開する、というようなケースも存在した。例えば、ワーナーの製作によるジョージ・M・コーハンの伝記映画『ヤンキー・ドゥードゥル・ダンディ』(1942年)とMGMのミュージカル映画『キス・ミー・ケイト』(1953年)の2本は三百人劇場にて1986年暮れから1987年始めにかけて連続ロードショー公開された。

その後、宣伝担当は伊藤勝徳、高須正道と変わり、若い世代の観客にアピールすべく、過去のキッチュな作品を新作のアート系作品と同様に単独で公開する形式へとシフトしていった。『危険な関係』『黒い罠』『カジノ・ロワイヤル』『ジョアンナ』『バーバレラ』といった作品のヒットは、やはりそれを仕掛けた宣伝担当者のセンスあってのものだし、更にはフォックス配給でこけた『グレート・ブルー』を『グラン・ブルー／グレート・ブルー完全版』としてヒットさせたり、国辱映画と言われていた『東京ジョー』を初公開したり、と新たな展開をものにしていった。いずれにしても、ビデオ全盛の時代（ヘラルドでは傍系のヘラルド・ポニーでMGM/UA作品などのビデオのビジネスも展開していたが）に、劇場でクラシック映画を見るという提案をし、その客層を開拓したことは1980年代半ばから1990年代にかけての日本の映画興行の一翼を担っていたと言えるだろう。

『ヤンキー・ドゥードゥル・ダンディ』（1942年製作。1986年日本公開）、『キス・ミー・ケイト』（1953年製作。1987年日本公開）のパンフレット

京都朝日シネマにおける「オードリー・スペシャル'91」は大丸とタイアップした

NO.334『マスクス兄弟オペラは踊る』（1936年 / サム・ウッド監督 / アメリカ）
NO.335『マルクス一番乗り』（1938年 / サム・ウッド監督 / アメリカ）
NO.336『マルクス兄弟珍サーカス』（1950年 / エドワード・バゼル監督 / アメリカ）
NO.337『マルクスの二挺拳銃』（1950年 / エドワード・バゼル監督 / アメリカ）
NO.338『マルクス兄弟デパート騒動』（1951年 / チャールズ・F・ライスナー監督 / アメリカ）

マルクスは兄弟だった。
CHICO
HARPO
GROUCHO
マルクス・ブラザーズ
MARX BROTHERS FESTIVAL
フェスティバル
/1
オペラは踊る 1935
/14
マルクス一番乗り 1937
/15
マルクス兄弟珍サーカス 1939
/28
マルクスの二挺拳銃 1940
/29
マルクス兄弟デパート騒動 1941
オペラは踊る 1935
名画座ミラノ
新宿歌舞伎町ミラノ座隣り4F TEL.03-200-0888
日本ヘラルド映画／ヘラルド・エンタープライズ／ヘラルド・エース

I GIRASOLI

STAGECOACH

SUMMERTIME

EASTER PARADE / RANDOM HARVEST / GASLIGHT / SHOW BOAT / CAT ON A HOT TIN ROOF

TO CATCH A THIEF / THE FORTUNE COOKIE / BREAKFAST AT TIFFANY'S

REAR WINDOW / THE MAN WHO KNEW TOO MUCH / NORTH BY NORTHWEST / VERTIGO

RAINTREE COUNTY / THE V.I.P.S / SONG OF LOVE

NO.342『イースター・パレード』(1950年 / チャールズ・ウォルターズ監督 / アメリカ)
NO.343『心の旅路』(1947年 / マーヴィン・ルロイ監督 / アメリカ)
NO.344『ガス燈』(1947年 / ジョージ・キューカー監督 / アメリカ)
NO.345『ショウ・ボート』(1952年 / ジョージ・シドニー監督 / アメリカ)
NO.346『熱いトタン屋根の猫』(1958年 / リチャード・ブルックス監督 / アメリカ)
NO.347『泥棒成金』(1955年 / アルフレッド・ヒッチコック監督 / アメリカ)
NO.348『恋人よ帰れ!わが胸に』(1967年 / ビリー・ワイルダー監督 / アメリカ)
NO.349『ティファニーで朝食を』(1961年 / ブレイク・エドワーズ監督 / アメリカ)
NO.350『裏窓』(1955年 / アルフレッド・ヒッチコック監督 / アメリカ)
NO.351『知りすぎていた男』(1956年 / アルフレッド・ヒッチコック監督 / アメリカ)
NO.352『北北西に進路を取れ』(1959年 / アルフレッド・ヒッチコック監督 / アメリカ)
NO.353『めまい』(1958年 / アルフレッド・ヒッチコック監督 / アメリカ)
NO.354『愛情の花咲く樹』(1958年 / エドワード・ドミトリク監督 / アメリカ)
NO.355『予期せぬ出来事』(1963年 / アンソニー・アスクィス監督 / アメリカ)
NO.356『愛の調べ』(1949年 / クラレンス・ブラウン監督 / アメリカ)

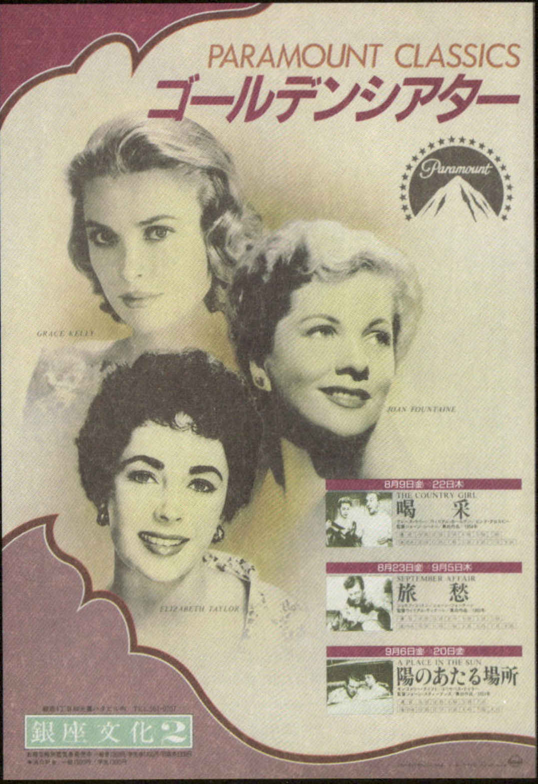

THE COUNTRY GIRL / SEPTEMBER AFFAIR / A PLACE IN THE SUN

SABRINA / THE CHILDREN'S HOUR / ROMAN HOLIDAY

MELODY / FRIENDS / LOVE STORY

SOME LIKE IT HOT / HOW TO MURDER YOUR WIFE / THE APARTMENT

NO.357『喝采』(1955年/ジョージ・シートン監督/アメリカ)
NO.358『旅愁』(1952年/ウィリアム・ディターレ監督/アメリカ)
NO.359『陽のあたる場所』(1952年/ジョージ・スティーヴンス監督/アメリカ)
NO.360『麗しのサブリナ』(1954年/ビリー・ワイルダー監督/アメリカ)
NO.361『噂の二人』(1962年/ウィリアム・ワイラー監督/アメリカ)
NO.362『ローマの休日』(1954年/ウィリアム・ワイラー監督/アメリカ)
NO.363『フレンズ/ポールとミシェル』
(1971年/ルイス・ギルバート監督/イギリス・アメリカ)
NO.364『ある愛の詩』(1971年/アーサー・ヒラー監督/アメリカ)
NO.365『お熱いのがお好き』(1959年/ビリー・ワイルダー監督/アメリカ)
NO.366『女房の殺し方教えます』(1965年/リチャード・クワイン監督/アメリカ)
NO.367『アパートの鍵貸します』(1960年/ビリー・ワイルダー監督/アメリカ)

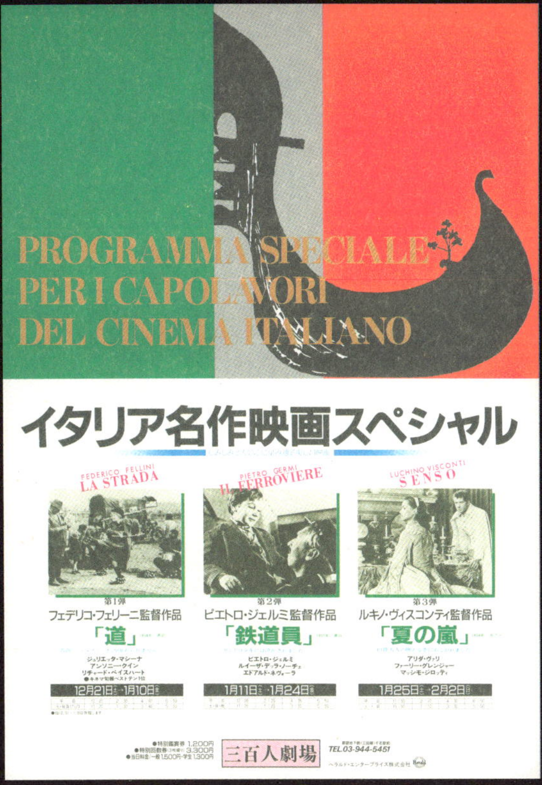

LA STRADA / IL FERROVIERE / SENSO

YANKEE DOODLE DANDY / KISS ME KATE

CREATURE FROM THE BLACK LAGOON / FORBIDDEN PLANET / THIS ISLAND EARTH

THE MALTESE FALCON / CASABLANCA / THE BIG SLEEP / KEY LARGO

NO.368『道』（1957年／フェデリコ・フェリーニ監督／イタリア）
NO.369『鉄道員』（1958年／ピエトロ・ジェルミ監督／イタリア）
NO.370『夏の嵐』（1955年／ルキノ・ヴィスコンティ監督／イタリア）
NO.371『ヤンキー・ドゥー・ドゥル・ダンディ』
（1986年／マイケル・カーティス監督／アメリカ）
NO.372『キス・ミー・ケイト』（1987年／ジョージ・シドニー監督／アメリカ）
NO.373『大アマゾンの半魚人』（1954年／ジャック・アーノルド監督／アメリカ）
NO.374『禁断の惑星』（1956年／フレッド・マクロード・ウィルコックス監督／アメリカ）
NO.375『宇宙水爆戦』（1955年／ジョセフ・M・ニューマン監督／アメリカ）
NO.376『マルタの鷹』（1951年／ジョン・ヒューストン監督／アメリカ）
NO.377『カサブランカ』（1946年／マイケル・カーティス監督／アメリカ）
NO.378『三つ数えろ』（1955年／ハワード・ホークス監督／アメリカ）
NO.379『キー・ラーゴ』（1951年／ジョン・ヒューストン監督／アメリカ）

ASCENSEUR POUR L'ECHAFAUD / LES AMANTS

UNE AUSSI LONGUE ABSENCE

NO.380『死刑台のエレベーター』（1958年／ルイ・マル監督／フランス）
NO.381『恋人たち』（1959年／ルイ・マル監督／フランス）
NO.382『かくも長き不在』（1964年／アンリ・コルピ監督／フランス）

ZAZIE DANS LE METRO / LE FEU FOLLET / LE SOUFFLE AU COEUR

CASABLANCA

THE MALTESE FALCON / WITNESS FOR THE PROSECUTION / THE BIG SLEEP

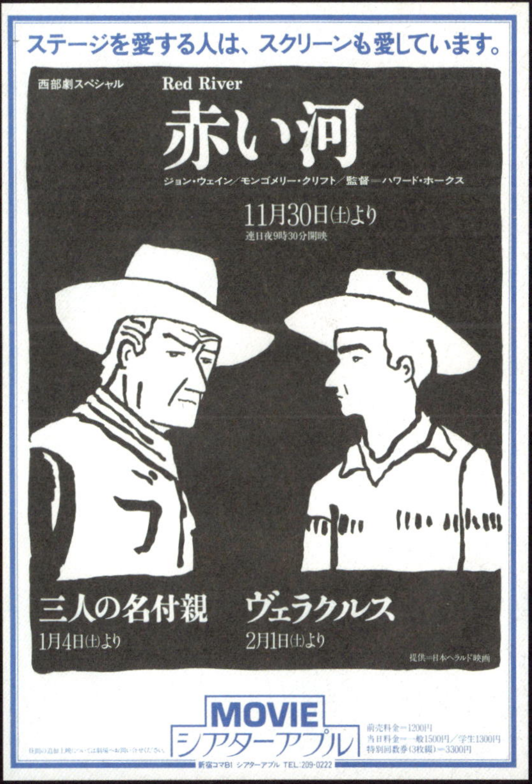

RED RIVER / 3 GODFATHERS / VERA CRUZ

NO.383『地下鉄のザジ』(1961 年 / ルイ・マル監督 / フランス)
NO.384『鬼火』(1977 年 / ルイ・マル監督 / フランス)
NO.385『好奇心』(1972 年 / ルイ・マル監督 / フランス・イタリア)
NO.386『情婦』(1958 年 / ビリー・ワイルダー監督 / アメリカ)
NO.387『赤い河』(1952 年 / ハワード・ホークス監督 / アメリカ)
NO.388『三人の名付親』(1953 年 / ジョン・フォード監督 / アメリカ)
NO.389『ヴェラクルス』(1955 年 / ロバート・アルドリッチ監督 / アメリカ)

SAVAGE MESSIAH

LA NUIT AMERICAINE

LES LIAISONS DANGEREUSES 1960

PARTY GIRL / JOHNNY GUITAR / IN A LONELY PLACE

NO.390『狂えるメサイア』（1972 年製作 / 1987 年 / ケン・ラッセル監督 / イギリス）
NO.391『映画に愛をこめて　アメリカの夜』（1974 年 / フランソワ・トリュフォー監督 / フランス・イタリア）
NO.392『危険な関係』（1961 年 / ロジェ・ヴァディム監督 / フランス）
NO.393『暗黒街の女』（1959 年 / ニコラス・レイ監督 / アメリカ）
NO.394『大砂塵』（1954 年 / ニコラス・レイ監督 / アメリカ）
NO.395『孤独な場所で』（1950 年製作 / 1996 年 / ニコラス・レイ監督 / アメリカ）

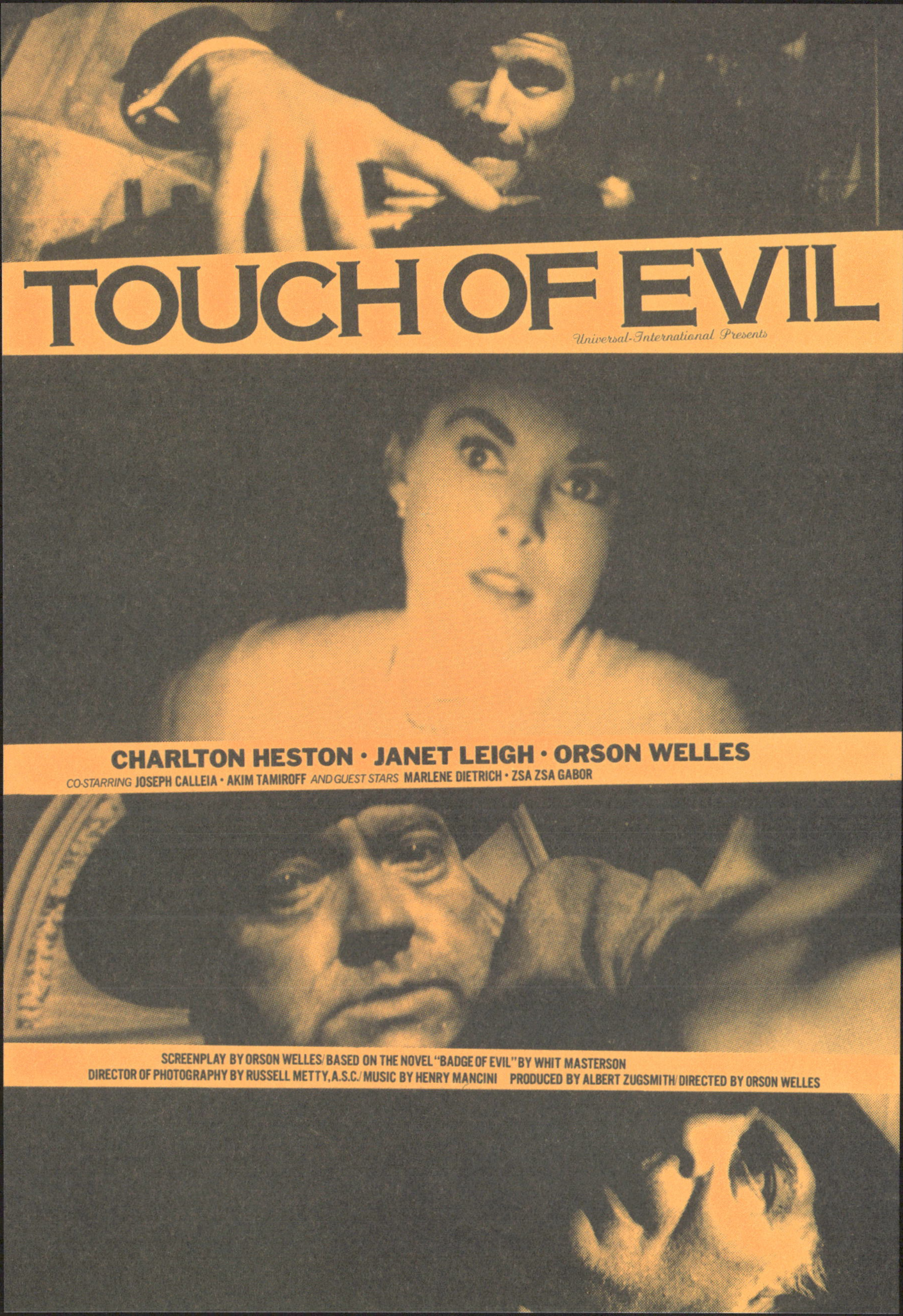

TOUCH OF EVIL

CASINO ROYALE

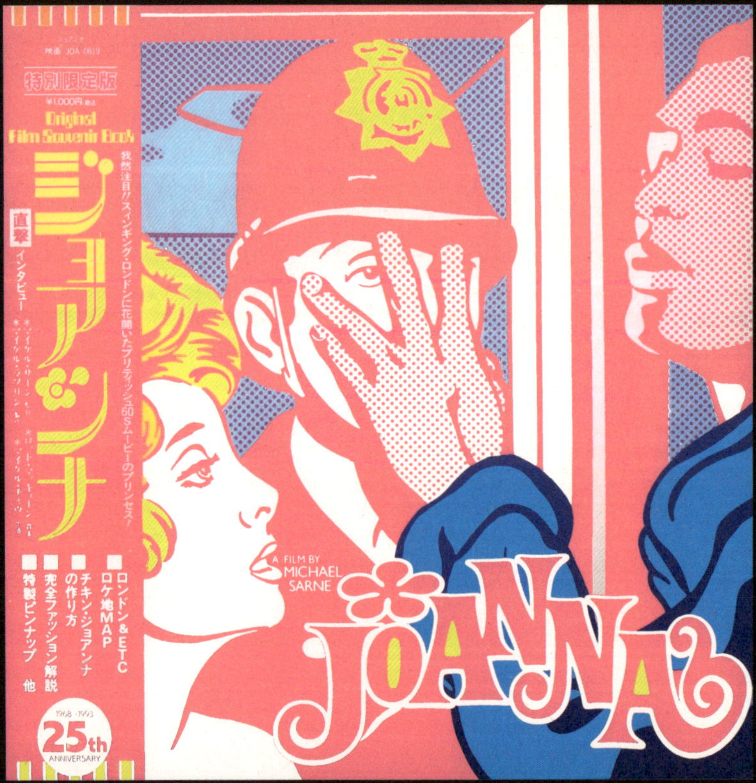

JOANNA

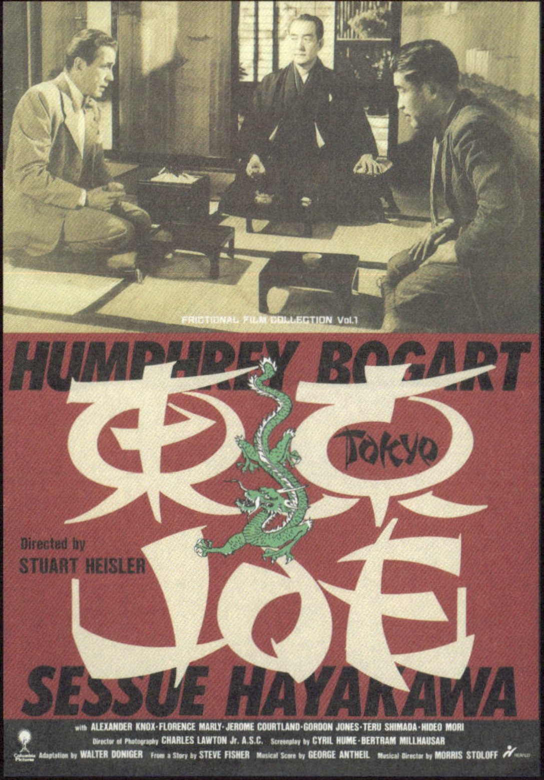

TOKYO JOE

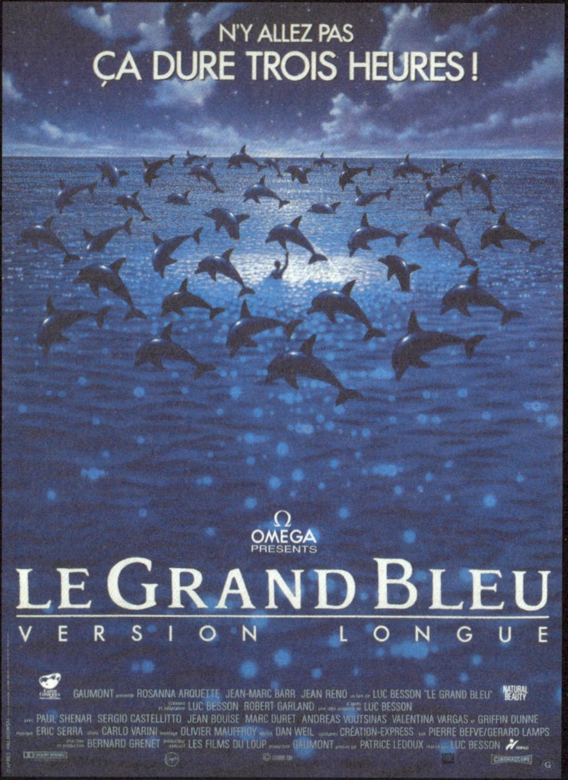

LE GRAND BLEU VERSION LONGUE

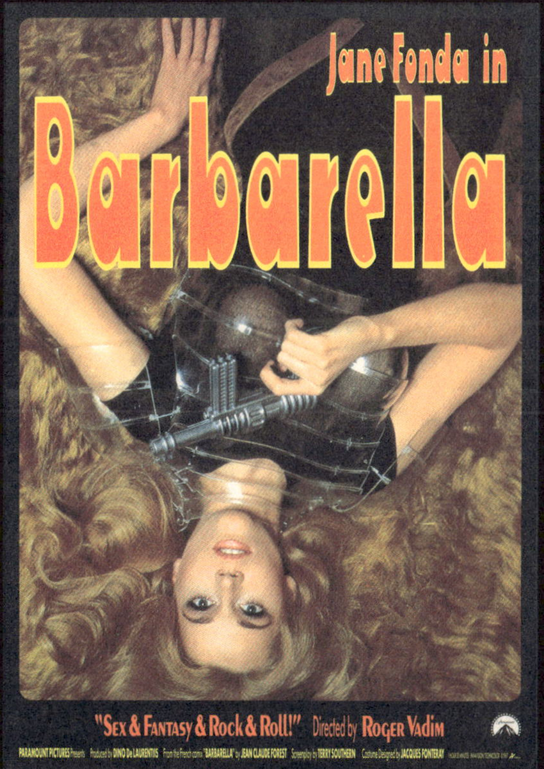

BARBARELLA

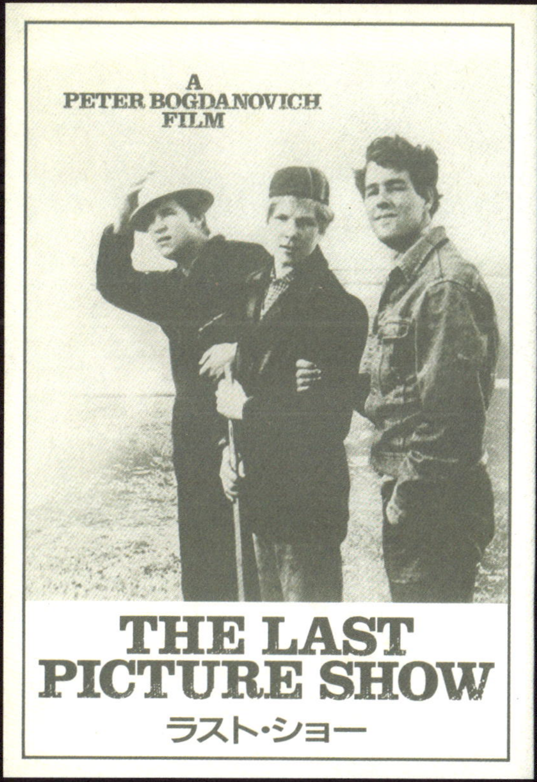

THE LAST PICTURE SHOW

NO.399『東京ジョー』（1949年製作 / 1993年 / スチュアート・ヘイスラー監督 / アメリカ）
NO.400『グラン・ブルー／グレート・ブルー完全版』（1992年 / リュック・ベッソン監督 / フランス・イタリア）
NO.401『バーバレラ』（1968年 / ロジェ・ヴァディム監督 / フランス・イタリア・アメリカ）

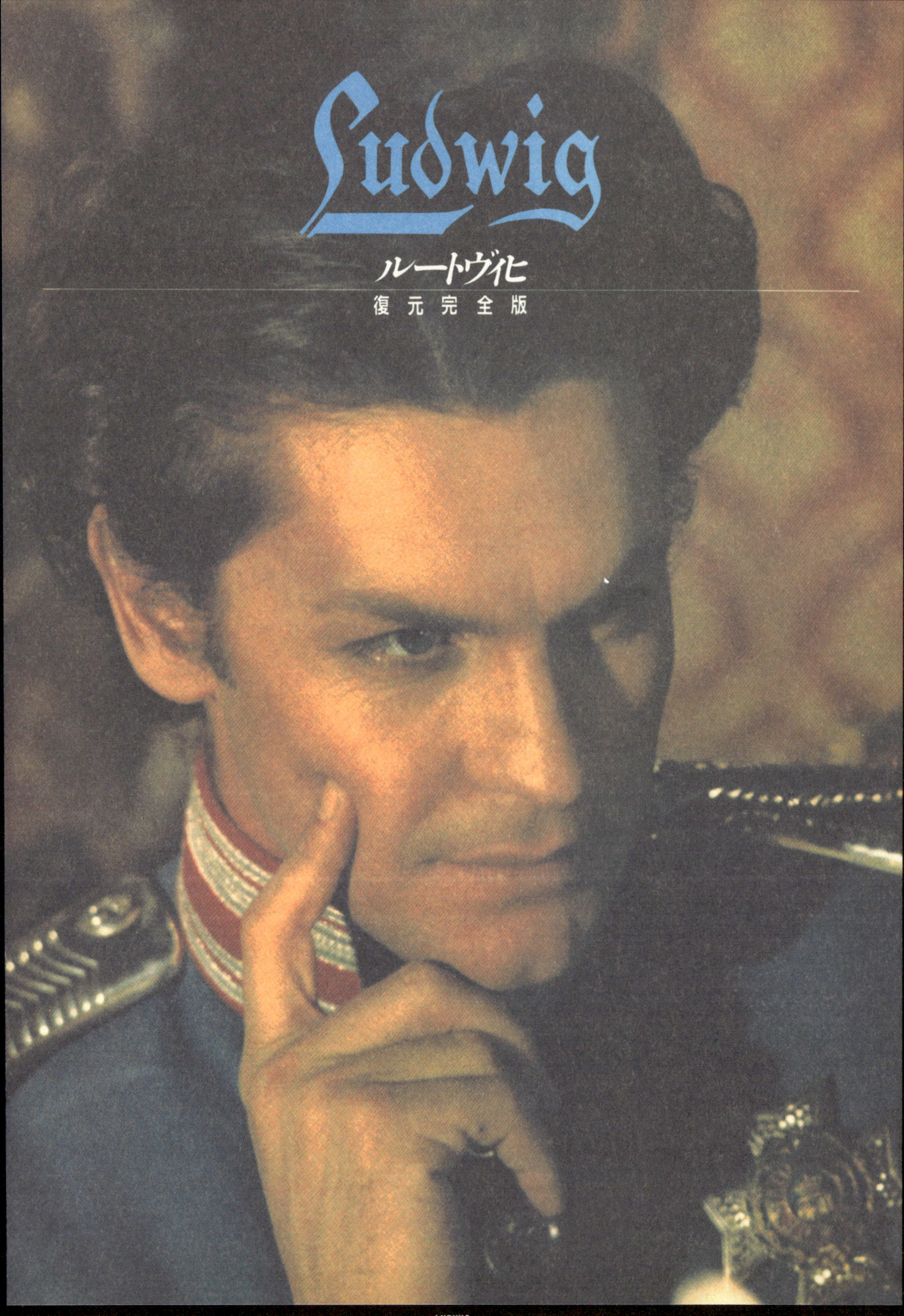
Ludwig
ルートヴィヒ
復元完全版

強く感情的な繋がりを感じる配給会社

ジョン・ウー（映画監督）

私と日本ヘラルド映画との間には、長年にわたって常に互いについての理解と良き友情とが存在し続けてきました。我々は互いに新たなテクニックや新たなアイディアを紹介しあい、互いから学んできました。

我々は、とりわけ私の香港時代の作品に関して、プロモーションから配給まで共に仕事をしてきました。そのどんな領域においても、日本ヘラルド映画は常に私に強い印象を与えてくれ、また彼らはそれが類稀なる成果を上げるのを手助けしてくれました。

私自身の個人史に言及して述べるならば、私は彼らが配給してきた映画から多くのことを学んできました。私は世界中に良き友人たちがおり、特にプロモーションと配給の領域で信頼でき、また敬服すべき会社との関係を持っていることを非常に幸運なことだと思っています。日本ヘラルド映画はその一つであり、私がとても強く感情的な繋がりを感じる配給会社なのです。

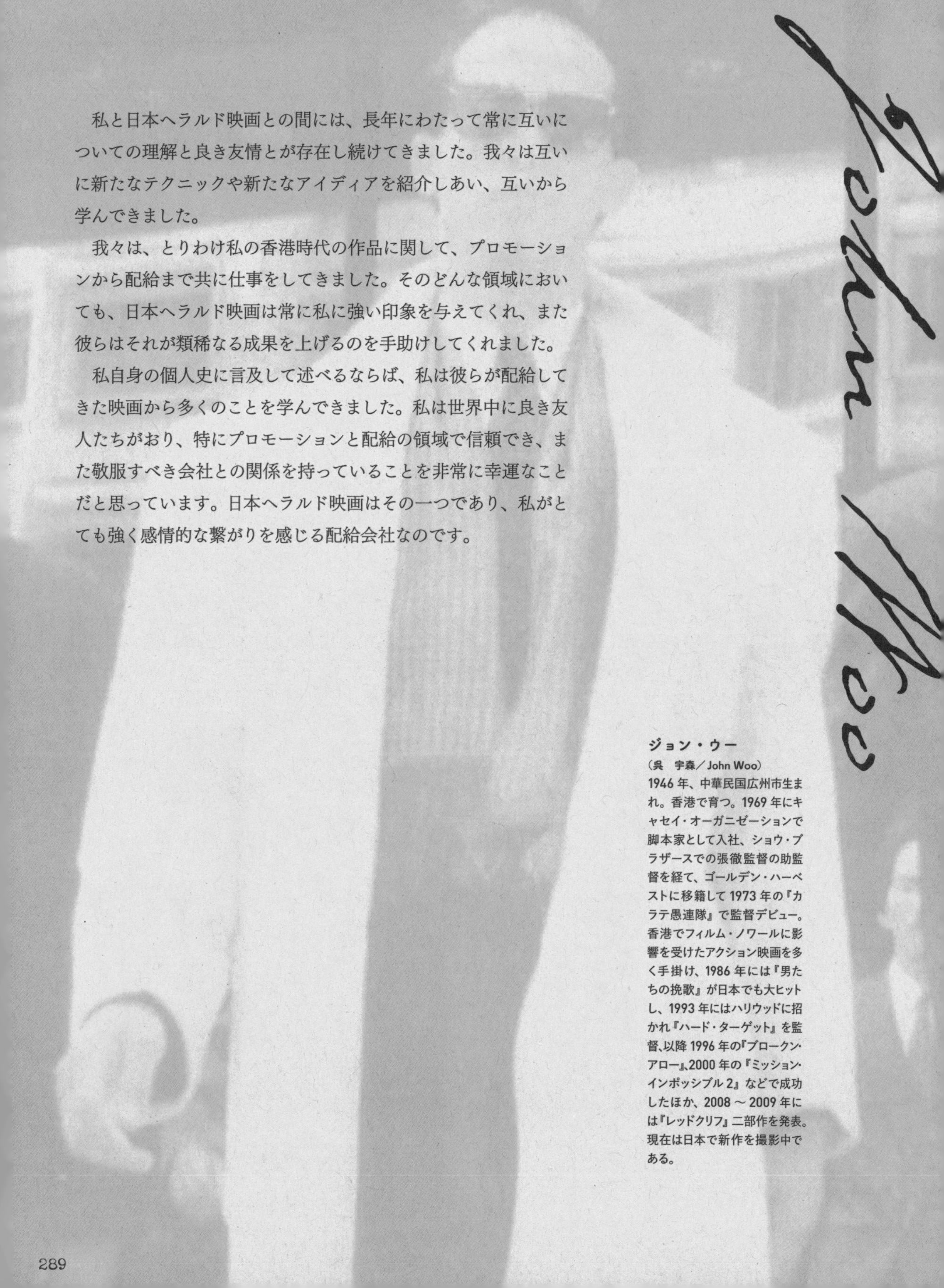

ジョン・ウー
（呉　宇森／John Woo）
1946年、中華民国広州市生まれ。香港で育つ。1969年にキャセイ・オーガニゼーションで脚本家として入社、ショウ・ブラザースでの張徹監督の助監督を経て、ゴールデン・ハーベストに移籍して1973年の『カラテ愚連隊』で監督デビュー。香港でフィルム・ノワールに影響を受けたアクション映画を多く手掛け、1986年には『男たちの挽歌』が日本でも大ヒットし、1993年にはハリウッドに招かれ『ハード・ターゲット』を監督。以降1996年の『ブロークン・アロー』、2000年の『ミッション・インポッシブル2』などで成功したほか、2008～2009年には『レッドクリフ』二部作を発表。現在は日本で新作を撮影中である。

ヘラルドと原さんとの出会い

アレックス・コックス（映画監督）

映画監督としてのキャリアの初期に、私の二本の作品がヘラルド・エースによって日本で配給された。その頃、私は全くの無知で、そのこと――つまり、私の映画が、純粋に映画芸術というものを愛する会社によってユニークかつパーソナルな形で配給されるということ――の意味を判ってはいなかった。アメリカにおいては、スタジオや配給会社というのは巨大企業で、ケーブルテレビ局にパッケージ売りしたり、化粧品やら軍需物資やらを売ったりするような、本当の意味で個々の映画の内容など気に掛けもしない会社であることが多い。しかし日本では、私は幸運なことに映画芸術を重要視する、尊敬すべき二つの配給会社と出会うことが出来た。最初はヘラルド・エース、そして次にケイブルホーグと。

ケイブルホーグでは、私の優れた案内人は根岸邦明さんであり、ヘラルドでは、数多のユニークな作品群の配給を指揮していた天才は原正人さんだった。原さんと会って、彼が手掛けた作品たちの話を聞くことは大いなる楽しみだった。容易に想像してもらえると思うが、黒澤明監督の傑作『乱』をプロデュースした話を聞かせてもらえることは、私を魅了してやまなかった。人々や、動物たち、ロケーション場所、そして時間を差配していく仕事の何と信じられないほどの素晴らしさ！　『乱』のような作品を作るに際しては、最も思慮深く、また知的な仕事を実施していくことが要求されるはずだ。

黒澤さんが亡くなった後、原さんは、偉大な映画監督たちの作品についての、私が手掛けたドキュメンタリー映画のために協力してくれ、インタビューに応じてくれた。原さんはそのインタビューの中で機知に富み、また多くのものを与えてくれ、彼がプロデュースするまた別の作品、『雨あがる』について語ってくれた。原さんは悠々自適たる引退生活を楽しみにしていると語ったが、私はその言葉を疑っていた。男であれ女であれ、映画人というものに引退などないのだ。――彼らはいつだって新しいプロジェクトを熟考し、計画し、そして何か新しいことを手掛けるのだ。彼に会えたことは私にとって素晴らしいことであり、彼が私の作品を配給してくれたことは私にとって名誉以外の何物でもない。

アレックス・コックス
（Alex Cox）
1954年生まれ。イギリスのリバプールに育つ。オックスフォード大学で法律を学ぶ傍ら舞台演出を手掛け、ブリストル大学で映画を学んだ後、米国へ渡り、UCLAの映画科研究生となる。UCLA在学中の1980年に『エッジ・シティ』で監督デビューし、1984年の『レポマン』で長編デビュー、一躍注目を集める。その後も1986年の『シド・アンド・ナンシー』、1987年の『ストレート・トゥ・ヘル』、1987年の『ウォーカー』などで異彩を放ち、1989年に初来日。1997年の『スリー・ビジネスメン』では日本各地で撮影したほか、2002年には読売テレビの『私立探偵　濱マイク』の第11話に出演している。

あとがき

谷川健司

ヘラルドの大先輩である原正人さんから、「ヘラルドの歴史を形として残したいのだけれど協力してもらえないか」との連絡を受け、角川映画で相談役をしておられた原さんのオフィスへお邪魔したのは、2006年7月13日のこと。ちょうど角川ヘラルド・ピクチャーズが角川映画と合併し、角川映画が存続会社になることによってヘラルドの名前が完全に消えてしまってから四か月ほど経った頃のことだった。その時は、エンバシーからヘラルドへ来て経理部に配属され、その後角川ヘラルドにいた久保和則さんがヘラルドの品川倉庫にあった宣材などを保存しようと動いていて、原さんとの話もまずはそういった物理的な意味でのヘラルドの歴史をきちんと保存するということと、インディペンデント系洋画配給会社がしのぎを削った時代の様々なエピソードを、原さんを含めた各社の宣伝部OBの座談会として記録するといった話が中心で、これは後日、座談会の映像を松竹系のCS放送「衛星劇場」の特番として放送する話にまとまった、と「キネマ旬報」元編集長の植草信和さんから連絡をもらい、その特番のナレーション原稿執筆を依頼され、戦後のインディペンデント系洋画配給会社の興亡史をまとめた原稿を手渡した。

ヘラルドの歴史を本の形にまとめるアイディアも原さんとの会合の際に出たと記憶している。原さんとしては、ヘラルドを辞めた後に映画ジャーナリストとなり、また映画史研究者として大学で教鞭をとるようになっていた谷川が、そういった本を書くのに適していると判断してくれてのことだと思うが、当時はその二年ほど前に原さんの著書『映画プロデューサーが語る　ヒットの哲学』が出たばかりで、またその本の中でも原さん自身のヘラルド時代の様々なエピソードが記されていたから、改めて谷川がヘラルドの歴史をまとめるのは明らかに力不足だと感じた。そもそも、原さんは谷川がヘラルドに入社したときには既にヘラルド・エース社長として雲の上の人であり、谷川の名前を憶えていてくれただけでも恐れ多いことだった。それまでの原さんとの接点と言えば、記憶に残っている場面は三つしかない。

最初は、ヘラルドに入社が決まり、出社し始めていたばかりの1984年12月に、新橋第一ホテルで行なわれた「1985年度日本ヘラルド映画ラインナップ発表記者会見」にて新聞、業界誌記者たちに4月入社の新入社員として紹介された後、古川勝巳社長らと新入社員4名の昼食会が行われ、その席にちょうど黒澤明監督の『乱』製作の真っ只中の原さんが出席され、紹介されたという場面（その翌日が御殿場太郎坊での三の城炎上シーンの撮影で、谷川も小河俊夫宣伝部長の指示でロケに参加し、城に火矢を射掛ける弓の名手の一人の役を得て黒澤さんに演技指導してもらって演じた）。二つ目は映画監督アレックス・コックスを谷川が原さんに紹介した場面。これはヘラルド在籍中に個人的に渋谷PARCOで「東京デニス・ホッパー・フェスティヴァル」というイヴェントを仕掛け、その過程で、ロサンゼルスで意気投合したアレックスが「デニスが日本へ行くのなら、オレも一緒に行きたいな」というので彼の『ストレート・トゥ・ヘル』を配給するケイブルホーグの根岸邦明さんに費用を捻出してもらって彼の来日を根回ししたのだが、せっかくなので来日中の彼を『シド・アンド・ナンシー』を配給していたヘラルド・エースに連れて行ったのだった。もう一つは、その後ヘラルドを辞めた直後に、来日していたロジャー・コーマンを囲むパーティの会場で原さんにお目に掛かり、「何か困ったことがあったら連絡しなさい」と声を掛けてもらって感激した場面。……ともあれ、この2006年の時は、「いずれ機が熟したら取り組みたいと思います」とお茶を濁してオフィスを出たのだった。

それから8年経った2014年の夏の終わりに、ヘラルドOB会の事務局の仕事を一緒にしている元ヘラルド・エースの安藤皇さん経由で久し振りに原さんから「会おう」という連絡を頂き、10月28日に六本木のアスミック・エースの入っているビルの二階の喫茶店でお目に掛かった。予想した通り、トピックはヘラルドの歴史を本の形にまとめる話であり、「僕が元気なうちに何とか形にしたい」とおっしゃる原さんに対して、今度ばかりは断る理由も見つからないと観念し、「それでは、まずは出版企画書をまとめてみます」と返事をしたのだった。

それから2年、最初に原さんに声を掛けてもらってから丸10年、いま漸くすべての原稿を入稿し、グラビア頁に掲載する宣材の配置についての指示を終え、「あとがき」の原稿を書くところまで漕ぎつけた。この本を手に取って下さった方々の中には、谷川などより遥かに長く、深くヘラルドの歴史を形作ってきた諸先輩方もいるだろうし、たった8年間しかヘラルドにいなかった谷川ごときが何を知っているというのか、と快く思わない方もいることだろう。それはその通りだとしか言えないが、自分の基礎を作ってくれた日本ヘラルド映画という会社に対して恩義を感じる気持ち、そしてたった8年間しか在籍しなかったからこそ、同じ映画業界の片隅にいて仕事していく中でいつかその恩を返していきたいと思っていたにも拘らず、そのヘラルドが最早存在しないという現実に内心忸怩たる思いを感じていたことはここで強調しておきたい。本書を出版できたことでほんの少しでも何かヘラルドの役に立ったのであればこれほど嬉しいことはない。正直な話、辞めてから四半世紀も経ったというのに、いまだに、ごくたまにだが自分がヘラルドの社員であるというシチュエーションの夢を見ることがある。それほどまでにヘラルドの存在は自分にとっていつまでも大きいものなのだ。

本書の取材過程、執筆過程において、数多くのヘラルドOBの先輩方、ヘラルドの歴史と関わって来られた方にお会いして、貴重なお話を伺う機会を得て、また貴重な資料をお貸し頂いた。また、そのうちの何名かの方へのインタビューを実現する上で、サントリー文化振興財団から頂いた助成金を役立たせて頂いた。

まず、ヘラルドの社長として古川勝巳社長の“挑戦するDNA”を継承された、古川爲之・現古川美術館館長、古川博三・晴美ご夫妻、そしてヘラルドを引き継いだ会社であるKADOKAWAの角川歴彦会長には、本書の執筆・刊行に関してご理解、ご協力を頂くと共に、終始励ましのお言葉を頂き、心から感謝申し上げる次第である。

ヘラルドOBの先輩方としては、以下の方たちにご協力頂いた。お会いした順に、一鬼憲治、緒方用光、中川宏子の各氏（以上九州支社）、橋健彦、北村一義、村富寿一、山本勝弘の各氏（以上関西支社）、広江邦生、田中正和の各氏（以上中部支社）、渡辺省吾、山口千嘉子、髙田弘の各氏（以上北海道支社）、小河俊夫、寺尾次郎、井関惺、和田泰弘、久保和則、篠崎順、前田三郎、渡邊清、秋山茂、佐野哲章、坂上直行、高橋渡の各氏（以上本社）、そして電話やメールのやりとりにて記憶の糸を辿って頂いた吉崎道代、深沢恵、関根高樹、川島清邦の各氏である。これらの方々からは多くの貴重な証言を頂いたにも拘らず、筆者の力不足故に、本書の中ではそのほんの一部分のみしか紹介出来なかった。ご協力に感謝申し上げると共に非礼をお詫びする次第である。

本書の企画に着手する以前にお会いして貴重なお話を伺う機会を持てた故・難波敏、故・淡谷光彦の両氏にも改めて感謝申し上げたい。

故・八十河瑞雄、故・藍野純治の両氏には、残念ながら間に合わずにお話は伺えなかったが、それぞれご子息の八十河恒治氏、三上剛史氏より貴重な資料の数々をお借りすることが出来た。改めて感謝申し上げたい。

本書に収録したポスター、プレスシート、パンフレット、チラシなどの宣材物は、言わば日本ヘラルド映画が生み出した知的生産物だが、それらを魅力溢れるもの足らしめたのは、その時々にそれらの宣材物の作成に携わってきた故・藍野純治氏を始めとするデザイナー、コピーライターといったヘラルド内部のクリエイティヴ部門の諸先輩方である。大島弘義、檜垣紀六、池田忠一、広木貢、楠原幸時、田代昌美、故・五十嵐靖之、山本勝弘、脇山シゲ子、上野恭裕の各氏、あるいは和田誠氏、故・石岡瑛子氏、松本デザイン事務所、プランニング・オムといった外部のデザイナーの方たちにも感謝申し上げる。付録として付けた『地獄の黙示録』の有楽座上映時の70ミリ・プリントについては、『ハート・オブ・ダークネス』公開の際の宣伝プロデューサーで、これを前売券購入者への特典として利用し、その残部を保存してくれていた谷島正之氏のご協力に感謝申し上げる。

ヘラルドの歴史とも深く関わって来られた、OB 以外の皆さまにも貴重なお話を伺い、また資料をお貸し頂いた。戸田奈津子、渡辺祥子、黒井和男、元「ロードショー」編集長の木下博通、「スクリーン」編集長の米崎明宏、「キネマ旬報」編集長の青木眞弥の各氏である。『地獄の黙示録』撮影中の写真資料については、故・デニス・ホッパーの個人アルバムから貴重なカットを借してもらったことも有難かった。また、古川美術館の阿田秀子氏、山田英治氏、手塚プロダクションの古徳稔氏にもご協力への感謝を申し上げたい。

コメント、メッセージを寄せて頂いたヘラルドゆかりの映画人たち、そしてその実現へ向けてアシストしてくれた方々に対しても、深い感謝の意を表したい。アラン・ドロン氏には自筆のコメントを寄せて頂いた。またそのプロセスにおいて日本の代理店であるアラン・ドロン・インフォメーション・デスクのジョルジュ・セギー氏に大変にお世話になった。デイヴィッド・パットナム、イヴ・ルッセ＝ルアール、アレックス・コックスの各氏は直接、メールのやりとりにてコメント、メッセージを頂いたが、不躾なお願いにも拘わらずご快諾頂けたのは、ひとえに諸先輩たちが培ってきたヘラルドという会社の信用故であろう。フランス語の翻訳については江草由香氏にご協力頂いた。篠田正浩氏には日本中国文化交流協会で日ごろお世話になっており、直接お願いしたのだが、実際のやり取りにおいては㈱表現社の石黒美和氏にお世話になった。フランシス・フォード・コッポラ氏には戸田奈津子氏、エレノア夫人を経由してお願いし、ご快諾頂けた。またジョン・ウー氏には石熊勝己氏を通じてお願いし、撮影中の多忙な中でご快諾頂けた。これら全ての方々に改めて感謝申し上げる次第である。

最後に、本書の出版を引き受けて頂いた㈱パイ インターナショナルの三芳寛要社長、煩雑な編集業務をこなして頂いた中村正則編集長、大場義行副編集長にお礼申し上げるとともに、企画の初期段階で尽力して頂いた大小田陽平さんにも感謝の意を表したい。更に、デザイナーの佐藤亜沙美さん、㈲原オフィスの小西順子さん、そして監修者として本書の企画の最初期からずっと貴重なアドヴァイスの数々を頂き、また叱咤激励して頂いた原正人さんに特別な感謝を申し上げたい。

使 用 参 考 文 献 一 覧

〈ヘラルドによる出版物〉

『映画人生50年　永遠の青春　古川勝巳』（1987年、ヘラルドグループ）
『獅子奮迅　古川爲三郎伝』（1989年、古川爲三郎伝発行委員会）
『日本ヘラルド映画株式会社40周年記念』（1996年、日本ヘラルド映画株式会社）
『音でたどるヘラルド映画名作コレクション』（1971年、キング＝セブンシーズ）
『黒澤明監督作品「乱」記録 '85』（1985年、ヘラルド・エース）
『HERALD FILM LIBRARY 1 小さな恋のメロディ』（1979年、ヘラルド出版）

〈年鑑・白書・雑誌特集号〉

『映画年鑑』1956年版～2008年版（1956年～2007年、時事映画通信社）
『映画の友増刊　アメリカ映画年鑑 1957』（1957年、映画世界社）
『映画産業白書　わが国映画産業の現状と諸問題　昭和33年』（1959年、通商産業省）
『映画産業白書　わが国映画産業の現状と諸問題　昭和37年』（1963年、通商産業省）
『外画展望 '60』（1960年、正路喜社）
『広告ノート別冊　外画展望 '61』（1961年、正路喜社）
『キネマ旬報年鑑』1960年版～1962-63年版（1960～1963年、キネマ旬報社）
『外国映画に愛をこめて　外配協の50年』（2012年、一般社団法人外国映画輸入配給協会）
『スクリーン臨時増刊 アラン・ドロン写真全集』1963年7月号（近代映画社）
『世界の映画作家 36　コッポラとその映画軍団』（1979年、キネマ旬報社）
『〈デルス・ウザーラ〉製作記念特集　黒澤明ドキュメント』キネマ旬報増刊5・7号（1974年、キネマ旬報社）

〈書籍〉

『思い出のOKI 沖本忠晴君追悼集』（1991年、沖本忠晴君追悼集刊行委員会）
荻昌弘『映画批評真剣勝負 ぼくが映画に夢中になった日々《作品鑑賞篇》』（2012年、近代映画社）
勝間勝『NCC 創立と初期の想い出』（1997年）
葛井欣士郎『遺言　アートシアター新宿文化』（2008年、河出書房新社）
斉藤守彦『映画宣伝ミラクルワールド　東和・ヘラルド・松竹富士　独立系配給会社黄金時代』（2013年、洋泉社）
――『映画を知るための教科書 1912～1979』（2016年、洋泉社）
――『80年代映画館物語』（2014年、洋泉社）
柴田良保『映画界を斬る！　付・映画商売語辞典』（1979年、精文館書店）
高橋渡『東京シネマ酒場 あの名作と出逢える店を酔い歩く』（2011年、祥伝社）
高林陽一『あの遠い日の映画への旅』（1978年、キネマ旬報社）
谷川建司『アメリカ映画と占領政策』（2002年、京都大学学術出版会）
津堅信之『アニメ作家としての手塚治虫 その軌跡と本質』（2007年、NTT出版）
独立プロダクション協同組合編『1963年　日本の独立プロ』（1963年、協同サービス・センター）
独立プロダクション協議会監修『日本の独立プロ』（1970年、映画「若者たち」全国上映委員会）
中川右介『角川映画1976-1986 日本を変えた10年』（2014年、KADOKAWA）
野上照代／ヴラジミール・ヴァシーリエフ／笹井隆男『黒澤明　樹海の迷宮　映画「デルス・ウザーラ」全記録 1971～1975』（2016年、小学館）
原正人『映画プロデューサーが語る　ヒットの哲学』（2004年、日経BP社）
山口且訓／渡辺泰（プラネット編）『日本アニメーション映画史』（1977年、有文社）
山本暎一『虫プロ興亡記　安仁明太の青春』（1989年、新潮社）

〈雑誌・業界誌〉

『映画芸能』1971年1月6日、1981年9月14日（No.10069）
『映画時報』1968年11月、1972年10月、1976年12月、1981年8月
『映画ジャーナル』1963年8月、1966年4月、1967年6月、1968年2月、11月
『映画ビジネス』1985年8月20日（No.411）、1986年2月20日（No.423）
『AVジャーナル』1972年4月～1985年3月
『キネマ旬報』1956年新春特別号（No.136）～2007年2月下旬決算特別号（No.1477）
『月刊連合通信』1978年8月15日（No.1950）
『合同通信映画特信版』1982年1月3日（No.1876）
『時事通信』1965年10月9日（No.5991）、1968年1月5日（No.6651）
『シネビエイジ』1973年4月、1974年10月
『週刊朝日』1963年11月29日増大号（Vol.68, No.51）
『情報通信』1972年7月5日（No.8）～1993年2月5日（No.535）
『電通報』1970年4月15日（No.2059）
『東京通信』1970年7月13日（No.5398）～1974年11月22日（No.7476）
『文化通信』1968年6月6日（No.4850）、1973年3月20日（No.6075）
『レコード文化』1968年6月
『連合タイムズ』1974年12月1日（No.5957）

原正人 MASATO HARA

1931年埼玉県熊谷生まれ。独立映画で宣伝に従事。1958年にヘラルド映画入社。宣伝部長として1963年の『地下室のメロディー』、1971年の『小さな恋のメロディ』、1974年の『エマニエル夫人』、1980年の『地獄の黙示録』などをヒットさせる。1981年にヘラルド・エースを設立、邦画制作に乗り出し、1983年の大島渚監督作品『戦場のメリークリスマス』、1984年の篠田正浩監督作品『瀬戸内少年野球団』、1985年の黒澤明監督作品『乱』などを手掛ける。1998年、アスミック・エース代表。2000年に小泉尭史監督作品『雨あがる』、2010年に森田芳光監督作品『武士の家計簿』などを製作。現在は同社特別顧問。

谷川建司 TAKESHI TANIKAWA

1962年東京都世田谷区生まれ。中央大学法学部卒業後、1985年に日本ヘラルド映画に入社。宣伝部、事業部、営業部マーケティング・ディレクターを経て1993年に独立。映画ジャーナリストとして新聞・雑誌のコラム執筆、海外取材に基づいた単著『「イージー・ライダー」伝説』、『レオナルド・ディカプリオへの旅』などを発表。1997年に論文「メディアとしての映画」で第一回京都映画文化賞受賞。2001年に一橋大学大学院社会学研究科で博士号取得。茨城大学人文学部助教授を経て2005年より早稲田大学政治経済学術院に准教授・教授として勤務。2010年より客員教授。近著に『戦後映画の産業空間　資本・娯楽・興行』。

日本ヘラルド映画の仕事

伝説の宣伝術と宣材デザイン

2017年 2月 7日 初版第1刷発行

監　　修　原 正 人
著　　者　谷川建司
デザイン　佐藤亜沙美（サトウサンカイ）
D T P　株式会社明昌堂
校　　正　株式会社鷗来堂
撮　　影　坂 口 尚
編　　集　中 村 正 則

発 行 人　三 芳 寛 要
発 行 元　株式会社パイ インターナショナル
〒170-0005　東京都豊島区南大塚 2-32-4
TEL：03-3944-3981　FAX：03-5395-4830
sales@pie.co.jp

PIE International Inc.
2-32-4 Minami-Otsuka, Toshima-ku,
Tokyo 170-0005 JAPAN
sales@pie.co.jp

印刷・製本　株式会社廣済堂

ISBN978-4-7562-4817-6 C0074　Printed in Japan